謹呈 正木靖局長

中公新書 2405

遠藤乾

遠藤 乾著

欧州複合危機

苦悶するEU、揺れる世界

中央公論新社刊

はじめに

ヨーロッパは危機に瀕《ひん》している。なかには、欧州連合（ＥＵ）の瓦解《がかい》を語るものもいる。イタリア首相のレンツィは、二〇一六年二月、「ＥＵはタイタニック号の上で演奏するオーケストラのようだ」と述べた（*Bloomberg*, 10 February 2016）。大西洋上で氷山に衝突し、沈没してしまった豪華客船になぞらえたのである。

無理もない。二〇一〇年代のＥＵは危機に満ちている。

二〇一〇年からユーロ圏が深刻な危機に見舞われていたところ、一三年末からウクライナ危機がはじまり、また一五年にはギリシャ発でユーロ危機が二度も再燃した。同年、中近東から一〇〇万を超える大量の難民が押し寄せ、三〇〇〇人以上の難民がその過程で命を落とし、域内の自由移動をつかさどるシェンゲン体制が機能不全に陥った。しまいには一五年から一六年にかけて、パリにおける同時テロで一三〇名、ブリュッセルで三五名、ニースでも八四名など、多くのテロ犠牲者が出た。そののち、ヨーロッパのみならず世界を揺さぶっているのは、イギリスのEU離脱である。EUの機能不全に照らせば、今後も危機はつづくだろう。

本書では、それらを「複合危機」としてとらえる。その上で歴史的な文脈に照らして検討し、政治的な要因を分析し、内的な連関をさぐってゆく。そうすることで、どんな意味で「危機」なのか、なぜそのような状態に陥ったのか、今後どうなっていくのか、日本や世界への影響はあるのかといった問いについて、一通り見当をつけられるようにしたい。

あらかじめ、「複合」ということばに込めた意味を明らかにしておけば、それは三重である。

一つは、何よりも複数の危機が同時多発的に襲ってきているということであろう。それは、以前の危機が収まらないまま新しい危機の波がやってきて、それが蓄積しているということを意味する。この側面は「複数性」として括《くく》っておく。

二つ目は、それらの危機がお互いに連動し、相乗効果をもたらすという意味においてである。たとえば、ユーロ危機に際して財政規律を強めた結果、多くの国でデフレに傾いて中間層が窒《ちっ》息《そく》状態に陥り、政治的には左右に両極化するという別の危機につながってゆく。また、難民危機はシェンゲンの機能不全をあらわにしたが、それはテロ対策の不備ともなり、ますますシェンゲンを危機に陥れるばかりか、排他的な勢力の伸長につながった。それでは、とユーロやシェンゲンの機能強化を進めると、その枠外にいるイギリスとの距離がますます離れることになるが、そのような状況下で同国はEU残留・脱退を問うたわけである。その衝撃的な結果は、他国の反EU勢力をいきおいづけ、さらに別の危機を招くかもしれない。こうしたテーマ横断的な側面は、「連動性」とまとめられよう。

最後に、この危機は、国際、EU、加盟国、はたまた地域といった多次元で起きており、それらの縦の連環を問うことなしには本質に迫れないということである。この「多層性」は、世界的なリーマン・ショックとユーロ危機、国際化するシリア内戦と欧州難民危機などに見られるが、典型的にはユーロ危機が緊縮財政を経由して加盟国中央政府への集権化につながり、ときに富を奪われ福祉の削減を強いられたカタルーニャやスコットランドなどの地域の分離主義を刺激して、その内政危機がまたEUに跳ねかえる構図となって現れる。

本書は、そのように多層にまたがり連動する複数の危機を問う。

もう一点、対象を明確にしておけば、ここで焦点を合わせるのは、EU、の危機である。「危機」は、「クライシス（crisis）」の原義からすると、「分かれ道」ということになろう。つまり、「EUの危機」というとき、われわれは危うい分岐点にいるEUを目撃しているのであり、その背景や構造を明らかにするのが本書の目的となる。

そのように括ることは、他の主体や観点から見たときの「危機」を排除するものではなく、また軽視するものでもない。たとえば、「難民危機」というとき、それは言うまでもなく、「EUの」難民危機にとどまらない。むしろ第一義的には、戦火に追われ、住み慣れた故郷を捨て、家族が離散し、食うや食わずやで他国に逃れざるえなかった人びとにとってこその「危機」である。こうした危機の解明には、たとえば、シリアの内外政の構造から説き起こし、アラブの春以降の革命的な出来事を追い、実際に起きた内戦の惨事と避難民の現状を逐一《ちくいち》解明しなければならない。しかし、それをするのには別の著者と書籍が必要であろう。ここでは、それ自体大きな主題である「EUの複合危機」についてつづることとしたい。

なお、ここではとくに断らない限り、EUとヨーロッパは相互互換的にあつかうが、EU加盟国以外にもヨーロッパの国々はあり、もちろん厳密には両者は同一ではない。また、EUやヨーロッパというときには、EU加盟国はもちろん、国内の地域を含む多層的な空間を意識していることもあらかじめ申しそえたい。

本書には、この「欧州複合危機」の検討にくわえて、もう一つのねらいが込められている。それは、EUの語られ方を考えてみることである。ともすると、統合プロジェクトがうまくいっているときは、欧州合衆国ができる（!）と盛りあげ、行きづまると「崩壊」や「解体」ということばがヘッドラインで踊る。このような乱高下の激しいジェットコースター型の言説、すなわち語られ方自体に問題があるのではないだろうか。

考えてみると、金融危機、テロ、難民といった挑戦にさらされても、フランスやドイツ、あるいはイタリアといった国の「崩壊」や「解体」が議論されることはまずない。国民国家はかくも強靭《きょうじん》であり、他方で国家を束ねるEUは結局国際機関でしかなく、運命的に脆《もろ》く、はかない。だから、いつか崩れ落ち、バラバラになるのではないか。目の前で進むドラマをそうした悲運の物語として観劇すれば、他人事《ひとごと》である限り、面白くさえある。あるいは、初めから無理筋なことを進めていたと、冷笑を決め込むことも可能だろう。

本書では、EUが歴史的に見て第一級の危機のなかにあり、ヨーロッパが重大な岐路にいることを明らかにしたうえで、国家にもならず単なる国際機関でもないEUが、七〇年近い統合史のなかで、なぜ、どのように、どの程度の地歩を築き、危機にあっても下げ止まる一定の論理やメカニズムを備えているのか、そしてもし仮に本当にそれが崩壊するのなら、そのボトムラインはどこにあるのか、並行して考えていきたい。

構成は以下である。

まず第I部では、二〇一〇年代に起きた複数の危機を一つ一つ追ってゆく。その発端となったユーロ危機（第1章）、欧州難民危機（第2章）、ウクライナ危機やパリ同時テロ事件といった安全保障上の危機（第3章）、そしてイギリスのEU国民投票（第4章）は、それぞれ起源や文脈、また性格を異にする危機である。それゆえ、ときに新しい資料を持ちこみながら危機ごとに検討することになるが、すでに個々の危機について十分に知っているという読者がいれば、その部分は飛ばして読み進めても構わない。

第Ⅱ部では、やや突っ込んで、EUが抱える問題を政治学的に分析する。もし社会科学のことば遣いに慣れていないということならば、第Ⅱ部をスキップするのも一手だが、できるだけ平易な解説を心がけるので、是非じっくり眺めてみてほしい。

まず第5章では、統合の長い政治史のなかに現在の危機を位置づけなおし、その危機の大きさや特質を推しはかる。そうすると、危機は統合史の一部であることや、そうした過去の危機と今回がどのような意味で異なっているのか、把握できよう。

第6章では、現状のEU自体がいかなる意味で問題の解決ではなく、問題の一部になってしまっているかを具体的に明らかにしたい。目下の主たる課題はユーロ、シェンゲン、イギリスであり、それらを読み解くキーワードは、デモクラシー、ナショナリズム、社会連帯とアイデンティティ、そして機能（統合）であり、それらのあいだの関係が問題となる。

第7章では、そうした問題にもかかわらず、EUが崩落せずにいる要因をさぐる。それは、EUを支える論理やメカニズムを浮かびあがらせることを意味し、EUのもつ権力性、そのフォーラムの持続性、エリートの計算、ドイツの政党政治、あるいは複合危機の性格などが検討課題にあがる。

この第Ⅱ部の三章をつうじて、EUが、ちまたでささやかれる崩壊でもなく、他方で経済合理性に基づいていつも通りの統合の物語に帰っていくのでもなく、そのあいだで、統合と逆統合の綱引きを繰り返しながら、生き残るさまをリアルに見てとりたい。

第Ⅲ部は第8章と終章からなり、今後の危機の展開を占い、広く世界への含意を考察する。

第8章では、EUが危機に陥ることが、日本を含む世界にとっていかなる意味をもつのか、検討してみよう。具体的には、EUの危機がいかなる意味で先進国リスクの一端であるのか、〈グローバル化―国家主権―民主主義（デモクラシー）〉のトリレンマ（矛盾する三要素）の観点から明らかにしたい。あわせて、そのトリレンマを解消するのは極めて困難でも、緩和をする方途があるのかどうか考えたい。

終章では、それまでの検討をもとに、あらためてEUの是非を論じ、それに伴いリベラリズムのゆくえを問うことになろう。

これらをつうじて、今後も流入しつづけるニュースのどこに着目すべきか、いくつかの要素を特定し、視角を設定したい。そのことで、読者がみずから考える手がかりを得られればと願っている。

目次

第Ⅱ部　複合危機の本質

図版作成／applepie、ケー・アイ・プランニング

GDP	Gross Domestic Product（国内総生産）
IMF	International Monetary Fund（国際通貨基金）
IS	Islamic State（イスラーム国）
LTRO	Long-Term Refinancing Operations（長期資金供給オペレーション）
NATO	North Atlantic Treaty Organization（北大西洋条約機構）
OMT	Outright Monetary Transactions（国債直接買入プログラム）
OSCE	Organization for Security and Cooperation in Europe（欧州安全保障協力機構）
QE	Quantitative Easing（量的金融緩和）
SMP	Securities Markets Programme（証券市場プログラム）
SSM	Single Supervisory Mechanism（単一監督メカニズム）

略語一覧

AfD	Alternative für Deutschland（ドイツのための選択肢）
CDU	Christlich-Demokratische Union Deutschlands（キリスト教民主同盟）
CSCE	Conference on Security and Co-operation in Europe（欧州安全保障協力会議）
CSU	Christlich-Soziale Union in Bayern e.V.（キリスト教社会同盟）
EC	European Community（欧州共同体）
ECB	European Central Bank（欧州中央銀行）
ECJ	European Court of Justice（欧州司法裁判所）
ECSC	European Coal and Steel Community（欧州石炭鉄鋼共同体）
EDC	European Defense Community（欧州防衛共同体）
EDIS	European Deposit Insurance Scheme（欧州預金保険スキーム）
EEC	European Economic Community（欧州経済共同体）
EFSF	European Financial Stability Facility（欧州金融安定化ファシリティ）
EFSM	European Financial Stability Mechanism（欧州金融安定化メカニズム）
EMS	European Monetary System（欧州通貨制度）
ENP	European Neighbourhood Policy（欧州近隣政策）
EPC	European Political Community（欧州政治共同体）
ERM	Exchange Rate Mechanism（為替相場メカニズム）
ESAs	European Supervisory Authorities（欧州監督機構）
ESM	European Stability Mechanism（欧州安定メカニズム）
ESRB	European Systemic Risk Board（欧州システミック・リスク理事会）
FRONTEX	European Agency for the Management of Operational Cooperation at the External Borders of the Member States of the European Union（欧州対外国境管理協力機関）
GATT	General Agreement on Tariffs and Trade（関税および貿易に関する一般協定）

欧州複合危機

苦悶するＥＵ、揺れる世界

第Ⅰ部　危機を生きるEU

ＥＵが危機にあるというが、それはどんな危機なのだろうか。たしかに、二〇一〇年代に入ってから、ユーロ危機、ウクライナ危機、難民危機、テロ事件、そしてイギリス国民投票と次から次へと危機に見舞われてきた。ここではまず、その中身を個別にわかりやすく概観してみたい。個々の危機には、独自の出自、展開、リズム、性格があり、それらを押さえておくのは大事なことなのである。複数の危機の連動や関連、ひいてはことの重大さ、日本や世界への影響を考えるのは、そうしてからでも遅くあるまい。

第1章　ユーロ
——未完の危機

本章では、二〇一〇年代の危機の発端となったユーロ危機を振り返る。それは、言うまでもなく、EU加盟の十数か国によって創設された単一通貨ユーロが、リーマン・ショックとそれに引きつづく債務危機をきっかけに、構造的・慢性的な問題を露呈した近年の状況を指す。以下ではまず、それに先立つ二〇〇〇年代の特徴を明らかにしたうえで、それと比較して、EUがいかにユーロとの関係で深刻な実存的危機にさらされ、変容したのかが跡づけられよう。

1　二〇〇〇年代——欧州多幸症から精神的危機へ

二一世紀初頭の欧州多幸症（ユーロフォリア）

二一世紀に入ってのEUは、じつに順風満帆《じゅんぷうまんぱん》であった。当時のEUは、一九九九年初頭に通貨統合を発進させ、二〇〇二年のユーロ紙幣の流通により高揚していただけでなく、二〇〇四年、東方への拡大を一気に推し進め、加盟国は計二五か国となった（二〇一六年現在は二八か国）。さらに、遠心力の高まるEUに結束をもたらす象徴として欧州憲法条約が起草され、実際にそれは、二〇〇四年に加盟国政府の間で締結されるにいたったのである。

積年の夢であった単一通貨ユーロの実現に加え、加盟国の東方拡大と欧州憲法条約の締結は、この二〇〇〇年代前半という時期を、ヨーロッパ統合史上の転換点としていた。というのも、東方拡大は、米ソ冷戦下で一九四〇年代から続いていた東西分断がついに克服されるということを意味し、一九八九年までソ連圏のくびきの下にあり、その後もヨーロッパの完全無欠な一員として迎えられずにいた旧東欧諸国が「ヨーロッパへの帰還」を果たすことになったからである。

また、憲法条約は、国家にとって象徴的な属性として語られる憲法を、とうとうEUがもつことを意味する。それは、石炭・鉄鋼というセクターに始まり、市場、通貨、市民権と、国家に不可欠な属性をしだいに共通のものとしたEUが、欧州合衆国に向けて（連邦）国家建設を進める歴史的な一歩として意識されたのである。憲法条約の草案準備を進めていたジスカール・デスタン元仏大統領が、準備会合（コンベンション）をアメリカ合衆国史におけるフィラデルフィア制憲会議になぞらえ、みずからを欧州合衆国の「建国の父」イメージで見ていたのはその一例である。

したがって、当時の多くの論者が、ヨーロッパの興隆を見てとったのは無理のないことであった。J・リフキンが著した『ヨーロッピーアン・ドリーム――いかにヨーロッパの将来ビジョンがアメリカン・ドリームを静かに侵食しているか』（原著二〇〇四年、題名は原著の拙訳で邦訳書と同一ではない、本段落以下同様）、T・R・リードの『ヨーロッパ合衆国――新しい超大国とアメリカの優越の終焉《しゅうえん》』（同二〇〇五年）、M・レナードの『なぜ二一世紀はヨーロッパが動かすか』（同二〇〇五年）は、アメリカによる一極支配のほころびが徐々に明らかになった二一世紀初頭にあって、ヨーロッパこそが世界を主導するのだという希望的観測を前面に押し出していたのである。

精神的危機としての欧州憲法危機

そうした欧州多幸症は、すでに二〇〇五年の憲法危機から暗転しはじめていた。つまり、「複合危機の二〇一〇年代」に入る以前、すでにヨーロッパには暗い影が忍び寄っていたといってよい。そこで、複合危機の本格的な分析に入る前に、この憲法危機についてみてみよう。

二〇〇四年六月、欧州憲法条約の大筋合意がなされた（正式調印は一〇月）。内容は、EUの権限を内外に強め、法体系を整理し、価値を明示し、決定過程を簡素化するものである（詳しくは、衆議院憲法調査会事務局二〇〇四参照）。大筋合意の直後の七月、当時のシラク仏大統領はそれを国民投票にかけると発表した。ねらいは、フランス国民の意思を示すことで憲法批准過程にいきおいをつけ、自身のヨーロッパ政治家としての威信を強化し、同時に国内の主敵である社会党の分裂を誘発することにあった。しかし、結果として、新自由主義に傾き、加盟国を飛躍的に増やすEUのみならず、シラク大統領本人、そしてラファラン首相への不満が高まり、翌二〇〇五年三月ごろから憲法条約への支持が急落し、五月二九日、一〇ポイントもの差をつけ、それは国民投票で拒否された（反対五四・六七%、賛成四五・三三%）。おりしも、参考投票として、オランダも国民に諮問することになり、直後の六月一日、六三・三%の圧倒的多数で、ここでも憲法条約は否決された。

この危機はすぐれて精神的なものであった。憲法条約が成立しそこねたとしても、それまでのEUの権能を殺《そ》ぐものではなかったが、EUはいくつかの意味でダメージを受けた。まず、憲法条約の否決は、フランスでもオランダでも、指導者や内政への不満など、複合的な要因によるもので、EUそれ自体に対する批判だけがもたらしたものとは言えないものの、同時に否を投じた人たちを分析すると、極左や極右といった伝統的な反EU票だけでなく、女性や中道穏健左派を数多く含んでいたことがわかる。また、低収入・低学歴の層だけでなく、若者や高学歴者のなかにも反対に投じた人が少なからずいた。ここにおいて、EU（統合）は、高齢、高収入の層に支えられていることが如実になってしまった（詳しくは、遠藤二〇〇五参照）。

精神的な危機はそこにとどまらなかった。二年の逡巡《しゅんじゅん》の末、欧州理事会は二〇〇七年六月、欧州憲法条約の代替策として「改革条約」についての協議開始を決めたのだが、興味深いことに、そこで同時に「憲法的な概念は放棄」したと宣言した。つまり、指導者たちは、不可欠な国家属性としての憲法という象徴を手放そうとしていたわけで、欧州合衆国に向けた国家建設を諦《あきら》めたと公的に認めたようなものである。これは、正統な統合イデオロギーに対する精神的なボディブローのように、いまも効いている。

憲法危機は、改革条約の交渉の結果、「憲法」を捨てつつその中身を生かし、二〇〇九年一二月、リスボン「条約」として発効したことで一段落した。しかし、もはやほとんどだれも、条約前文でうたわれるような「絶えず緊密化する」統合の先に、憲法、軍隊、元首などの国家属性を備えた欧州合衆国があるとは信じていない（遠藤二〇一三）。

おりしも、パリ郊外の移民二世三世の不満が暴動に発展し、ロンドンでも自国育ちのムスリムが同時多発テロを引き起こしていた。こうして、すでにヨーロッパは「精神的危機」のただなかにいたのであり、危機はいまにはじまったのではない。

2　ユーロ危機の勃発

ギリシャ発ユーロ危機

しかし、二〇〇八年のリーマン・ショックは欧米の銀行の資金を干上がらせ、ギリシャ経由で危機のレベルを一気に押し上げただけでなく、質的にまったく異なる局面をヨーロッパにもたらした。その結果、二〇一〇年以降、ユーロとEUはその存在がまるごと問われる「実存的危機」のただなかにあった（詳しくは、遠藤二〇一三、第9章「ユーロ危機の本質」参照）。

二〇〇九年一〇月、ギリシャのパパンドレウ新政権は成立直後、前政権が財政赤字を大幅に過少申告していた事実を明らかにする。それは、しばし市場の関心の外にあったが、同年末には格付け会社によるギリシャ国債格付け引き下げとユーロの価値の急落を招いた。翌一〇年一月には、ギリシャ政府が改革案を提示するものの市場からは信頼されず、逆にゼネスト（ゼネラルストライキ）を引き起こした。同月末には、ギリシャ国債の保証料が過去最高水準となり、並行して一〇年物ギリシャ国債とドイツ国債の間の利回り格差（スプレッド）もユーロ導入後最大となった。ここまでは、かろうじてギリシャの危機であったかもしれない。

しかし、二〇一〇年前半、少なくとも五月まで、EU首脳、とくにドイツのメルケル首相の危機対応は過少で遅すぎ（too little, too late）、効果の乏しいものであった。その結果、火を見るよりも明らかなユーロ圏全体の財政・信用危機となるのである。

この背後には、市場の自己責任を重んじ、モラルハザードの回避を重視するドイツなどの「自己規律派」と、危機対応にあたっては公的資金を迅速に投入すべきだというフランスなどの「公的介入派」の激しいつばぜり合いがあった。また、ドイツでは、連邦参議院の多数派形成にもかかわる重要なノルトライン＝ヴェストファーレン州選挙を控え、南欧の他国を支援するにあたり、メルケルが民意を慮《おもんぱか》ったという面もあった。さらに言えば、市場の急速な動きに対し、ユーロ圏で一六、EUで二七（いずれも当時）もの民主国が合議で対応するのは困難であるという構造的な問題もある。

ギリシャ発世界恐慌の恐れ

いずれにせよ、三月二四日には、代表的な格付け会社の一つであるフィッチ・レーティングスがポルトガルの格付けを「AA」から「AA－」に引き下げ、並行してスペインやイタリアの対独国債スプレッドもじわじわと広がりつつあった。

四月に入り、一一日にはユーロ財務相会議が三〇〇億ユーロの対ギリシャ緊急援助計画に合意するものの、二二日には欧州統計局がギリシャ財政赤字を対GDP（国内総生産）比一三・六％に上方修正したことがきっかけで（おりしもアイルランドは一四・三％とギリシャを上回っていた）、ムーディーズはギリシャの国債格付けを「A2」から「A3」へと格下げ、二七日にはS&P社がギリシャ国債を三段階引き下げて投資不適格とし、ポルトガルも二段階格下げした結果、世界じゅうの株価指数が六%ダウンし、市場は完全にパニックに陥った。

結局、欧州中央銀行（ECB）やドイツを含めた首脳が一定の対応をしたのは五月初頭で、最初に市場がシグナルを出してから半年が経過していた。五月三日には、前日のユーロ圏財務相とIMFとのあいだの対ギリシャ支援の合意を受け、ECBが条件緩和してギリシャ国債を事実上無制限に受け入れはじめ、八日にはユーロ圏首脳が総計一一〇〇億ユーロの対ギリシャ緊急援助計画に対して正式にゴーサインを出した。そして翌九日には、EU財務相理事会で、総額七五〇〇億ユーロの欧州金融安定化パッケージに合意した。これは、ユーロ圏諸国による欧州金融安定化ファシリティ（EFSF）の四四〇〇億ユーロ、EU（委員会）による欧州金融安定化メカニズム（EFSM）の六〇〇億ユーロ、IMF（国際通貨基金）による二五〇〇億ユーロを合わせたもので、これにより、ひとまず水入りとなるのである。

この時期を危機と危機対応のはじまりだとすると、こののち、EUとユーロ圏は流動性、信用、財政などの連動危機が頻発するなか、二〇一二年夏までにユーロのシステム自体を結果的にアップグレードしていく。その結果、ユーロは、経済学者の田中素香が「ユーロ2・0」と名づけたものへと脱皮し、強化された（この変容については、田中二〇一六参照）。

3　ユーロの変容

「実存的危機」から「ユーロ2・0」へ

この危機とユーロの変容過程は、おおむね以下のようにまとめることができよう。

図表1－1を見ると、ドイツ国債と各国の国債の利回りの差（スプレッド）が経年で観察できる。もちろん震源地のギリシャから大幅に開いたのであるが、それが二〇一〇年以降、徐々に他の国にも広がり、とりわけ「PIIGS」と呼ばれたポルトガル（P）、アイルランド（I）、イタリア（I）、ギリシャ（G）、そしてスペイン（S）の国々のスプレッドは五～八ポイントを優に超え、一一～一二年には、ときに七％超の利率（ギリシャの場合一五％）を設定しないと国債がさばけない状況に陥っていた。そのような利回りの収益を上げることはほぼ不可能であるから、これは事実上、投資不適格の烙印《らくいん》を押されたことを意味する。そうなると、資金は北の優良国に集まり、南には流れない。放っておけば、いわば血流の途絶えた南の諸国は生きてゆけず、単一通貨は内側から引き裂かれて、崩壊してしまう。

まず、ユーロ圏は、前述のEFSFとEFSMを使い、アイルランド（二〇一〇年一一月実施決定）、ポルトガル（二〇一一年五月）、ふたたびギリシャ（二〇一二年二月）など、緊縮財政や構造改革、民営化などのたいへん厳しい条件と引き換えに、各国支援に乗り出した。これは、

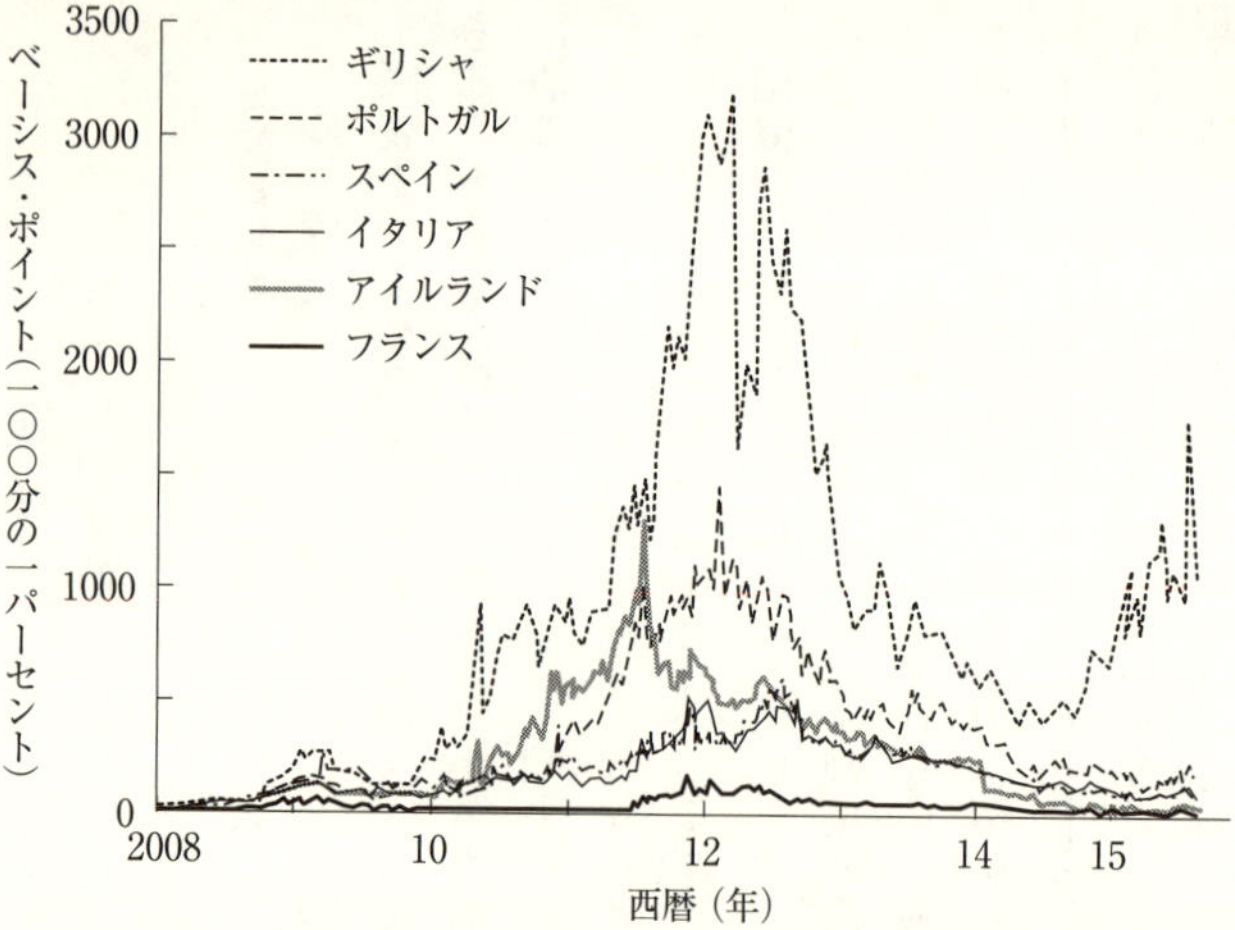

図表1－1　10年物国債の対独利回り格差（スプレッド）の比較
出所：田中2016の図を一部改めた.

これらの国々で支払い不能となった債務を、EUが設立した公的なファンドへと切り替え、そこに資金を提供するとともに、主な貸し手であった独仏などの大手銀行が信用不安に陥り、ひいてはシステミックな金融危機になるのを当面防いだといえよう。

なお、このEFSFとEFSMは、のちに総額五〇〇〇億ユーロの欧州安定化メカニズム（ESM）に吸収され、二〇一二年九月、恒久化された。これにより、もともと通貨統合を決めたマーストリヒト条約で、ユーロ圏における財政移転を禁じていたのに対して、危機時のファイナンスを可能にするメカニズムが成立したことで、ユーロは変質しはじめたのである。

支援の深化とテクノクラート内閣の誕生

この間、二〇一一年春から半年にまたがり、ユーロの実存をかけた危機が再発した。同年六月、改革が停滞し、経済が急速に落ち込むギリシャのデフォールト（債務不履行）を危惧《きぐ》する声が高まった。国債利回りが絶望的なまでの一五％に達したのはこの時である。それはやがて規模の大きい経済体であるスペインやイタリアに広がっていった。そこでユーロ圏首脳は、翌七月、さらに厳しい緊縮等を求める代わりに第二次ギリシャ支援に合意したうえ、EFSFの強化を決め、国債購入や銀行資本注入、そして予防的な与信をできるようにした。

けれども、アメリカ連邦政府の予算執行が与野党対決で一時ストップするなどをきっかけに、世界的な金融危機が迫りくる印象がふたたび強まり、二〇一一年夏にかけ、フランスやベルギーにも国債利回り上昇が波及し、ユーロの動揺は収まらなかった。一〇月末、あらためて集ったユーロ圏首脳は、さらにギリシャ支援を強化し、債務を半分以上削減することを決めたのみならず、EFSFの融資限度を一兆ユーロにまで倍増し、ヨーロッパの銀行の自己資本比率を九％に引き上げることを求め、危機対応能力の向上を試みたのである。

しかし、市場がほっとする間もなく、ギリシャのパパンドレウ首相が、この第二次ギリシャ支援パッケージを国民投票にかけると突如表明し、大混乱に陥った。イタリアやスペインの国債利回りが七％台に突入したのはこの時である。それは間もなく撤回され、パパンドレウは辞任し、テクノクラートであるパパデモス元中央銀行総裁・前ECB副総裁が跡を襲い、国内の構造改革に取り組むことになる。同様の展開は、イタリアにも見られ、ベルルスコーニ首相は辞職し、名高い経済学者でもあるモンティ元EU委員がとってかわった。

スーパー・マリオの登場

この混乱を収めるのに大きく寄与したのが、新しく二〇一一年一一月に就任したマリオ・ドラーギECB総裁である。ドラーギは、就任直後および翌年二月の二回にわたり、主にスペインやイタリアの銀行に向けて、前例のない一兆ユーロを超える規模で長期リファイナンシング・オペ（通称LTRO）を利率一％という低利で実施し、信用不安を緩和したのである。これは、資金繰りに苦しむ銀行を救済し、借りたお金で国債を買うことを可能にし、それにより国債利回りの高騰《こうとう》を抑えるものであった。

それでも、ギリシャでは総選挙にともなう政治混乱のさなかデフォールト危機が迫り、イタリアでも預金流出が続き、スペインではバブル崩壊後の地方銀行の不良債権が顕在化し、国債の利回りが七％を超えたままであった。これらは、ヨーロッパから他地域への資金逃避、景気後退、株価低迷など、世界的な危機となって波及していった。これに対して、ドラーギは、二〇一二年七月末、ロンドンで講演し、ユーロを守るためには「なんでも（whatever it takes）」するという有名なセリフを残す。

このドラーギ発言は、危機に陥った国の国債を無制限に購入するというメッセージとして、関係者から高い評価を受け、この後、市場は基本的に鎮静化していく。それは、実質的に、E

CBが最後の貸し手として機能することを宣言したと同様であり、単一通貨ユーロの信用をECBが最終的に担保すると受け取られたわけである。この瞬間、マーストリヒト条約（一九九三年発効）で構想されたユーロは、ECBが条約の想定を上回る機能を果たすことで、さらに異なる次元に入ったといえる。

財政規律の強化とEUへの集権化

こうして、「ユーロ2・0」への変容は、ECBが主導した色彩が濃厚だが、そこにとどまらない。というのも、財政の分野でも、飛躍的な規律強化、ひいてはEUへの集権化が進んでいたからである。

もともとマーストリヒト条約で、通貨統合参加国の財政については、毎年の赤字がGDP比で三%、累積政府債務が六〇%までと定められており、さらに一九九七年の安定成長協定によって、違反国への罰則等が定められていた。しかし、肝心の独仏両国がその協定の違反を続け、二〇〇五年には、財政赤字の算出の際、年金制度改革や研究開発・雇用促進などのコストを除外するなどルールを緩和し、いわばザル法と化していた感はある。そのような折に起きたのが、前述のギリシャ政府による債務の隠蔽《いんぺい》であった。

ユーロ危機の引き金となったこの事件を重視し、EU諸国は、ヨーロピアン・セメスターの導入、六つの包括法（シックス・パック）や二つの追加的包括法（ツー・パック）の採択、財政

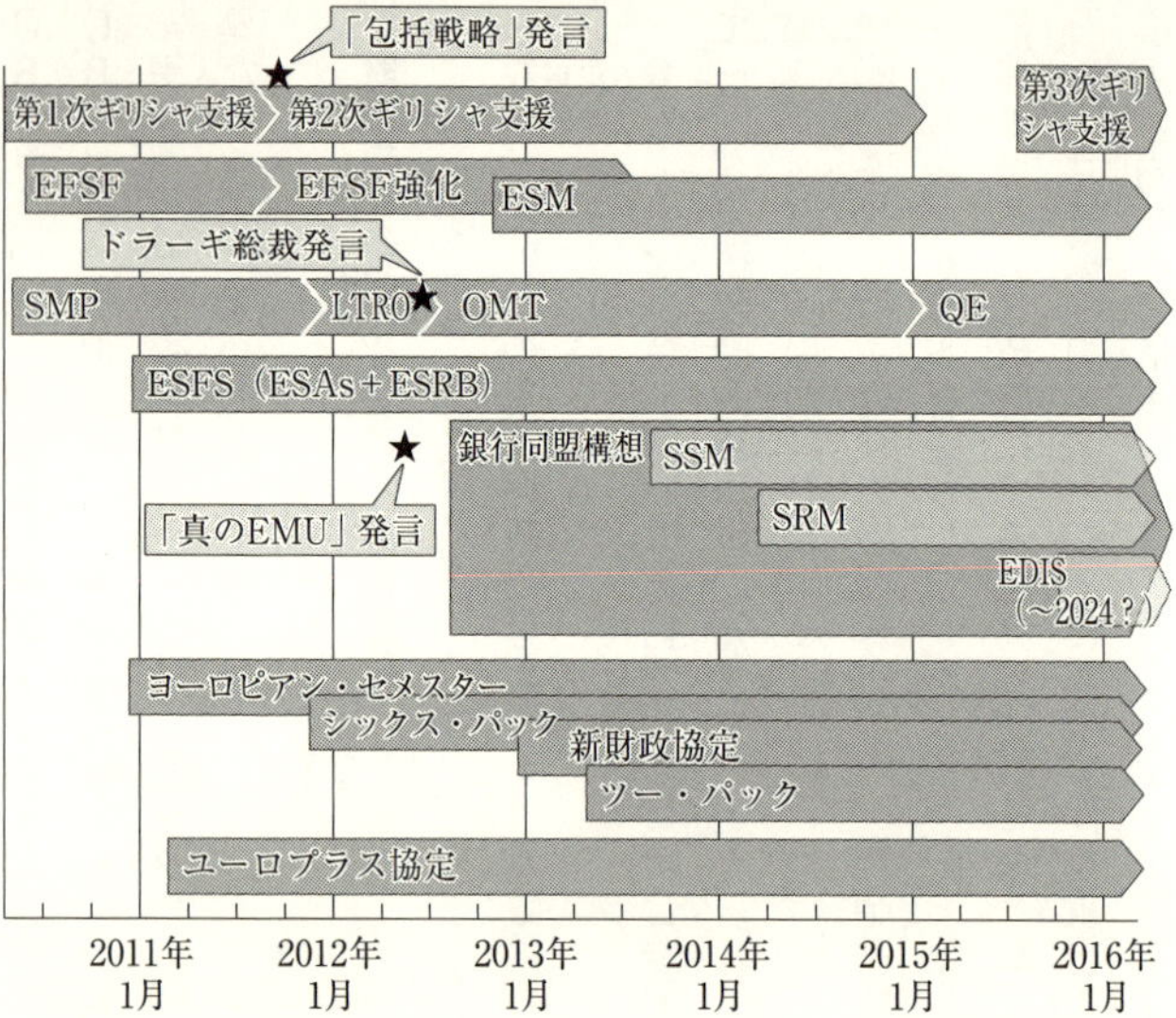

図表1－2　主要なユーロ制度改革・支援
出所：欧州金融監督制度（ESFS）ウェブサイトなどから作成.

条約（正確には「経済通貨同盟の安定、協調およびガバナンスに関する条約」）の締結など一連の施策を進め、規律強化に動いた。

ヨーロピアン・セメスターは、ギリシャ危機の勃発《ぼっぱつ》とともに検討がはじまり、二〇一一年一月から導入された。それは、欧州委員会がEU加盟国の財政政策をあらかじめ精査し、それぞれの経済・構造改革案を詳細に分析し、一年から一年半のあいだの経済政策の提案を行うもので、加盟国の財政政策がEUの要求する水準を満たしていなかったり、計画通りに実施できていない場合には、制裁が科されるしくみである。

シックス・パックとは、二〇一一

年一二月に採択された規制や指令で、財政・予算に対する監視を強化し、新たに導入されたマクロ経済不均衡手続きによって、失業やインフレなどマクロ経済の指標についても監督の対象とするものである。さらに、二〇一三年五月のツー・パック導入によって、ユーロ圏各国が中期的な財政政策や構造改革案に基づき公表した翌年の予算案を、欧州委員会が精査し、必要があれば予算案の修正・再提出を求めることが義務づけられた。これらを通じて、各国の財政・予算決定をユーロ圏共通の懸念事項ととらえ、それをお互いに監視・調整していく体制の強化がはかられたのである。

さらに、時期は前後するが、二〇一二年三月、財政条約が、当時のEU二七か国のうち、イギリスとチェコを除く二五か国により締結され、一三年一月に発効した。これは、「構造的な財政赤字を名目GDP比〇・五%以内に収めなければならない」という均衡予算規定を、二〇一三年末までに国内で法律化し、望ましくは憲法レベルで定めるよう義務づけた。そのうえで、例外条項はあるものの、未達成の場合、その国のGDPの〇・一%を上限とした罰金をESMに支払い、均衡予算に向けた自動是正措置が発動されることなどが定められた。

これらの措置は、著しい集権化をブリュッセル（EU本部）にもたらす。なんとなれば、主権者が選んだ代表が定める予算を、外部の人間が策定前にレビューし、たとえば民営化のあり方から税や年金の水準にいたるまで、口をはさむことを意味するのである。

4　残る課題——緊縮財政、ギリシャの乱、分裂する合理性

道半ばの銀行同盟

他にも、ユーロ強化のための機能的な統合は続いていた。スペインの地方銀行の不良債権問題がユーロを激しく動揺させていた二〇一二年六月、欧州理事会は、金融、財政、経済政策、民主的正統性と説明責任の四本柱に沿って、ユーロを強化することを決めたのだが、その一番目の金融面での強化にあたるのが、「銀行同盟（Banking Union）」の創設である。

これは、銀行監督、破綻《はたん》処理、預金保険の一元化という三つからなる。銀行監督は、文字通り、ユーロ圏内の全銀行（約六〇〇〇行）のパフォーマンスを一元的に監督するものである。二〇一三年一一月に単一監督制度（SSM）が発足し、大手の銀行についてはECBが直接監督し、そのほかの中小銀行については、各国監督機関を通じてECBが間接的に責任を持つものとされた。

この背景には、銀行危機が政府債務危機へと連動していたスペインにおいて、政府を通さず銀行への直接的な資本注入が求められていたという事情があった。そうであればこそ、銀行監督責任も各国でなくヨーロッパ次元に一元化しなければ、各国のバラバラな規制がさらなる資本注入の必要を生む可能性があるため、言い訳が立たないということになったのである。

ユーロ圏の銀行破綻処理もまた、二〇一六年初頭から一元化された。破綻処理の費用は、五五〇億ユーロの共通基金を八年かけて積み立て、そこから賄《まかな》われる。ここでも、国ごとに異なっていた破綻処理を統一することで、債務危機の再発を防ぐねらいが込められていた。破綻処理の決定は、ECB、欧州委員会、問題の銀行を抱える国の金融当局からなる「欧州破綻処理委員会」の提案に基づき、欧州委員会が決めることになっている。

残るは預金保険の一元化だが、これにはまだ合意が得られていない。すでに欧州委員会は、二〇一五年一一月、金融機関が破綻した際に一〇万ユーロまで保護する預金保険制度（EDIS）を二〇二四年までにユーロ圏で一元化するよう提案した。ユーロ参加国の多くは賛成しているが、ドイツ政府は反対している。保護の行き届かない他国の預金までドイツ国民の血税で補填《ほてん》することにならないか危惧しているためである。

手つかずの財政統合

そうした危惧は、そのまま財政的な再配分に対する警戒につながる。本来、単一通貨圏においては、産業構造の相違や集積効果などから、豊かな階層や地域に富が集まる傾向があり、それに対してなんらかの富の移転を同時並行で行わないと、格差が固定ないし拡大することになる。

しかしながら、ユーロ圏においては、財政の直接移転はマーストリヒト条約で禁止されており、それゆえに、国債買い上げなどの、いわば裏口から同様の機能が果たされてきたといえる。それに対しても、条約違反であるとの声はドイツなどで多く聞かれ、実際に憲法訴訟は幾度も提起されてきた。そうした状況下で、財政を一部でも共有化し、豊かな国から貧しい国への再配分がなされる見込みはいまのところなく、財政統合は手つかずのままとなっている（これについては、EUが抱える本質的な問題なので、第6章で詳述する）。

チプラスの乱＝冬の陣

ギリシャは、直接の財政移転から債務削減まで、なんらかの再配分を必要とする最たる国である。二〇一〇年五月以降、すでにギリシャの債務は一度半減し、その後の債務再編で償還期限や利率を動かすことで、さらに一〇％ほど減っているのだが、それでは間に合わないほどの債務が残っていたのである。

二〇一五年に二度にわたり再発した危機は、その必要が満たされないまま貧窮化の道を歩む市民が、総選挙や国民投票をつうじて民主主義的な叛乱《はんらん》を起こした典型例といえよう。

一月二五日、年末の大統領選挙のもつれから急遽《きゅうきょ》行われることになったギリシャ総選挙において、急進左派連合シリッツァが第一党に躍り出た。三六・三四％の得票を得、二七・八一％の新民主主義党（ND）を抑えてトップに立った。規定により五〇のボーナス議席を獲得し、単独過半数まであと二議席の一四八議席を占めるにいたった。翌日には、右派独立ギリシャ人党と連立を組んだシリッツァ党首アレクシス・チプラスが首相に就任した。チプラスは、息子にチェ・ゲバラの名前の一部を取りエルンストと名付けたほどの、筋金入りの左翼である。就任式のその足でアテネ郊外のケサリアニを訪れた。ナチス占領時代、ドイツのナチス親衛隊（SS）に殺害された同胞へ花をたむけるためである。新政権で財務相に就いたヴァロファキス経済学博士はドイツ主導の緊縮財政を「財政上の水責め」と指弾した。こうして、戦いの火ぶたは切って落とされた。

このチームは、EU、IMF、ECBによって形成されるトロイカ（そのことばを嫌がる新政権との関係で「諸機関〔Institutions〕」と呼び名を変えたが同じことである）との再交渉を翌月から開始した。シリッツァの公約には、このトロイカとの協定を見直し、債務を削減することが掲げられていた。そのほかにも、貧窮者への食糧支援を実施し、支払いが滞って電気を切られている三〇万世帯に無料で送電し、電気料金に含まれた不動産新税システムを廃止し、三〇万人の雇用をあらたに創出し、最低賃金を月五八〇ユーロから七五一ユーロ（とくに断らないかぎり、以下便宜上、二〇一六年九月中旬のレートである一ユーロ＝約一一五円で計算する。この場合、約六万六七〇〇円から八万六三六五円）に上げたうえで、現在国民の四分の一が社会保険に非加入のところ、全員に無料で診療することを可能にするという内容だった。

チプラス政権は、就任直後で強い民主的正統性を手にしていたものの、その手足は縛られていた。新政策への財政上の裏付けはおろか、二〇一五〜一六年に必要な債務返済は二八〇億ユーロ（約三兆二二〇〇億円）という巨額に上っていた。そのうち四三億ユーロは三月、六五億ユーロは夏までに手当てが必要だった。その一方で、年頭からの一か月で預金の約一割が国外に流出していた。ギリシャ経済の血流を金融面でサポートするＥＣＢは、債権者と資金調達について合意がなければ信用供与しないことになっていた。

逆側の世論、とりわけドイツの世論も硬化していた。選挙前のドイツＡＲＤテレビの世論調査によれば、三分の二以上（六八％）のドイツ人がギリシャ債務削減に反対しており、六割強（六一％）が国際的な約束を反故《ほご》にするのならユーロ圏を去るべきだと考えていた（*Financial Times*, 23 June 2015）。つまり、メルケル政権も強く世論に制約されていたのである。

三月の支払いまで残された時間は少なかった。二国間・多国間の会議が、首脳、財務相、そしてより下のレベルで集中的に開かれた末、二月二一日、ユーロ圏財務相会合で暫定的な合意が成立し、ギリシャへの支援を四か月延長することを決めた。その間、支援の見返りに債権団が要求していた緊縮財政などの政策が新政権で実施されるかどうかをチェックすることとなった。

四か月という時間には意味があった。直後の三月のＩＭＦ向け償還は可能になるものの、七月と八月に満期となるＥＣＢ保有の総額七〇億ユーロ（約八〇〇〇億円）近くの債権の償還は保証されない。債権団は、それを見越して、ギリシャ新政権へのコントロールを確保しようとしたのである。

しかし、新政権と他の加盟国・債権団、とりわけドイツとの関係は、信頼からはほど遠いものだった。チプラス政権は、公約した緊縮財政の破棄に向けた時間の猶予《ゆうよ》を得たという認識だった一方、ひそかにギリシャのユーロ圏離脱シナリオがベルリンやブリュッセルで検討されていた。ドイツ誌『シュピーゲル』は、合意成立直前、ECBを含め、ヨーロッパじゅうの銀行がギリシャ離脱（Grexitと呼ばれた）を検討していると報道した（*Spiegel*, 20 February 2015）。四月になってからであるが、ギリシャ政府の財務次官は、ナチス・ドイツによる占領でギリシャが受けた損害に対するドイツの賠償額が約二七九〇億ユーロ（三二兆円ほど）に上るとの見方を示している。

チプラスの乱＝夏の陣

そうした背景のもと、四か月がたち、両者の溝は埋まらなかった。二月のような妥協が可能と考えていたものも少なからずいたが、チプラス政権の出方を結果的に見誤ることになる。

六月二六日、ギリシャ政府とユーロ圏諸国との交渉が決裂し、チプラス首相は突如、トロイカに課される緊縮財政を受け入れるか否かを問う国民投票の実施を発表した。債権団との煮詰まった交渉に、国民からの新たな信託を武器に、弾みをつけたいというねらいが込められていた。

それは、当然にリスクの高い戦術であった。支援策を話していると考えていたユーロ諸国の政府は、いっせいに一方的なチプラス首相のやり方に背を向けた。一人あたりのGDPがギリシャよりも低い東欧諸国も支援に参加していたが、そこからも不満が一気に噴き出た。のみならず、支援のないまま、六月末の対IMF債務の償還は不可能になり、一六億ユーロが焦《こ》げ付いた。ギリシャは、IMF史上初めて債務不履行の先進国となった。民間銀行からは現金が消え、事実上、ギリシャは資本制限のもとに置かれた。

七月五日、ギリシャ国民投票が行われた。ここで、緊縮財政に対して、反対六一・三一%、賛成三八・六九%で反対派が勝利し、チプラス首相の方針が支持された（投票率は六二・五%）。この結果を受け、チプラス政権は、債務削減を含む、新たな反緊縮の支援パッケージの交渉に臨んだ。

しかし、この一国民による二〇ポイント以上の差をつけた圧倒的な民意の発露もまた、結果的にユーロ圏側の冷淡な態度を前にして、意味をもたなかった。それどころか、ギリシャへの追放圧力が、難航する財務当局者の会合が開かれるごとに強まっていった。極めつきは、七月初頭に公になったドイツ財務省によるギリシャのユーロ「一時離脱」案である。これにより、ギリシャは一転守勢に回る。

七月一二日に開催された欧州理事会は、史上最長の一七時間におよぶマラソン会合となった。財務官僚は、その前に一四時間の準備会合を重ねていた。途上、ギリシャのユーロ離脱に対して、（ギリシャを除く一八か国中）一六対二で賛成多数が形成されていた。この多数派は、ドイツ、オランダ、フィンランドのような財政優良国を中核とし、ギリシャへの債務を抱え、国内で反緊縮勢力の圧力にさらされているスペイン、ポルトガル、そして先述のようにそう豊かでないのに支援に加わっていた東欧諸国によって形成されていた。

この多数派を体を張って止めたのは、フランスとイタリアである。それぞれの指導者、オランド大統領やレンツィ首相は、緊縮政策の緩和を唱えてトップに上りつめていただけでなく、ドイツ主導が強まることに警戒的で、緊縮の名のもとでいつか自国の経済・財政政策が標的になることを恐れてもいた。

かろうじて放逐を逃れたギリシャは、二〇一〇年、一二年に続く第三次支援パッケージを受諾し、総額八二〇億〜八六〇億ユーロ（約九兆四三〇〇億〜九兆八九〇〇億円）の支援を受ける代わりに、選挙公約や国民投票の結果と正反対の緊縮財政を受け入れることとなった。間接税などの増税、年金の削減、労働市場の自由化、電力会社の民営化などを軸とする経済改革が約束された。独財務相ショイブレが強力に推進した五〇〇億ユーロに上る国有資産の売却とそれによる債務削減も改革パッケージに入った。最後まで抵抗したチプラスも、その半分をギリシャの銀行の資本力強化に振り向けることを条件にするのが精いっぱいであった。

当然、ギリシャの内政は沸騰《ふっとう》する。与党シリッツァからは離脱者が相次ぎ、八月二〇日、チプラス首相は辞任と総選挙の実施を表明した。翌九月二〇日、あらためて実施されたギリシャ総選挙で、シリッツァはかろうじて勝利し、第二次チプラス政権が発足した。

分裂しゆく合理性

その後も、ギリシャの情勢は一進一退の様相を呈している。債権団は細かく時限を切り、ギリシャの改革の進捗《しんちょく》をチェックし、それを見ながら支援を続けている。二〇一六年五月にも、年金改革や民営化などとの引き換えに、一〇〇億ユーロ超の支援にゴーサインが出た。

経済成長がままならず、債務返済も進まず、緊縮のなかで身動きが取れないまま、民主的に選ばれた政権への支持が徐々に失われていく。その延長線上で、エリートやEUへの不信も深まり、劣化したポピュリズムがはびこる。

こうした状況に対し、経済的に合理的なのは、債務を今一度再編し、ギリシャを成長の軌道に乗せるとともに、中長期的には財政統合をはかり、ユーロ圏を真に統合された経済通貨同盟にグレードアップするということになろう。それは、市民からの不満のマグマの噴出をやわらげ、EUへの支持を長期的に保全する政治的な合理性をも帯びる。

では、どうしてそうならないのであろうか。それは、複数の合理性が併存し、そのあいだの決着がつかないからである。経済的な合理性ですら、ドイツでは、まるで別のものとして想起される。そこでは、財政を均衡させ、労働生産性の伸びを上回らないよう賃金を抑え、構造的な改革を推し進めることこそ、長い目で見て経済成長への確実な道のりであると、多くの経済学者が信じている。もちろん、ドイツとギリシャの産業構造などの相違に言及し、ギリシャにドイツと同じ道を歩ませることの愚かさを説くものもいるのだが、かの国の頑《かたく》なな言説構造を崩すにいたっていない。

関連するが、政治的な合理性は各国ごとに分断されて観念され、EU全体としての政治的合理性の提示や推進に行きついていない。結果的に、声や図体が大きく、お金を持っている国の力に引きずられる結果を生む。放っておけばそのうち、政治的な合理性は、国のなかでも分裂し、貧富、南北、エリートとマスなどのあいだで、さらに細分化することになろう。

ユーロ危機が数年にわたり示しつづけているのは、そのことに他ならない。

第2章　欧州難民危機

二〇一五年は、EUの歴史のなかでも、記憶に残る激動の年となった。年頭にパリの『シャルリ・エブド』紙の本社が襲撃され、一月末の総選挙から前述のギリシャ発ユーロ危機が再発、そしてそのうち大量の難民が中近東から押し寄せ、一一月にはふたたびパリでテロ事件が起きた。これらのうち、本章では、欧州難民危機に焦点を合わせ、振り返ってみることにしよう。

1　難民危機とは

欧州難民危機とは何か

あらかじめ断っておけば、ここでいう欧州難民危機とは、特に二〇一五年以降、一二〇万を超える大量の「難民」（じつはそのなかには経済的な事情もあって移動する「移民」の要素が色濃く混じっていると思われる）がEU諸国に押し寄せ、途上一万を超える人が命を落とし、ヨーロッパ域内で対応しきれないまま内部対立が激化した、現在進行形の過程を指す。

難民危機とは、言うまでもなく第一義的には、家や故郷を追われ、移動を余儀なくされたその人たちにとっての惨劇である。近隣地域に限定すれば、規模からして、古くはパレスチナ、そして近年では内戦で混沌《こんとん》を極めるシリアなどの人たちにとってこそ、「危機」の名にふさわしい。そう断ったうえで、大量で急激な難民流入によって、ヨーロッパ自体が大変な困難に見舞われたのもまた事実であり、ここで取りあげるのは、そのヨーロッパにとっての難民危機である（シリアについては青山二〇一二、イスラーム国の擡頭《たいとう》の構造的、イデオロギー的分析については池内二〇一五、ヨーロッパとのかかわりを含めたより広い文脈については山内二〇一六、アラブ全体の国際政治的背景については酒井二〇一五を参照されたい）。

この視点から見ると、二一世紀に入ってからの難民とは、主にいわゆる地中海ルートをたどって、北アフリカからスペインやイタリアに来る存在であった。二〇一三年一〇月のイタリア南部ランペドゥッサ島近辺で数百人規模の死者が出た海難事故は、多くの人にとって衝撃的な出来事だった。それをきっかけにイタリア政府が、そしてそれを引き継いだ欧州対外国境管理協力機関（FRONTEX）が地中海をパトロールするようになったのだが、二〇一五年二～四月には同類の事故が多発し、EU全体の対応があらためて迫られる事態となっていた。そうした事態を見越して、ユンケル欧州委員長は、二〇一四年七月、就任前の立候補方針演説で、

FRONTEXの強化を優先事項として掲げていたのである。

しかし、ヨーロッパにとって危機と呼べる事態にいたったのは、シリアなどの難民が、地中海ルートより安く安全なバルカンルートを伝って、主にトルコ経由でギリシャから北上するようになってからであった。図表2-1から見てとれるように、二〇一五年春以降、その数は着実に増加し、一〇月には月あたり二二万人を突破、同年だけで一〇〇万人超が入境し、三七七一名が命を落とした。二〇一六年初頭現在、構成としては、約半分がシリア難民であり（四八％）、その他多い順にアフガニスタン（二一％）、イラク（九％）、エリトリア（四％）などとなっており、その過半（五八％）が成人男性、二六％が子供ないし幼児、一七％が成人女性である。ちなみに、気温が低下し、海が荒れる冬になって、ややペースが落ちているものの、二〇一六年の最初の月だけでも七万三〇〇〇人がヨーロッパに渡った。暖かくなれば、その数はふたたび増加すると見込まれたが、後述するように、二〇一五年末からの交渉を経て、二〇一六年三月二〇日に発効したEU＝トルコ間合意に基づき、トルコからギリシャに入る難民の数は激減している。

	2015年	2016年
1月	5,550	73,135
2月	7,271	61,074
3月	10,424	36,923
4月	29,864	13,248
5月	39,562	22,112
6月	54,588	24,583
7月	78,433	25,930
8月	130,839	24,736
9月	163,511	－
10月	221,374	－
11月	154,975	－
12月	111,687	－

図表2-1　欧州への移民・難民流入数（地中海経由，月別）
出所：国連難民高等弁務官事務所（UNHCR）ウェブサイトなどから作成.

2　危機の生成メカニズム

何が難民の激増をもたらしたのか

二〇一五年の春から秋まで、毎月ほぼ五割増しの勢いで難民が増加した事実は、何か特定の単一要因が作動しているのではなく、複数の原因があることを示唆している。ここでは、プッシュ要因（難民を押し出す側の力）、プル要因（難民を引きつける力）、そしてスルー要因（難民を通過させてしまいたい誘因）の三つに分けて説明を試みたい。

プッシュ要因

プッシュ要因としては、内戦、戦争、宗派対立、テロなどの紛争や厳しい抑圧があげられよう。そうした地域では、定住が妨げられ、恐怖が支配し、貧困がはびこり、人を外へと押し出す。シリアを筆頭に、イラク、リビア、スーダンでは内戦が続き、ソマリアでは内戦が国際化している。また、エリトリアでは、人びとが抑圧され、難民を生み出している。

なかでも、二〇一五年にヨーロッパに向かった難民の半数を占めるシリアについては、特段の注意を払う必要があろう。「アラブの春」の到着点でもあった同国では、二〇一一年に政権と反体制派の間で血なまぐさい内戦がはじまった。二〇一三年八月には、アサド政権が自国民に化学兵器を使ったとして国際社会に非難され、アメリカの軍事介入がささやかれた（結局、ロシアの仲介でアサド政権が化学兵器の廃棄を約し、取りやめとなった）。そののち、イラクにおける宗派対立と内戦から立ち上がり、次第に増長したＩＳ（イスラーム国）が、シリアにも勢力を広げ、クルド人勢力とも相まって、四つどもえの終わりなき内戦に突入していったのである。

その間、五年でおよそ三〇万人が命を落とした。また、約二二〇〇万の人口のうち約半数が国内外で避難民となり、二〇一六年五月現在、トルコに概数で二七〇万人、レバノンに一〇〇万人、ヨルダンに六〇万人など、多くの難民が国外に逃れるにいたった。そのようななか、二〇一四年末、アサド政権は徴兵を強化し、予備役の男性に兵役を強制しはじめた。

他にも、国際機関やＮＧＯ（非政府組織）による援助がニーズにこたえられないほど大量の難民が発生し、四年の内戦と「援助疲れ」の末に、予算が不足したという事情もある。二〇一五年八月からは、従来の半額、一日あたり五〇セントで生活するよう迫られたという（*Time*, 9 November 2015）。さらに、多くのシリア難民が滞在するトルコやレバノンでは、労働に厳しい規制がかかり、就職が困難という事情もあった。これらもまた、難民を（さらに）外に押し出すプッシュ要因に数えることができよう。

プル要因

ヨーロッパ諸国は一般に安全で、豊かで、自由である。戦火にまみれ、経済活動もままならないところに比べれば、安心して暮らせ、仕事が見つかる可能性も高い。そうした環境は、難民にとって魅力的である。

さらにそういう土地が、地理的に近く、比較的安全に渡航できるところにあればなおさらである。トルコからギリシャへは、海を渡れば、近いところで二〇分ほどで着いてしまう。前述のランペドゥッサ島などで二〇一五年二~四月に繰り返された悲惨な海難事故は、地中海ルートの危険性を明らかにし、難民がバルカンルートを志向する背景要因をなした。ギリシャは、ユーロ危機真っただなかの国であったとしても、EU加盟国であり、いったん域内に入ればパスポートチェックのないシェンゲン協定国(詳しくは第4節を参照)である。そこからバルカンルートをたどれば、より豊かで、当面暮らしていけるだけの社会給付を期待できる国々に陸でつながっている(図表2-2)。

なかでもドイツは、トップクラスの豊かさを誇り、基本法(憲法)で難民の保護を謳っている国である。歴史的にもナチスが外国人を迫害し、多くの難民を生んだことへの反省が根づき、また社会的にも、トルコ人や南欧諸国の出身者を中心に、四人に一人が移民(系)で、すでに多文化に慣れている国である。そうした好条件が難民を引きつけるわけである。

メルケル独首相の難民政策

さらに、ドイツのメルケル首相が断固としてシリア難民を受け入れる姿勢をとった。これが、

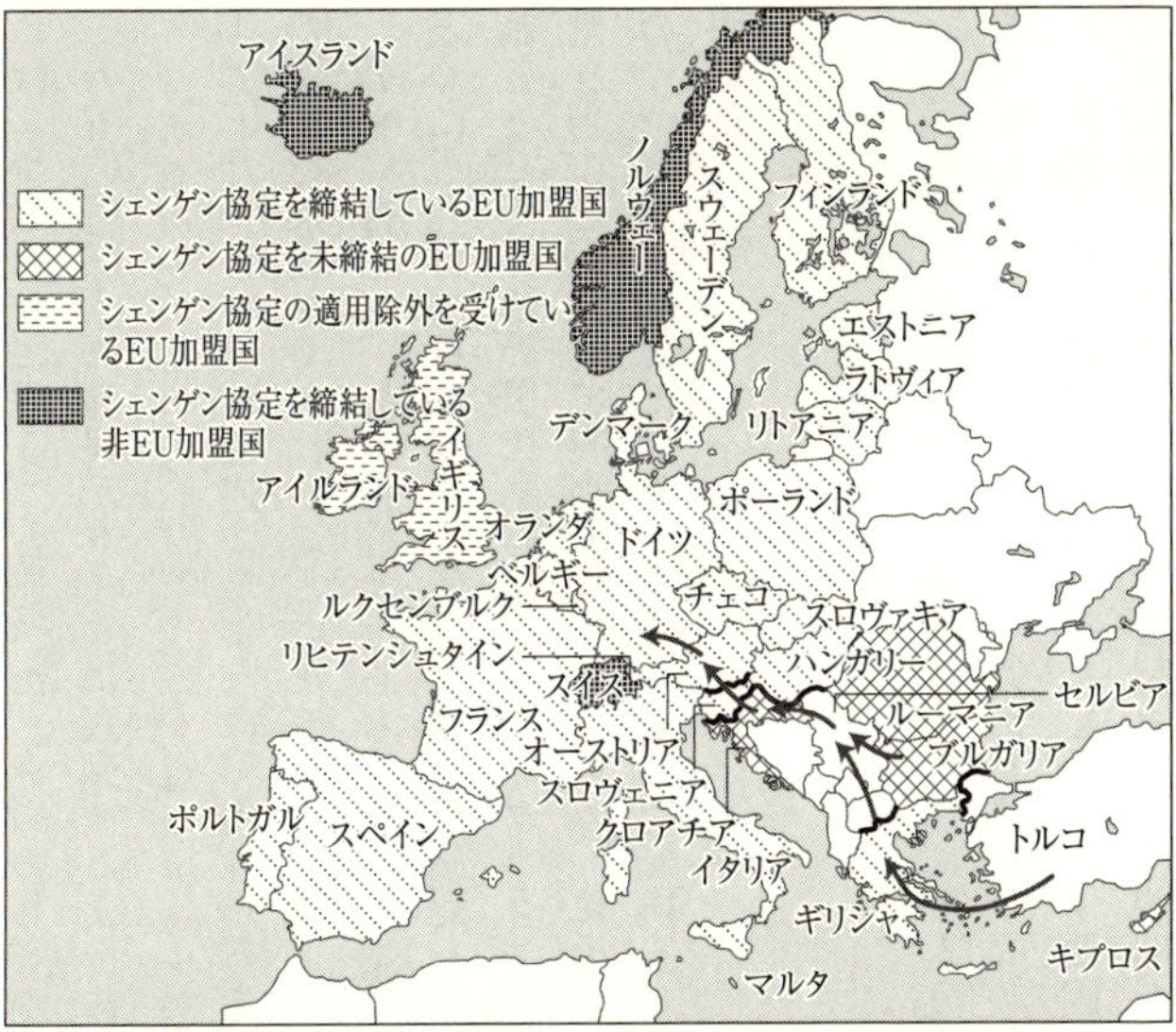

図表2－2　シェンゲン加盟国とバルカンルート（矢印）．太線は国境にフェンスが設置されたところを示す
出所：国連難民高等弁務官事務所（UNHCR）ウェブサイトなどから作成．

大きなプル要因になった。
二〇一五年七月中旬の段階では、難民の少女に「(難民)全員においでと受け入れたら、対応できなくなってしまう」と諭して泣かせたシーンがテレビで報道され、メルケルは大いに批判されたが、難民が殺到した八月のあいだに、スタンスを変えている。同月三一日、恒例の夏休み明け記者会見で難民危機に触れ、「ドイツは強い国だ。非常にうまくやってきた。われわれにはできる」と述べた。九月四日には、ハンガリーで滞留していた難民に対し、国境を開放することを表明し、その三日後には「少し誇りに思う」と述べた。そののち、のことである。一日あたり一万人、多いときは一万五〇〇〇人の難民がドイツに殺到するようになった。

この彼女のスタンスは称賛され、『タイム』誌の二〇一五年「パーソン・オブ・ザ・イヤー」となった一方、後述するように、内外からあらたに多くの批判にさらされ、しだいに一定の修正を余儀なくされることになる。

公平に言えば、他の指導者たちも、難民の受け入れについては、好意的な態度を見せていた。とくに、九月二日に、シリアの三歳児が溺死《できし》し、海岸に打ち上げられた写真が全世界に配信されると、それは顕著であった。翌日、フランス大統領のオランドは、EUで「難民受け入れを割り当てる恒久的で義務的なメカニズム」についてメルケルと合意したと語り、イギリス首相のキャメロンもまた、それまでの姿勢を転換し、五年で二万人のシリア難民を受け入れると表明した。

スルー要因

難民危機のその後の展開を追跡する前に、もう一つの見逃せない要因として、難民を押し出すのでもなく（プッシュ要因）、引きつけるのでもなく（プル要因）、通過させ、自国の負担を減らす誘因ないし動因がある。これを「スルー要因」と括ってみよう。これがないと、多くの国にまたがる欧州難民危機がなぜ起きたか、説明がつかない。

シリアの難民は、ほとんどの場合、直接にシリアからヨーロッパに来るのではない。主にトルコを経由して、ギリシャ（あるいはブルガリア）に入り、そこからマケドニア、セルビア、ハンガリーないしクロアチア・スロヴェニアを経て、オーストリアからドイツ（以北）に入るのである。

仮にという話だが、難民を受け入れた国が、主権国家として、そこで難民の処遇に万全を期してあたり、さらに難民が国境を無断で越えないように徹底した措置をとれば、難民は他国へは動けない、あるいは動かないで済む。逆に、もしその受け入れ国にとって、国内に滞留した大量の難民が、治安や財政など何らかの理由で重荷となるのなら、第三国にいわばスルーさせてしまえば、負担を軽減できることになる。

たとえば、二〇一五年の段階ですでに二百数十万ものシリア難民を受け入れたトルコにとって、それは大変な負担である。シリア内戦開始以来、すでに四年ほどその負担に耐えていたところ、一人あたりのGDPで三倍に上る富裕国であるEU諸国は、冷淡であった。おりしも、二〇一五年六月の総選挙では、政権党の公正発展党（AKP）が過半数割れを起こし、政情・社会不安を伴い、トルコは一気に流動化した。もともと長い海岸線と国境を抱え、制御が困難なところ、難民に対する掌握力は、意識、無意識にかかわらず、低下したかもしれない。いずれにしても、トルコ経由でシリア難民はヨーロッパに向かうのである。

その行く先は、主にギリシャであった。未曽有《みぞう》のユーロ危機のさなかであり、行政の神経系統が全国津々浦々、離島にいたるまで届いていないケースも数多く散見されるなか、ギリシャは大量の難民を制御することはできなかった。もとより、難民たちはそこを最終目的地にしておらず、その滞留を避けるためもあって、ユーロ危機で揺れるチプラス政権は、難民の北上を放置するのである。

その北隣に位置するマケドニアは、トルコやギリシャよりはるかに小さな、人口二〇〇万の国である。そこに、一日に三〇〇〇人から、ときに一万人を超す難民が押し寄せたとき、それは完全に手に余るものであった。当初は難民を収容所に入れ、ひどい待遇を与えたこともあり、人権団体から批判される。それもあって、二〇一五年六月半ば、マケドニア政府は、三日間で他国に移るのならば、不法入国した者を拘束しないと入国管理法を修正した。

こうしたことの連鎖で、難民たちは目的地のドイツにたどり着くのである。バルカンルートにある国はそれぞれ独自の事情を抱えるものの、その通行を許可ないし黙認する動機があり、それがなければ、欧州難民危機は起きておらず、エーゲ海かバルカン諸国の「周辺的」な事柄にとどまって、中枢国に大きな影響を及ぼすことはなかった可能性が高い。

3　対立の深化——国と国、人と人、国と地方

40　危機の生成と展開——南北対立から東西対立へ

こうした複数の要因が重なり、春から秋にかけ、ほぼ毎月五〇％増のペースで難民は増えていった。ピークは二〇一五年一〇月の約二二万人だが、八月だけですでに一三万人に達していた。八月二〇日には、マケドニアが緊急事態宣言を出した。九月上旬には、メルケルの開放政策が世界の喝采を浴びる一方、開放政策をとるドイツと、それに真っ向から対立するハンガリーなどとが対立し、日に一万を超す難民がドイツにも殺到しはじめた。内外に危機感が募ったのは、このころからである。

異なる角度からすると、それ以前の難民問題は、ヨーロッパにとって南北対立をともなう問題だった。とりわけ、イタリアが一国では担いきれない難民の到来を目の前にして、EUの連帯を求め、それを北の諸国が渋るという構図とも言えよう。ギリシャに難民が殺到しはじめたのちも、ユーロ危機のさなかに財政支援を求める同国に対して、当初冷ややかな視線が浴びせられた。

ところが、難民にとってのバルカンルートが貫通してしまった段階で、対立は、やや単純化すると、ドイツ対ハンガリーのように東西のあいだで繰り広げられることになる。

メルケル政権が、八月二四日、すべてのシリア難民を受け入れると表明したのに対し、ハンガリー首相オルバンは、九月三日、「これはヨーロッパの問題ではなく、ドイツの問題である」と述べ、難民を各国ごとに再配置するというEUの「間違った移民政策」は域外民の「招待」に他ならないと批判しただけでなく、こう言い放った。「みんなドイツに行きたいのだ。

われわれの仕事は彼らをただ登録することだけ」。そのうえで、セルビア国境との間にフェンスを作ることを示唆しながら、難民（彼は「移民」という）のほとんどは「ムスリムであって、キリスト教徒ではない。……われわれの国境を守る以外に選択肢はない」。「頼むから、せざるをえないことをしているハンガリーを批判しないでくれ。ヨーロッパの規則に書いてあるように、ハンガリーに仕事をさせてくれ」（*Telegraph*, 3 September 2015）。この「ヨーロッパの規則」とは、域内の人の移動の自由を保障するシェンゲン協定と、それを実効的なものとするため軌を一にして発展してきたダブリン規約（規則ともいう）のことで、ここでは具体的に非シェンゲン協定国からの入境者には、国境管理の手続きに沿って、身分証明書の提示などを求める義務を指したものであった。その後も、オルバンは、九月二三日、ドイツ国内におけるメルケル批判の急先鋒《せんぽう》であったバイエルン州首相ホルスト・ゼーホーファーを訪ね、暗にメルケル政権下のドイツを指し、「道徳的帝国主義があってはならない」と非難している（*Wall Street Journal*, 23 September 2015）。

暗転――メルケルの孤独

オルバンの非情なまでの現実主義は、ふだんは臆病《おくびょう》なほど慎重なメルケルの奥深くにある理想主義と正面からぶつかった。

一〇月一五～一六日の欧州首脳理事会で、オルバンはメルケルを正視し、こう言った。「ドイツがフェンスを築くのは時間の問題だ。そうなった時、私が正しいと思うヨーロッパが立ち現れるだろう」。それに対して、メルケルは、他の指導者が何人か話すあいだしばし沈黙したのち、オルバンに向かってやっと口を開いた。「私はあまりにも長いあいだフェンスの向こう側で暮らしてきたので、ここでそうした時代に戻ることを望めはしない」（*Der Spiegel*, 25 January 2016）。

彼女の出身地である冷戦下の東ドイツでは、自由と繁栄を謳歌《おうか》していた西ドイツを、ただただベルリンの壁のかなたに仰ぎみるばかりだった。メルケルはそれを思い起こしていたのである。同時に、敬虔《けいけん》な牧師の家庭に育った彼女は、困難にある人を人種、宗教、イデオロギーで分け隔てしないよう教えられてきた。メルケルにとって、この難民危機は、そうした個人史に根ざした出来事でもあったのである。

しかしながら、内外にメルケルは孤立していった。隣のポーランドでは、しばしヨーロッパ政治における盟友のようであった「市民プラットフォーム」の首相や大統領が、一〇月末までには、反自由主義的で排外主義的な傾きをもつ「法と正義（P・i・S）」の政治家たちにとってかわられた。一二月末、チェコ首相ボフスラフ・ソボトカは、『南ドイツ新聞』とのインタビューで、「ドイツは中東と北アフリカの大部分で見聞きできるシグナルを送った。それが刺激となって、ヨーロッパへ非合法移民が来るようになった」と批判した（*Daily Telegraph*, 23 December 2015）。

当初難民受け入れに好意的であったスウェーデン、デンマークの政策転換も、メルケルの孤立を浮かび上がらせた。スウェーデンは、一一月一一日には、国境におけるパスポートチェックを復活させ、その管理の厳格化をはかった。デンマークは難民に異なる方法でメッセージを送った。翌二〇一六年一月二六日、難民の財産を入国時に没収するように求めた政府提案を同国国会は承認したのである。

ドイツ国内の政争へ

ドイツ国内でも、ゼーホーファー州首相らが主導し、メルケルに対する反撥《はんぱつ》が広がっていった。彼女の率いるキリスト教民主同盟（CDU）の長年の姉妹党であり、連立を組むキリスト教社会同盟（CSU）の党首を兼ねるにもかかわらず、ゼーホーファーがメルケルに難民政策の修正を迫った背景には、CSUが地盤とするバイエルンが難民流入の最前線であり、二〇一七年の総選挙が近づくなか、地元での与党過半数割れを恐れているという事情もあった。彼は、政策変更なくば憲法裁判所に訴えるとメルケルに伝え、それをひろく公言した。

そして何よりもみなを震撼《しんかん》させたのは、一一月一二日のショイブレ財務相の一言であろう。「かなり不注意なスキーヤーが斜面に立ち、……雪をちょっと動かせば、なだれを引き起こしうる」（*Financial Times*, 12 November 2015）。のちに彼は「私の持つすべてをもって（メルケルを）支える」と発言して修正をはかったが、難民危機をめぐって暗にメルケルを批判したものと、ひろく受け止められた。

4　世論の硬化とシェンゲンの動揺

パリ同時テロ事件

二〇一五年末に立て続けに起きた事件は、さらにドイツとヨーロッパじゅうの世論を硬化させた。

ひとつは、一一月一三日金曜日の夜にパリで起きた同時テロ事件である。詳しくは第3章第2節で述べるが、一〇名余りのテロリストが、パリ市街のコンサートホールやカフェ、郊外のサッカースタジアムなどを計画的に襲い、一三〇名もの犠牲者を出した凄惨《せいさん》な事件である。

難民危機との関連でいえば、テロ実行犯のなかに、EUシェンゲン協定による域内自由移動の権利をフルに使って、シリア難民に紛れてパリに入った数名が含まれていたことが重要である。テロリストがシェンゲン国境に入境するのを阻止もできなければ、それが内部で移動するのを捕捉《ほそく》もできなかったわけで、EUは問題の一部となってしまった。結果として、オルバンやゼーホーファーのように、国ごとの防御策に傾く声が大きくなるだけでなく、フランスの国民戦線（FN）やドイツの「ドイツのための選択肢」（AfD）など、各地で排外主義を声高に叫ぶ勢力がいきおいをつけていくことになる。

ケルン暴行略奪事件

さらに二〇一五年の大みそかの夜、ケルンをはじめとしたドイツ（一部スウェーデンなど）の主要都市で、一〇〇〇を超えるおびただしい数の暴行・略奪事件が起きた。多くの群衆が新年の祝福に集まる混乱のなか、主に女性が狙われ、ケルンで三名、ハンブルクで二名が暴行され、あわせて一五〇〇件ほどの告発があり、そのうち七〇〇件以上が性的被害で、多くが身に着けていたものを奪われた。

これだけでも十分に大きい問題なのだが、深刻なのは、加害者が（ケルンの警察署長のことばを借りると）「アラブないし北アフリカの風貌《ふうぼう》をした」一五〜三五歳くらいの男で、ドイツ語を話さなかったことである。現場にいた警察官の報告書によれば、犯人は見たことのない不遜《ふそん》な態度で「俺《おれ》はシリア人だ。親切にしろ、メルケル夫人が俺を招待したんだから」と述べたという。じっさいには、容疑者はアルジェリアやモロッコ人が多く、なかにはドイツ人やアメリカ人も含まれていたのだが、難民申請者が多かったのも事実であり、世論の空気は一変した（*New York Times*, 5 January 2016; BBC News, 11 January 2016）。

世論の硬化と排外主義の興隆

フランスでは、極右のＦＮが支持を伸ばしていた。世論調査では、党首のマリーヌ・ルペン

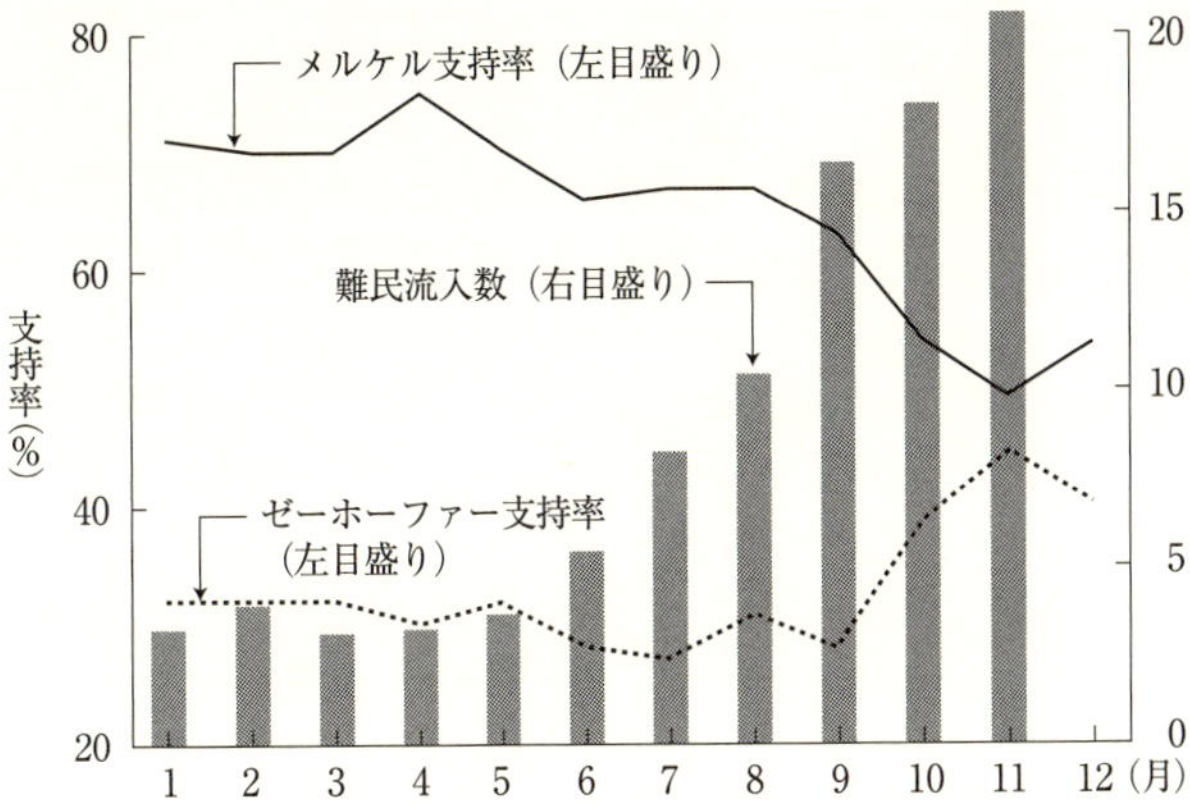

図表2－3　メルケル首相，ゼーホーファー・バイエルン州首相の支持率とドイツへの難民流入数（2015年）
出所：Infratest dimap，ドイツ内務省などから作成.

が近年二五～三〇%前後の支持率を誇り、一番手につけることもある。現職大統領のオランドは、二〇一七年に予定されている次期大統領選の決選投票に残ることさえできずに敗退し、ルペンと前大統領サルコジか元首相ジュッペとの一騎打ちになると予想されている。

ドイツでも世論は硬化した。ケルン事件後に行われた二〇一六年初頭の世論調査によると、ドイツ政府の難民政策に対しては八一%が誤った対応だったと考え、四〇%がメルケルに辞任を求め、支持率は四六%で二〇一一年八月以来最低となった（*Washington Post*, 4 February 2016）。

同時に、AfDへの支持率はじりじりと上がりつつあり、さまざまな調査で一〇～一五%ほどの支持を集めるようになった。二〇一三年の総選挙では、連邦議会に議席を得る下限の五%の得票をぎりぎり得られず敗退したAfDだが、

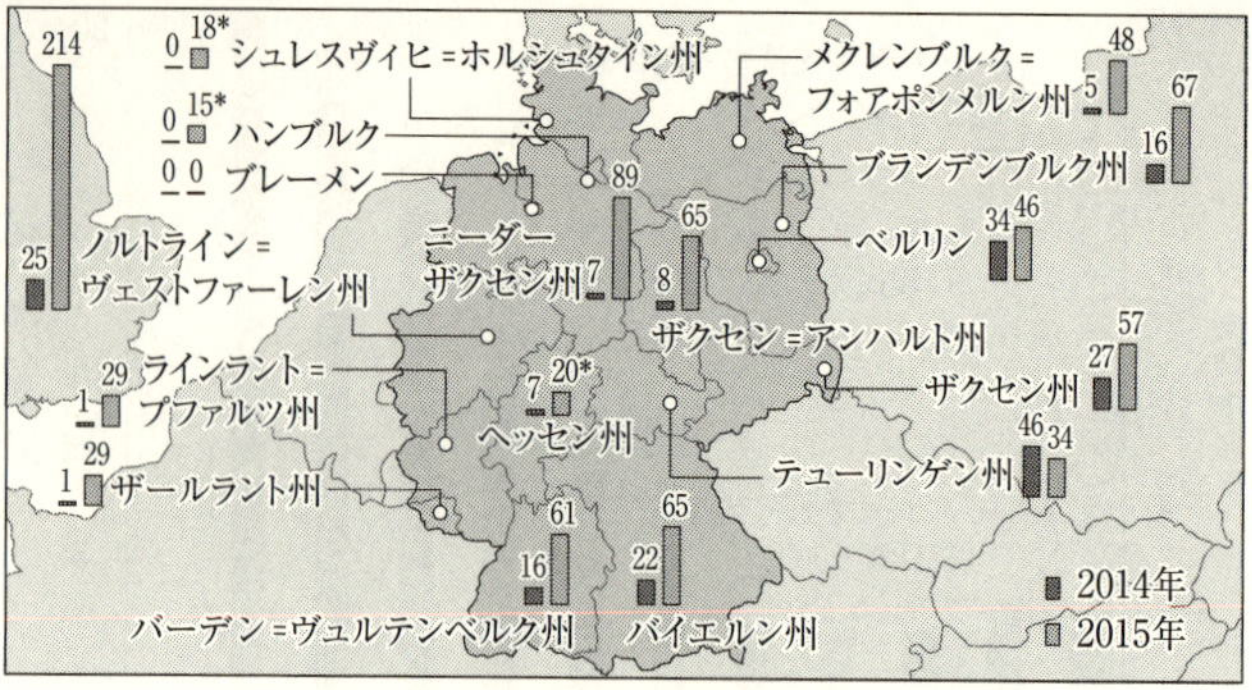

図表2－4　ドイツにおける極右による難民住居への攻撃（2014～15年）．＊は第3四半期までの件数を示す
出所：*Die Welt*（2016）'Report: Five times more attacks on refugee homes in Germany in 2015,' 29 January.

後述するように、二〇一六年に行われたいくつかの州議会選挙では二〇％を超える票を得ており、二〇一七年の総選挙では、初めて連邦議会入りするのが確実視されている（*Die Welt*, 19 January 2016）。

並行して、ドイツにおける移民・難民の住居に対する放火などの攻撃は、二〇一四年に比べて五倍の一〇〇五件に上り、そのうち九〇一件が極右のイデオロギーにより動機づけられたものであった（図表2－4）。

ほかにも、一部の北欧諸国やオランダで極右勢力が主流化しており、イギリスでもイギリス独立党が伸長してきた。

シェンゲンの動揺、ダブリンのほころび

難民危機は、このように内政経由で中から間接的にEUをむしばんでゆくが、他方で直接にEU

の根幹を揺さぶるものであった。具体的には、域内の国境管理を撤廃し、自由移動を権利として認めるシェンゲン協定のほころびが明らかになり、統合の象徴ともなっていたそのシステム全体（ここでは「シェンゲン」ということばで表現する）が疑義にさらされているのである。

シェンゲンの名は、もともと一九八五年、ルクセンブルクのシェンゲンにおいて、当時の欧州共同体（EC）加盟一〇か国のうちの五か国が、EC法体系の外で最初の協定を締結したことに由来する。一九九〇年には、域内の国境を廃絶し、共通のビザを創設するよう約したシェンゲン条約を締結し、九五年にそれは実現した。一九九七年のアムステルダム条約によりEU法体系の一部となった。現在、EU二八か国のうち、イギリスとアイルランドはみずからの意思で条約からの適用を除外されており、キプロス、ルーマニア、ブルガリア、クロアチアはまだ加入していない。他方、非EU加盟国でも、ノルウェーは九〇年以降の原加盟国であり、スイス、リヒテンシュタイン、アイスランドもまたシェンゲン締約国である（図表2－2参照）。

制度的な背景について付言すると、このシェンゲンと密接に関連して、難民の受け入れに関するEU法が、ダブリン規約Ⅰ、Ⅱ、Ⅲというかたちで発展してきた（それぞれ一九九〇年、二〇〇三年、二〇一三年合意）。これは、最初の到着国が難民の扱いに責任を持つことを定めたもので、デンマークだけは各国と個別に協定を結んだかたちになったが、基本的にEU全域に適用され、ノルウェーやスイスなどの域外国も参加している。

これによれば、最初の到着国が難民希望者の庇護《ひご》申請を受け、申請せずに別の国へ移動してもそこに送還されるのが原則である。たとえばイタリアやギリシャに最初に到着すれば、そこでの管理をすり抜けてドイツで保護申請をしても、それらの国に戻されることになる。庇護申請者が各国間でたらいまわしにされたり、逆に逃亡して管理不能になったり、というのを防ぐのが目的であった。

しかし、難民が殺到し、この原則はもはや堅持しえない。ドイツは二〇一五年秋、シリア難民へのダブリン規約適用を停止し、ギリシャなどに到着したものを受け入れはじめた。いまは、後述するEU＝トルコ間合意に基づき、トルコ経由でシリア難民を一定数引き受けると約したこともあり、ドイツは欧州委員会とともに、最初の到着国にかかわらずEU全体で難民を割り当てる枠組みを模索しているが、ハンガリーのみならず多くの加盟国から反対の声が上がっている（Fratzke 2016、岡部二〇一六など参照）。

いずれにしても、難民危機は、シェンゲンの想定やダブリンの原則が破られたことを意味する。それだけでなく、難民に交じって、シェンゲン域内を自由にテロリストが闊歩《かっぽ》していた事実は、シェンゲン域内の対テロ内務情報が加盟国政府の間できちんと共有されておらず、結果的に安全を保障できなかったことを雄弁に物語っていた。簡単に言えば、シェンゲンはシステムとして機能していない。

シェンゲンの部分的・一時的停止？

事態を改善するための論理的な解は、まずなにより域外との境界を管理することである。しかしながら、四万四〇〇〇キロメートルにおよぶ海と九〇〇〇キロメートルの陸のシェンゲン境界線を二四時間くまなくパトロールするのは至難である。

その作業は、基本的に、それぞれの加盟国の責任とされてきた。たとえばギリシャのような当該国が担えないほどの人口流入があっても、EUはこれまでほとんど実質的な施策をとってこなかったのである。

たしかに、ランペドゥッサ島近辺で数百人が溺死する惨事を前に、シェンゲンの域外境界をつかさどるFRONTEXがイタリアを支援し、ときにとってかわってきた。ギリシャ経由のバルカンルートに対しては、難民収容施設づくりを提案し、その場で難民に対処するよう働きかけてもいた。

しかし、米国の税関・国境警備局が一〇〇億ドル（約一兆一三〇〇億円）ほどの年間予算を持つのに対し、FRONTEXには予算が五割増しとなった二〇一六年、一億七六〇〇万ユーロ（約二二二億円）しか配当されていない。人口五億人に対し、ワルシャワの本部には三〇〇人ほどのスタッフしかいない。その幹部は、あるインタビューで、「(発足以来) 失われた一〇年を過ごした」と述べている（*Der Spiegel*, 3 February 2016）。つまり、実効的でないのである。

いまでは、NATO（北大西洋条約機構）の第二常設海洋グループ（言ってみれば地中海艦隊）が、ギリシャとトルコの国境のパトロールをすることになっており、それを欧州委員会の報道官はＥＵ沿岸警備隊の「前身」と位置づけている（BBC News, 11 February 2016）。

次に考えられる対策は、犯罪やテロ情報の共有を加盟国政府間で格段に深化させ、テロリストたちがどの国に入っても、域内のどこにいるのか把握できるようにすることであろう。しかしながら、秘密度の高い情報になればなるほど国をまたぐ共有はむずかしく、重要な情報がプールされているシェンゲン情報システムに、ＦＲＯＮＴＥＸの行政官やエージェントはアクセスできないままである。

そうなると、すでに動きの始まっている三つ目のシナリオのいきおいが増すにちがいない。それは、シェンゲン域内における加盟国ごとの国境管理の復活である（図表２－２参照）。問題は、それが一時的な緊急避難となるか、半永久的なものになるかの違いであり、その動き自体は止められそうにない。

止められないどころか、それは時間との競争である。というのも、もし仮に次に大規模テロ事件が域内移動の自由を利用して行われたとなると、シェンゲンの命脈が決定的に断たれうるからである。そうでなくとも、次々に訪れる民主的選挙のたびに、先に見たように、移民排《はい》斥《せき》・反シェンゲンを唱える勢力が伸長するということになれば、この第三のシナリオがいきおいを増すことになる。その部分的、一時的な停止を超えて、域内自由移動を完全に諦め、シェンゲンを廃絶する可能性は現在のところ低いが、今後を注視しなければならない。

EU＝トルコ間合意

急激な移民・難民の流入を受け、独首相メルケルは、二〇一五年秋の早い段階から、この方面の外交努力をトルコに集中していた。その一年でヨーロッパに流入した一〇〇万ほどの人のうち、大部分の八五万ほどがトルコからギリシャに渡ったのだから、当然といえば当然である。ドイツ主導のEU＝トルコ間合意が成立したのは、二〇一六年三月一八日の首脳会合でのことである。冬が明けて春になるとふたたび流入が増えるのではないかという懸念を前にして、ぎりぎりのタイミングであった。

それによると、三月二〇日以降、七万二〇〇〇人を上限とし、ギリシャに入ったシリア難民はすべてシリアに送還され、そののちにEUに庇護申請者として迎えられる。そのかわり、EUはトルコに対し、六〇億ユーロを援助し、（七二の条件をクリアすれば六月までに）ビザなし渡航を許可し、さらに加盟交渉を五分野で再開する、というものであった。

渡航者の激減と法的・倫理的な疑念

結果的に、この合意により、移民・難民の渡航は激減した（図表2－1参照）。二〇一五年の同時期と比べ、一六年四〜六月の流入数は六万二〇〇〇人以上から六三〇〇人に減り、じつに九〇％ほどの減少となった。合意の前から決してうまくいかない計画と、ハンガリー首相オルバンをはじめ多方面から批判されていたのだが、いまのところ結果をもたらしている。もちろん、先述のダブリン規約との関係で、最初の到着国にかかわらずEU全体でシリアからの難民申請者を共有できるか否か、またトルコが本気で持続的に渡航を取り締まってくれるのかという点には懸念が残っているのだが、これが、多くの危機に同時に襲われるEUに若干の余裕をもたらしたのは事実である。

ちなみに、六〇〇〇を超える流入者のうち、じっさいにトルコに送還されたのは、一六年六月までの段階で五〇〇人足らずにとどまっている。その一因は、流入者の多くが婦女子や高齢者であり、国際人道法で「脆弱《ぜいじゃく》」とみなされる人たちゆえに送還しにくいからである（*Financial Times*, 14 July 2016）。

しかしながら、この合意自体、EU内外の規範に照らして疑わしいものであることは否めない。詳しくは第6章「問題としてのEU」で述べるが、ごく簡単に言うと、送還先のトルコを突然「安全な国」とみなした点は問題である。というのも、トルコは一九五一年の難民条約（ジュネーブ議定書）の完全な締約国ではなく、シリア難民を含め、自身が「安全でない第三国」に難民を送還したこともあるからである。

その点をとらえ、国際人権NGOアムネスティ・インターナショナルは、EU＝トルコ間合意はジュネーブ議定書に反すると批判している。のみならず、EUのリスボン条約で人権関係のルールとしてひろく通用するものと認められた欧州人権規約も集団的な外国人追放を禁じており、さらに二〇一三年のEU指令二〇一三／三二「国際保護認知・撤回に関する共通手続」

にも反すると指摘している。

トルコのクーデタ後

もう一方の当事者であるトルコでは、そうした規範的な観点からではなく、合意の履行に関する不満がたまっている。二〇一六年六月末までに条件つきで約されたビザなし渡航は、結局期日までには実現しなかった。七二の条件が満たされなかったという理由だが、とりわけ個人データ保護の不備や反テロリズム法のあいまいさなどが問題視された。支援金の支払いも円滑とはいいがたい。

トルコで七月一五日に起きたクーデタ事件は、さらに事態を不透明にした。その失敗を受けてエルドアン大統領に権力が集中するなか、そのエルドアンのＥＵに対する不満は高まっており（BBC News, 26 July 2016）、同時にトルコの沿岸警備へのコミットメントや統治能力がふたたび怪しいものとなりうるからである。

このトルコという堰《せき》が崩れたとき、それはふたたびシリアその他からの渡航者の激増、すなわち欧州難民危機の再発を意味しよう。それは、ＥＵ加盟国にとって政治的に耐えがたいことである。したがって、トルコに相当な譲歩をしてでも、その展開を阻止したいと多くのヨーロッパの指導者は考えることになる。他方、エルドアン政権が国内で人権侵害を強め、同時にイスラーム過激派を放置するとなると、域内でトルコ系移民やその子孫を抱えるドイツのような国は、ジハード主義的な思想の浸透にも敏感となり、エルドアン政権に対して批判的たらざるをえない局面でもある。

今後の成りゆきは、かなりの程度トルコの政情にかかっている。引きつづき、そこを注視しなければならない所以《ゆえん》である。

第3章　欧州安全保障危機
――ウクライナからパリ・ブリュッセル・ニースへ

1　ウクライナ危機

ユーロ危機がいったん収束の気配を見せていた二〇一三～一四年冬以降、欧州難民危機が本格化する以前、それとはまったく異なる地政学的な変動がヨーロッパを揺るがした。ロシアによるクリミア併合と東部ウクライナをめぐる紛争である。

ウクライナ危機の端緒

このウクライナ危機をどこから書きはじめるのかは、むずかしい問題である。端緒を特定した段階ですでに、その危機の説明をしているだけでなく、誰かを弁護・非難しているに等しいからである。
たとえば、ロシアのプーチン大統領は、二〇世紀末からのコソボ紛争を経て、二〇〇八年にロシアの友好国であるセルビアからコソボが独立したことを「きっかけ」とするかもしれない。彼にしてみれば、住民投票による既存の国家からの分離独立は可能で、西側はそれに対して好意的だったのに、クリミアに対して急に二重基準を適用するのは不公平ではないかというわけである（たとえば、ロシア議会に彼がクリミア編入条約批准を呼びかけたとき、彼はその「論理」を持ちだしている。**RT, 18 March 2014**）。

人によっては、オバマ大統領の一貫しない宥和《ゆうわ》的態度こそが契機であるとする議論も根強い。この解釈によれば、二〇一三年夏にシリアのアサド政権に対して見せたアメリカの介入忌避がロシアの行動を後押ししたということになる。つまり、アサド政権の国民に対する化学兵器の使用が「レッド・ライン」（越えてはならない一線）だとしておきながら、二〇一三年にその使用がなされた（とされた）とき、このことばが示唆する軍事介入をしなかったのだから、ロシアがよほどのことをしても、アメリカは軍事介入してこないだろうとプーチンが踏んだということになる（この解釈を前面に押しだすものとして、渡邊二〇一五参照）。

あるいは、EUの近隣諸国と取り結ぶ政策体系（いわゆる欧州近隣政策〔ENP〕）が、みずからのもつ政策資源を体系的に考慮せず、とくにロシアとの関係におけるウクライナの特殊性をきちんと加味しないまま、多様な隣国に一様の対応を取ったことが遠因とする議論もある

（東野二〇一五）。この観点からすると、うかつに、ＥＵ（ないし西側）の勢力圏にウクライナを取りこもうとしたことが背景にあるということになる。

いずれにしても、危機の直接のきっかけが、ウクライナのヴィクトル・ヤヌコーヴィチ大統領による二〇一三年一一月二一日のＥＵとの連合協定交渉打ち切りと、それにつづくいわゆるユーロマイダン（欧州広場）革命にあったのは衆目の一致するところであろう。

ユーロマイダン革命

二〇〇八年からウクライナとＥＵは包括的な連合協定の交渉をしてきたが、協定がウクライナの非民主的性格など、ＥＵ側から提起された問題を乗り越え、とうとう署名にいたるという二〇一三年一一月末の段階で、同国が欧米の勢力圏に入るのを嫌がるロシアのプーチン大統領から直接、脅迫と利益供与の示唆を受け、ヤヌコーヴィチはついに、それを諦める。

しかしそれは反対に、ＥＵへの統合を望むウクライナの民衆に火をつけた。連日のデモや抗議集会を経て、ヤヌコーヴィチの辞任要求が高まり、キエフでは八八人もの死者も出るなかで、内戦寸前にいたった二〇一四年二月二一日の夜、彼はロシアに亡命した。議会は大統領から権限を剝奪《はくだつ》した。いわゆるユーロマイダン革命である。

ロシアのクリミア併合

プーチンは、これをクーデタと断じ、従来から練っていたクリミア併合へと動きだす。その日の夜半に開かれた秘密会議で、特殊部隊と国防省の幹部を前に、彼は「クリミアをロシアに取り戻す仕事を始めなければならない」と言明した（*Independent*, 10 March 2015）。

その後、二月末からクリミア議会などの主要機関の建物がロシアの特殊部隊らしき人間に占拠されていき、自称「政府」によって、三月一六日住民投票が実施され、ウクライナからの独立を求める「多数」の声を受けたかたちで、一八日にロシアはクリミアを併合した。わずか一か月足らずのうちの出来事であった。

これに対して国際社会は、冷戦後の秩序を危うくするとして、ロシアに激しい非難を浴びせることになる。無理もない。ロシア特殊部隊の侵入は、一九九七年のロシア＝ウクライナ分割条約を完全に無視した動きであり、クリミアの併合は、ウクライナが核兵器を放棄する代わりに領土保全を保障した米・ロ・英・ウクライナ間のブダペスト覚書（一九九四年）の約束を反故にするものであった。もちろん、国連憲章の主権や領土に関する規定にも反する疑いが濃厚だが、ロシアは前述のコソボの例を持ち出し、一方的に独立することは国際法違反ではないと主張する。アメリカとＥＵは、この段階で、要人の旅行禁止などの制裁をはじめた。

ロシアの動きはそれにとどまらなかった。ウクライナ東部のドネツク、ルハンスク両州で、二〇一四年三月初頭に親ロ・反政府勢力によるデモが起きたのを皮切りに、一一日には両州の

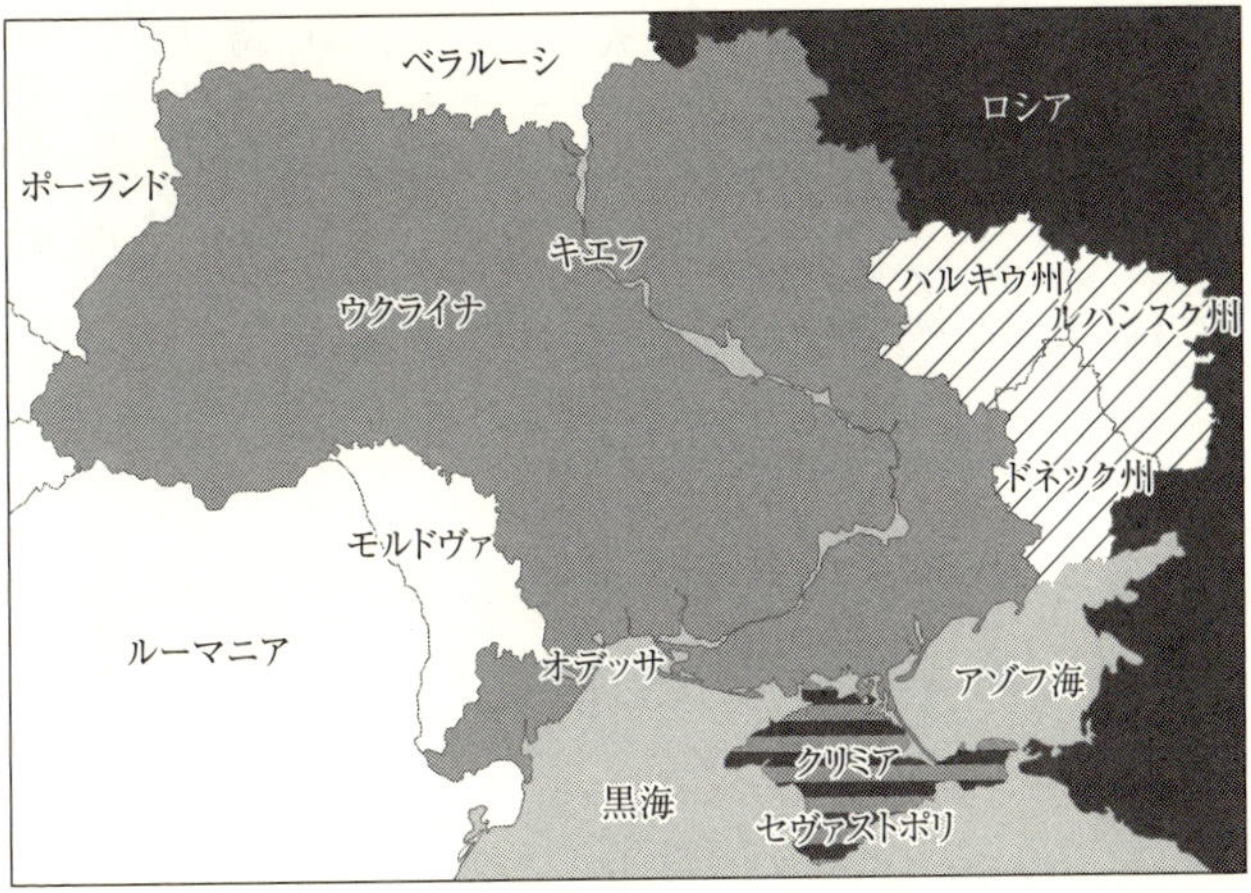

図表３－１　ウクライナ略地図．斜線部はロシア系分離主義者が独立を主張

自称人民共和国が住民投票を実施し、独立を宣言した。この間にも、ロシアの元兵士や準軍事部隊、そしてのちにプーチンが認めたところによれば、ロシアの特殊部隊などが入り込んでいたといわれる。彼のねらいは、ウクライナの不安定化、西側への統合の阻止だった。

キエフでは、亡命したヤヌコーヴィチに代わって、彼のもとで要職を占めたペトロ・ポロシェンコが大統領に選出された。五月二五日のことである。新政府は、ＥＵとの関係強化に乗りだし、すでに三月に署名されていた政治文書に引きつづき、六月には経済文書が合意され、ＥＵとの連合協定が締結された（ただし、二〇一六年四月六日、オランダ国民投票において、反対六四％、賛成三六％によって同協定は否決され、現在宙に浮いている）。

七月一七日には、マレーシア航空一七便が、東部ウクライナから発射されたと思われる地対空ミサイルによって撃ち落とされ、乗員乗客二九八人が死亡する事件が起きた。真相はやぶのなかだが、ロシア製のミサイルが使われた可能性が高く（のち二〇一五年一〇月一三日、事故の調査をしてきたオランダ安全委員会が最終報告書でロシア製と断定）、アメリカやEUが主導し、対ロシア制裁は強化された。

ミンスク合意

その後八月末からの情勢悪化を受け、九月五日に、ロシアとウクライナ、欧州安全保障協力機構（OSCE）のあいだで、ベラルーシのミンスクにおいて一二項目に及ぶ議定書を取り交わし（いわゆるミンスク合意I）、いったん停戦や撤兵が進んだ。しかし、一一月に入ってふたたび情勢は緊迫し、二〇一五年に入ってから内戦が激化した。さらに、アメリカでは、ウクライナへの武器輸出を支持する動きが勢いをつけ、軍事的な緊張が高まっていた。それを受け、独首相メルケルが、八日間不眠不休で一一都市二万キロにおよぶ壮絶なシャトル外交に乗り出し、独仏ロとウクライナの首脳が、一六時間にも及ぶ協議の末、二月一二日、一三項目からなるミンスク合意IIにいたる。

その主内容は、ミンスクIをもとに停戦や撤兵などを規定し、二〇一五年末までに地方分権を定めた憲法改正を実施し、ドンバス（ドネツク、ルハンスク両州を指す）の特別な地位を認め、しかしウクライナが国境を管理することなどである。これは、ウクライナに関してロシアが軍事的に優勢であるなかで軍事的な解決はありえないと確信していたメルケルらが、攻勢を強めるロシアに対してミンスク合意の基本を守ろうとした結果であったが、他方で戦略的に重要なウクライナ東部のデバリツェボがロシアの影響下に入ることを事実上認めただけでなく、ウクライナ東部の合意がなければ、憲法改正やEUやNATOへの加盟ができないよう含意されており、かなりロシアに有利なものであった。

不可視化された紛争へ

その後は大規模な衝突にいたらないものの、戦闘は散発的におこなわれ、ウクライナが憲法改正などの合意を履行しないまま、ドンバスのロシアへの事実上の統合が緩やかに進んでいるといえよう。ウクライナ危機を通じた死者は、国連によれば、二〇一六年三月初頭の段階で、少なくとも九一六〇名に上っている。

その間、クリミアを併合し、ウクライナ東部への介入をやめないロシアへの制裁は続いており、同国は原油安もあって、二〇一五年にGDPの三・七％を失ったものの、ウクライナも、紛争のさなかにロシアとの経済関係がやせ細ったことが主原因で、同年のGDP減少はほぼ一〇％に達している。

汚職がはびこる現状に変化がないウクライナ政府はまた、支援の見返りにガバナンス改革を求めたIMFやEUからも、ユーロマイダン革命で支えた市民からも、愛想をつかされつつある。「国ではない」とプーチンに酷評されるウクライナは、もともと歴史的に領土をつぎはぎしてつくられたところもあり、分散・遠心傾向も強い。その不安定化を狙ったプーチンの試みは、かなりの代償を払ったとはいえ、成功しているといってよい。次の機会があれば、さらにロシアの影響を拡大する方向で動くかもしれない。

プーチンのシリア介入と連動危機

その後プーチンは、国際社会に復帰し、ウクライナ危機を有利なうちに脱争点化すべく、シリア危機への介入を強めていく。二〇一五年九月には、アサド政権を軍事的に支援して、欧米やトルコが支援するシリア国内の反体制派を、反IS、反テロリズムの旗印のもとに空爆しはじめた。

これは、西側(とくにアメリカ、トルコ)の結束にくさびを打ち込むことになる。もともとアメリカとトルコは、ISに対する敵視の度合いにかなりの温度差があり、アサド政権への反対においておおむね共通しているものの、いますぐ打倒すべきとするトルコと、ISへの打撃を優先するアメリカとのあいだには微妙な相違もあり、さらにそのアサド政権やISへの対抗上クルド人勢力を利用したいアメリカと、それを国内の分裂勢力とみるトルコとのあいだには決定的な違いがあったのである。

それに加え、二〇一五年一〇月三一日、シナイ半島上空でロシア民間機が墜落し、乗員乗客二二四人が死亡する痛ましいテロ事件が起きた。犯行声明を出したのはＩＳである。これに加え、後述するパリ同時テロ事件が一一月一三日に起き、一三〇名もの市民がＩＳの関与するテロの犠牲になった。これが、ウクライナをめぐるロシアの位置を大きく変えるのである。というのも、ここにおいて、ロシアもフランスもＩＳの犠牲者同士ということになり、フランスのオランド大統領はパリ事件直後にモスクワに飛び、対ＩＳ連携を試みた。じっさいには、プーチンが、仏露同盟の復活のような言説を振りまく一方、オランドは反アサド政権のスタンスを変えないとし、ニュアンスの違いは明瞭《めいりょう》に残っていたのだが、並行して、ＩＳの攻撃標的として明言されたアメリカも、とりわけパリ同時テロ事件のあと、ロシアとの協力に芽を残すようになり、それまでウクライナ問題で孤立していたロシアにとっては、そこから脱却する千載一遇のチャンスとなった。

もっとも、民間機へのテロを受けてロシアがシリアへの空爆を強めていたところ、一一月二四日、トルコがロシア戦闘機を領空侵犯（とロシアの空爆が狙い撃ちしていた地上のトルコ系住民の保護）を理由に撃墜し、状況はいっそう錯綜《さくそう》した。なんといってもトルコは西側の同盟であるＮＡＴＯの加盟国であり、米仏など西側とロシアとの対ＩＳ協調に水をさす格好となったのである。ここで見て取れるのはテロリズムとウクライナ情勢とが、トルコ・シリア国境で交錯《こうさく》しているという事実である。

さらに、この問題は、前章で見た欧州難民危機とも連動している。ウクライナ危機を後景に退かせるロシアのシリア空爆は、その矛先がシリア北西部のアレッポ（近郊）に向かい、多くの反政府勢力の住民をトルコに押しやることになった。これは、すでに二七〇万人もの難民を抱えるトルコをさらに窮地に陥れ、そこからヨーロッパに向かう難民の数を増やし、EUの不安定化につながる圧をなすのである。

こののちの展開はさらに事態を複雑にしている。前章でも触れた二〇一六年七月中旬のトルコでのクーデタ未遂事件を経て、権力集中を進め、イスラーム過激派を放置するエルドアン政権は、批判を強める欧米との関係が冷えこむ一方、ロシアへの接近を試みている。これらの帰《き》趨《すう》を見極めるには、もう少し時間が必要である。

2　パリ同時テロ事件

パリ燃ゆ

それは突然やってきたように見えた。二〇一五年一一月一三日金曜日夜九時すぎ、パリ郊外のサッカー場、スタッド・ド・フランスで三度にわたり自爆テロが起きた。ほぼ同時刻、パリ一〇～一一区のバーやレストランを駆け抜けるように、銃撃や爆発が相ついだ。少し経って、近くのバタクラン劇場では、逃げ場を失った観客らが乱射の対象となっていた（図表3-2）。

図表３－２　パリ同時テロ
出所：『朝日新聞』2015年11月19日の図を一部改めた．

この事件で、二六か国にまたがる一三〇人が犠牲者になり、三五〇人以上が負傷し、そのうちの八〇人は重傷だった。

パリを震撼させたテロ事件は、その年で二度目だった。同年一月七日、ムハンマドの風刺画を掲載した『シャルリ・エブド』紙の本社がジハード（聖戦）主義（イスラーム急進主義、過激主義）者に襲撃され、一二人の編集者、執筆者、そして警官が殺害されたほか、別の実行犯によってユダヤ人の多く集まる商店な

ジハード主義関連	足跡・結末等	その他
	事件数時間後，仏白国境越えて逃走．翌年3月18日逮捕	自爆したブラヒミの弟
弟がシリアでISに加わり死亡の模様．自身も渡航か	逃走，のちブリュッセル同時テロの実行犯	事件2日前に，アブデスラムとともにパリへ
2014年初めに急進化，のちシリア戦闘員経験	入場許されず場外で自爆	ベルギー政府，シリア渡航把握も再入境知らず
	10月3日ギリシャ・レロス島上陸	下記のアフマド・モハンマド名の人物と一緒
	10月3日ギリシャ・レロス島上陸	おそらく偽造のシリア人旅券携行
ベルギー・モレンベーク地区の細胞メンバー	カフェ「コントワール・ヴォルテール」で自爆	2015年初頭トルコ渡航し，シリア入国拒否．サラの兄
	サン・ドニ急襲で自爆	
2013年初めにISに加わる．15年春から4つのテロ未遂事件関与	シリアからパリへの足取り不明．サン・ドニ急襲で射殺	首謀者と見られる
イエメンで戦闘員か．シリアに2014年に滞在	現場で自爆／射殺	諜報筋に知られた人物，2012年から逃走中
シリアに2013年に渡航	現場で自爆／射殺	2010年から危険人物リスト
シリアに2013年末に渡航	現場で自爆／射殺	

氏名	国籍・出身	年齢 性別
サラ・アブデスラム	仏（ベルギー生まれ，モレンベーク出身）	26 男
モハメド・アブリニ	ベルギー（モロッコ系，モレンベーク出身）	30 男
【郊外のスタッド・ド・フランス攻撃】		
ビラル・ハドフィ	仏（ベルギー在住経験）	20 男
モハマド・マハモド（を名乗る別人）		男
アフマド・モハンマド（を名乗る別人）		旅券では25 男
【パリ市街バー・レストラン等】		
ブラヒム・アブデスラム	仏	31
シャキブ・アクル	ベルギー（モロッコ系）	25 男
アブデルハミド・アバウド	ベルギー（モロッコ系，モレンベーク出身）	28 男
【パリ市街のバタクラン劇場】		
サミ・アミムール	仏（パリ郊外出身）	28 男
オマル・イスマイル・モステファイ	仏（パリ郊外出身，アルジェリア系）	29 男
ファウド・モハメド・アガド	仏（ストラスブール出身，モロッコ系）	23 男

図表3－3　パリ同時テロ実行犯
出所：BBC, *The Telegraph* などから作成.

どが襲われ、人質四人が命を落としていた（これについては、容疑者クアシ兄弟やアメディ・クリバリの人となりを含め、国末二〇一五参照）。

一一月一三日の事件の直接の実行犯は、一〇人ほどと思われる（他にも関与したものを含めると二〇人をはるかに上回る)。オランド仏大統領は、三日後、このテロ事件を「戦争行為」と呼び、「シリアで計画・決定され、ベルギーで組織され、われわれの地でフランス人の共謀者とともに実行された」と述べた。

実行犯の素顔

事件の翌日、ISは犯行声明を出している。そこであげたテロの理由は、オランド仏大統領の外交政策一般であり、ISに対する空爆であった。「決定された」かどうかは別として、ISの関与は疑いえない。

実行集団のうち首謀者はアブデルハミド・アバウドである。ベルギー国籍で、すぐ後で見るように、ベルギーの首都ブリュッセルのモレンベーク地区で生まれ育った。事件の二日前、レンタカーでベルギーからフランスに向かったのは、フランス国籍だが同じくモレンベーク地区出身のサラ・アブデスラムであり、同じくモレンベーク出身のモハメッド・アブリニである。これらの名前は、のちにブリュッセルのテロにおいても浮かびあがることになる。

バタクラン劇場を襲った三人は、みなパリ郊外(バンリュー)で生まれ育ったフランス人だった。

モレンベーク地区——「黒いオアシス」のアバウド

アブデルハミド・アバウドは、おそらく子供時代からアブデスラムと知り合いであった。刑務所で一緒だったという情報もある。いずれにせよ、アブリニも含め、事件の中核を担った人物がみなモレンベーク出身であることは注目に値しよう。

ベルギーとEUの首都ブリュッセルの北西にあるこの地区には、人口一〇万弱が住んでいる。イスラーム教徒がほとんどを占めると言われることもあるが、おそらく二五〜四〇%であろう。ただし、この一〇年で二五%増加した人口にモロッコ系の移民が多いのは事実であり、二五の公的に認められたモスクのほかに、一〇ほどの非公式なモスクがあり、シャリーア（イスラーム法）の厳格な施行を求めるサラフィー主義に基づくイスラーム過激派の拠点となっている。

ここは、パリ郊外に似ていなくもない。モレンベークの場合、中流階級が健全な力をもち、商業も盛んで、芸術家や知識人も住んでおり、異なる顔も見せるのだが、パリ郊外同様、都市中枢と権力アクセスから離れ、公的サービスが劣悪で人口密度が高いところに、低所得者、失業者、そして移民の子孫が多く集まっている。そこでは、軽犯罪を繰り返す青年も多く、収監された刑務所などでジハード主義に感化されることがある。

この町と、ジハード主義とのかかわりは、一九九〇年代初頭に、フランス＝シリア国籍のサラフィー主義者バッサム・アヤチが「ベルギー・イスラーム・センター」を作ってからとなる。じっさいのテロとのかかわりは、二〇〇一年の九・一一同時多発テロの直前に起きた、アフガニスタンのアフマド・シャー・マスード将軍殺害に関与したアル＝カーイダ系戦闘員の結婚式を、アヤチが司式したことからも明らかである。二〇〇四年のマドリッド・テロ事件においても、この地区との関連が指摘されていた。より最近になって、二〇一四年五月のユダヤ博物館襲撃では、実行犯メディ・ネムシュがモレンベークで一時滞在していたことが明らかになっており、二〇一五年初頭のシャルリ・エブド事件でも、実行犯の一人、アメディ・クリバリがモレンベークで武器を調達した。

ゼルカニ・ネットワーク

アヤチは、二〇一二年に八年の刑を言い渡されたが、その前にシリアに渡航しており、当地では六〇〇人の部隊の指揮官となっていた（*La Libre Belgique*, 8 janvier 2013）。そのアヤチの周辺にいたのが、二〇〇二年からベルギーに在住するモロッコ人ハリド・ゼルカニである。最近ベルギーの公安当局が明らかにしたところによると、一九七三年九月モロッコ生まれで、軽犯罪を繰り返す若者をジハード主義に短期間で染め上げる中心人物だった。すでに二〇一四年二月に逮捕されているが、彼はモレンベークの屋根裏部屋に居を構え、少なくとも五九人をシリアに戦闘員として送り込んだとされる。アバウドは彼の弟子にあたり、アブリニの弟のシリア渡航を支援し、のちにブリュッセルの空港で自爆するナジム・アシュラウィも彼の周辺にいた。若者らへの影響力の大きさから「エミール（首長）」とも、あるいは気前よく小遣いをあげるところから「聖戦（ジハード）のサンタクロース」とも呼ばれていたという。二〇一六年四月一四日には、テロを指揮したとして禁固一五年の判決を受けている（*New York Times*, 11 April 2016; van Vlierden 2016）。

イスラーム過激派のもう一つの供給源は、もはや存在しないスーフィー主義集団「ベルギーにシャリーアを（Sharia4Belgium）」である。ベルギーの裁判所がその指導者フアド・ベルカセムをテロを支援したとして一二年の懲役《ちょうえき》刑に処したが、この集団こそ、モレンベークの若者をシリアに組織的に送り込む中心的な存在だった。全国的な数字だが、ベルギーは、控えめな見積もりでも四四〇人の戦闘員をシリアに送っている。これは、国民一人あたりの人数で、フランスの二倍、イギリスの四倍に相当する。

確証は得られていないが、おそらくもう一人のジハード勧誘員ジャン・ルイ・ドニをつうじて、ベルカセムらとゼルカニ、もちろんその延長線上でアバウドもつながっていたと思われる（*Financial Times*, 3 June 2016）。アバウドは、ベルギーでの大規模テロを計画していたが、判決の数日後、ベルギー東部ヴェルヴィエのアジトを急襲され、辛くも逃れた（その時モレンベーク出身の二人が射殺されている）。八月には、アイユーブ・ハッザーニが、アムステルダムからパリ行きのタリス高速鉄道での大量殺戮《さつりく》を実行しようとして、未然に乗客に取り押さえられた。二〇〇七年にモロッコからスペインに家族とともに移住したハッザーニは、おそらくトルコ経由でシリアに入ったことがあり、一五年夏までに、ギリシャ、ハンガリー、オーストリアを経由して、直前にモレンベークにも寄っており、アバウドが接触したことも明らかになっている

(*L'Express*, 7 juillet 2016)。

逆に、IS側には、ヨーロッパの若者をリクルートし、訓練し、ヨーロッパへの密航を手助けしたうえで資金や武器などを調達して、テロを指揮する対外作戦局、アムン・アルカルジがある。CNNの調査報道によれば、その組織の指導者アブ・アフマドなる人物が、パリ同時テロの指揮をとり、実行犯以外にも三人ほどを潜入させていたという(Bronstein et al. 2016)。

一一月のパリの事件は、そうした一連の仕込みと未遂事件の末に、実行されたものである。アバウドは、事件から五日たった一八日、前記サッカー場からほど近い潜伏先のサン・ドニのアパートにいるところを警察に急襲され、射殺された。同時に殺されたのが、実行犯の一人ベルギー系モロッコ人シャキブ・アクル、そしてアバウドの従妹《いとこ》アスナ・アイトブラセンである。

フランスのシリア空爆とテロリズム

死亡したアバウドらをテロに走らせた直接の動機はまだわかっていない。後述するように、アブデスラムは逃走した末、モレンベーク地区で捕まり、現在はフランスで尋問中である。

二〇一五年一一月のテロからさかのぼること二か月弱、九月末にフランスがシリアへの空爆を開始したことは、一つの背景をなしている可能性はある。すでに前年二〇一四年九月一九日には、イラクにいるISへの空爆を開始していたフランスだったが、シリアのISへの爆撃はアサド政権に利するゆえに、慎重だった。

けれども、アバウドは二〇一三年にすでにシリアに渡り、ISの部隊指揮官となっており、先に述べたように、ゼルカニらによるイスラーム過激派のリクルートは綿々とつづいていたわけだから、動機はもっと根深く、もっぱら空爆ゆえにテロが起きたとすることはむずかしいのではないかと思われる。せいぜいのところ、もともと仕込んでいた計画の引き金を引く一つのきっかけを提供したということだろう。バタクラン劇場における生存者の一人は、「これはオランドのせいだ。お前らの大統領のせいだ。シリアに介入すべきではなかった」と実行犯が叫ぶのを耳にしている。

いずれにせよ、フランスは数週間にわたりシリアで監視飛行を続け、九月二七日、戦闘員訓練所などを標的に空爆に踏み切った。そのタイミングは、シリア情勢が議題の一つであった国連総会の直前であり、ニューヨークで空爆の発表をしたオランド大統領の頭には、フランスの国際的な威信とみずからの選挙戦略がよぎった可能性はあるが、もう一つのきっかけは、ハッザーニによるタリスでのテロ未遂事件だったのである。

のちに見るように、一一月のパリ同時テロの直後、フランスは空母を派遣し、空爆を強化することになる。ここには、テロ（未遂）、空爆、そして大規模テロ、さらに空爆強化という負の連鎖がうっすらとたどれる。

シェンゲンの穴

未遂に終わったハッザーニの事例にすでに見られたことだが、一一月のテロ実行犯のなかには、難民に紛れてパリにたどり着いたものもいる。さかのぼること一〇月三日、旅券上はシリア国籍で、アフマド・モハンマドを名乗る男が、モハマド・マハモドを名乗る何者かと一緒に、ギリシャのレロス島にシリア難民として上陸し、七日にセルビア、八日にクロアチアで登録したのを最後に足取りは消えたが、おそらくオーストリア経由でパリへ移動し、スタッド・ド・フランス近くで自爆した。同じ旅券を使って難民として入境したものが他にもおり、この旅券は偽造だった疑いが濃厚である。そうした不法入国がまかり通っただけでなく、深刻なテロ事件を起こしたわけである。

他にも、すでに見たように、アブデスラムは、アブリニとともに、ベルギー＝フランス国境を越え、パリでテロ実行犯を送り迎えしている。彼らは、事件後、ベルギーに戻るところを、国境でフランス警察の検問にあい、捕まるどころか通行を許され、三月のブリュッセル・テロ事件の直前に逮捕されるまで、四か月もゆくえをくらました。

さらに、先述のアバウドも、二〇一四年にシリアにいたことが確実視されているが、そこからどのようにしてシェンゲン域内に入り込んだのか不明なままである。事件後、フランス内相のベルナール・カズヌーブは、「ヨーロッパの国々からは、彼〔アバウド〕がフランスにつく前の足取りを伝える情報は一切もたらされなかった」と告白した。事件の三日後になって初めて、「ヨーロッパ外の国の情報機関から、彼がギリシャにいたことを知っていたと伝えられた」と付け加えた（BBC News, 19 November 2015）。

つまり、ここで明らかなのは、シェンゲンがシステムとして十分に機能していないということである。域外境界の管理もできていなければ、域内にいるテロリストの追尾もできていなかった。そのことが一因となって招いた事態が一三〇名もの犠牲者を出したテロ事件だったということである。

3　ブリュッセル同時多発テロ

テロの輪郭

二〇一六年三月二二日午前八時ごろ、ブリュッセル郊外ザヴェンタム国際空港で二つの爆発が立てつづけにあり、九時すぎには市内EU本部近くの地下鉄マールベーク駅で爆発が起きた（図表3－4）。これにより、三人の自爆犯を含めて三五名がなくなり、三〇〇人以上が負傷した。ベルギー史上最悪のテロ事件だった。

ベルギー警察は、当日のうちにブリュッセル北部スカールベークのアジトを急襲し、爆弾やIS旗などを押収した。ほどなくISは犯行声明を出し、「殉教者」をたたえた。

実行犯は五人だった。空港では、イブラヒム・バクラウィ、ナジム・アシュラウィの二人が

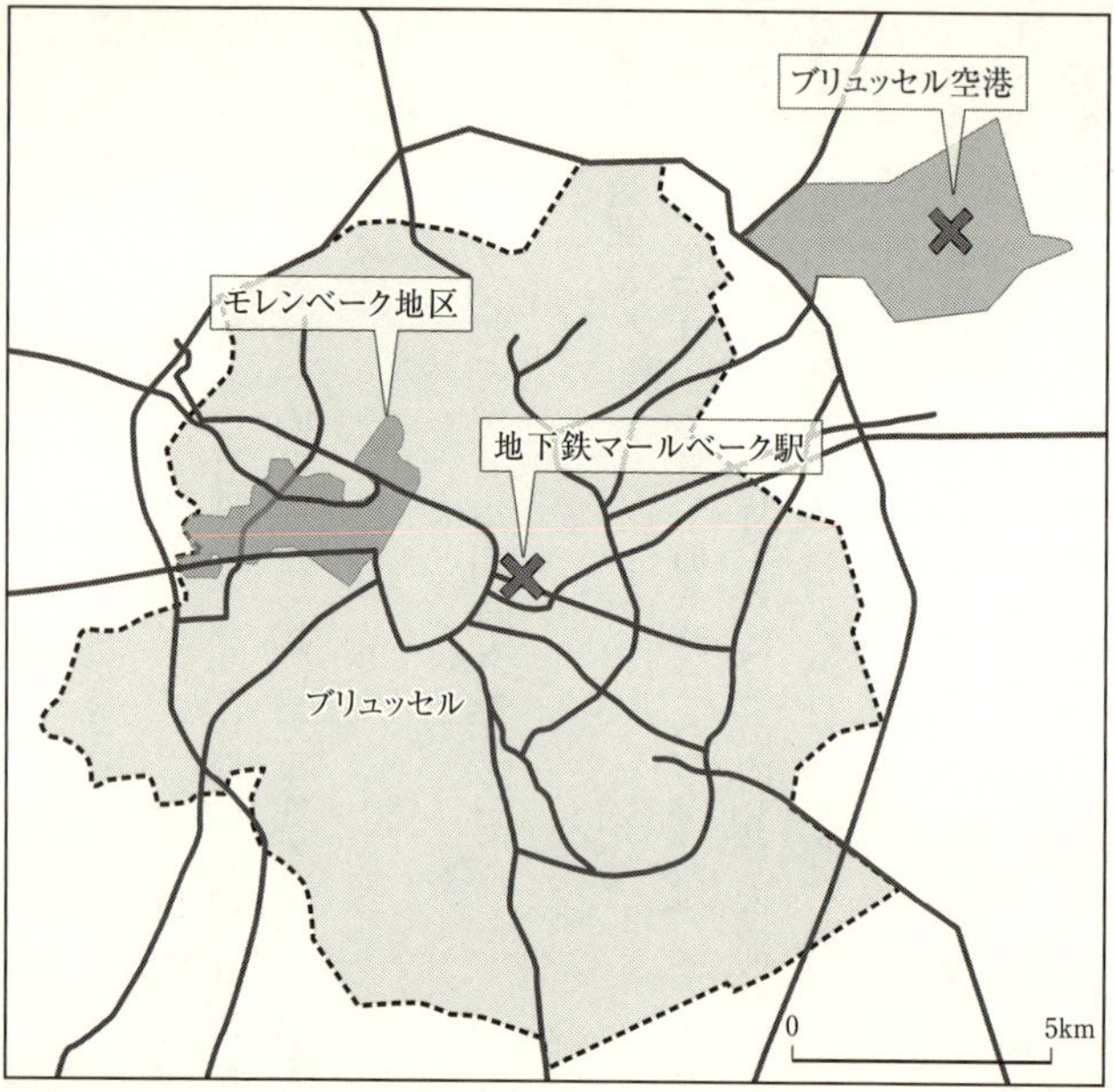

図表３－４　ブリュッセル同時テロ
出所：『朝日新聞』2016年3月23日の図を一部改めた.

自爆し、もう一人のモハメド・アブリニは未遂に終わり、逃亡した（のち四月八日逮捕）。地下鉄駅ではイブラヒムの弟ハリド・バクラウィが自爆し、オサマ・クライエムは未遂に終わり、逃亡した（四月八日逮捕）。

パリ事件との重なり

この五人は全員、パリのテロ事件に関与しており、それを引き起こしたものとほぼ同一の細胞ないしネットワークに属していた。やや踏み込んで言えば、にもかかわらず、事件から四か月たった時点での大規模テロの発生を防げなかったと見ることもできる（*New York Times*, 24-25 March 2016; BBC News, 9 April 2016; *Le Monde*, 20 avril 2016）。

アブリニは、先述のようにゼルカニ・ネットワークの一員で、サラ・アブデスラムと一緒にパリからベルギーに戻ったパリ事件実行犯の一人である。アシュラウィは、パリとブリュッセル双方で爆弾を製造した人物と見られており、パリ実行犯と偽名で幾度も接触している。クライエムの役割は不明な点も多いが、このシリア出身のスウェーデン人は、二〇一五年九月にシリアからの難民に紛れてギリシャにわたり、一〇月初頭ドイツ南部のウルムに戻ったところをアブデスラムがレンタカーで迎えに行き、その際ドイツの警察に尋問されているが、三日にベルギーに帰国した。クライエムは、パリのテロ実行犯のいたアパートに居合わせたことがＤＮＡ分析でわかっている。

モロッコ系ベルギー人のバクラウィ兄弟も、ゼルカニによってリクルートされたギャングだった。兄イブラヒムは二〇一〇年に両替所を襲った際に警官を銃撃して刑務所に入り、一〇年の刑を減刑されて出所していた。弟ハリドは、〇九年ごろから銀行強盗やカージャックなどの犯罪に手を染め、一一年から五年の刑期をほぼ務めて一五年五月に出所し、まもなく消え、国際的な逮捕状が出ていた。この兄弟は、アブデスラムらパリ実行犯のため、ブリュッセルのフォレ地区とベルギー南部シャルルロワのアパートを自らの名義で借りていたことが判明している（なお、一六年七月、ＩＳは弟のものとする遺書を公開した）。

ジハード主義関連	足跡・結末等	その他
2015年6月トルコからシリア渡航試み失敗，7月蘭へ送還	自爆	ハリドの兄，ゼルガニ・ネットワークの一員，犯罪歴多
2013〜14年シリア渡航，ISで人質監視役	自爆	パリとブリュッセルの爆弾製造
弟がゼルガニの支援でシリアISに加わり死亡．自身も渡航か	未遂の末，逃亡．翌4月8日逮捕	パリ実行犯の1人．事件2日前に，アブデスラムとともにパリへ
2014年初めに急進化，のちシリア戦闘員経験	自爆	イブラヒムの弟，ゼルガニ・ネットワークの一員，犯罪歴多
2014年からシリアでIS戦闘員，15年9月にギリシャ・ドイツ経由帰国	未遂の末，逃亡．翌4月8日逮捕	

内務警察当局の連携不足

二〇一六年三月二二日のブリュッセル・テロ事件の六日前、アメリカ連邦捜査局（FBI）が、オランダの警察に対し、ベルギー当局がバクラウィ兄弟を、それぞれ兄は犯罪、弟はテロとの関連で追っていると通知していたことをオランダ政府は明らかにした（*Guardian*, 29 March 2016）。

それにさかのぼること九か月前の二〇一五年六月、兄のイブラヒムがシリアに入ろうとするところをトルコ当局に止められ、七月中旬にトルコから（本人の希望で）オランダに送還された際、トルコ当局は、オランダとベルギーに通報した。一四日付のオランダ当

氏名	国籍・出身	年齢性別
【ザヴェンタム空港爆破】		
イブラヒム・バクラウィ	ベルギー（モロッコ系，ラーケン出身）	29 男
ナジム・アシュラウィ		24 男
モハメド・アブリニ	ベルギー（モロッコ系，モレンベーク出身）	31 男
【マールベーク駅爆破】		
ハリド・バクラウィ	ベルギー（モロッコ系，ラーケン出身）	27 男
オサマ・クライエム	シリア出身スウェーデン人	23 男

図表３－５　ブリュッセル同時テロ実行犯
出所：BBC，*The Telegraph* などから作成．

局宛書簡はシンプルなものだったが、このような場合、通常は口頭で容疑を補うという。ベルギー内相ヤン・ヤンボンは、「法務省とトルコとの連携という二つの次元で過ちがあった」と認め、法相クーン・ヘーンスとともに辞表を提出した（首相に慰留され、撤回。*Le Soir*, 25 mars 2016; *Financial Times*, 25 March 2016）。

クライエムの渡航・帰国を含めて、これらの事例がふたたび示すのは、シェンゲン域内の内務警察協力が機能していないことに他ならない。おそらくベルギーの国内ですら、意思疎通はうまくいっていない。もちろん、すべてのテロをいかなる場合にも阻止するというのは至難であろう。しかし、このパリ＝ブリュッセルの場合、テロの痕跡《こんせき》の「点と線」を結ぶ時間とヒントは与えられていたはずである。

4　大テロ時代の到来?

続発するテロ

残念ながら、この後もテロ事件は止む気配を見せていない。二〇一六年七月一四日、フランス南部ニースで花火を見物していた客の列にトラックが突っ込み、その後銃を乱射するテロ事件が発生した。死者は八四名、負傷者は約三〇〇名に上った。これは、単独犯のテロとしては、二〇一一年七月にノルウェーのブレイヴィックが自国民を七七人殺害したのを上回る大惨事である(後者に関しては、遠藤二〇一一参照)。

このニース・テロの実行犯は、チュニジア国籍のモハメド・ラフエジブフレルである。内向的で薬物や酒におぼれる面がある一方、暴力癖があり、武器を使った犯罪で警察にはマークされていた。豚肉も食べ、宗教的とは言いがたいが、急速にジハード主義に染まっていった可能性がある。当局の監視対象リストにも載っておらず、言ってみれば、テロという観点ではレーダーに映っていなかった存在である。こうした一匹狼《いっぴきおおかみ》的なテロを防ぐのは、ラクダが針の穴を通るよりむずかしい(なお、この実行犯は、二〇〇八年に東京の秋葉原で起きた事件から着想をえている可能性がある。犯人の加藤智大は、トラックで数名をはねたのち、ナイフで十数名を立てつづけに殺傷した)。

その記憶も冷めやらぬ七月一八日、ドイツ南部バイエルン州ヴュルツブルクで一七歳のアフガニスタン難民の少年が斧《おの》で列車の乗客に襲いかかり、五人に大けがをさせた挙句、警察に射殺された。自宅からは、ISの旗が見つかった。

二二日、今度はドイツ南部ミュンヘンの大規模商業施設において、一八歳の少年が銃を乱射する事件が発生し、九名が死亡、三五名が負傷した。イラン系ドイツ人の少年は、おそらく人種主義に染まっており、ジハード主義に殉じて犯行におよんだわけではない。彼は、「自分はドイツ人だ」と叫びながら、トルコ系やバルカン系の移民の若者を狙って、計画的に事件を起こした。その際モデルにしたのが、前述のブレイヴィックである。

その翌々日、同じくドイツ南部のアンスバッハで開催されていた野外音楽フェスティバルの会場付近で、自爆テロ事件が発生し、一名が死亡、一四名が負傷した。犯人は、二〇一四年七月にドイツに入国した二七歳のシリア人の男だった。ビデオで「ムスリムを殺すドイツへの復讐《ふくしゅう》」を誓っていたという。IS系通信社「アマク」は「ISの戦士が作戦を実行した」とする記事を流した。

これまで大規模なテロが起きていなかったドイツにおいても、こうしたテロ事件が立てつづけに起き、不可避的なことであるが、住民は動揺し、懸念を深めている。ドイツは、二〇一七年九月の総選挙に向けて政治の季節を迎える。フランスでも、二〇一七年春に大統領選挙が控えており、これらの事件を背景に、国政レベルでも極右勢力の伸長を見込むものが多い。

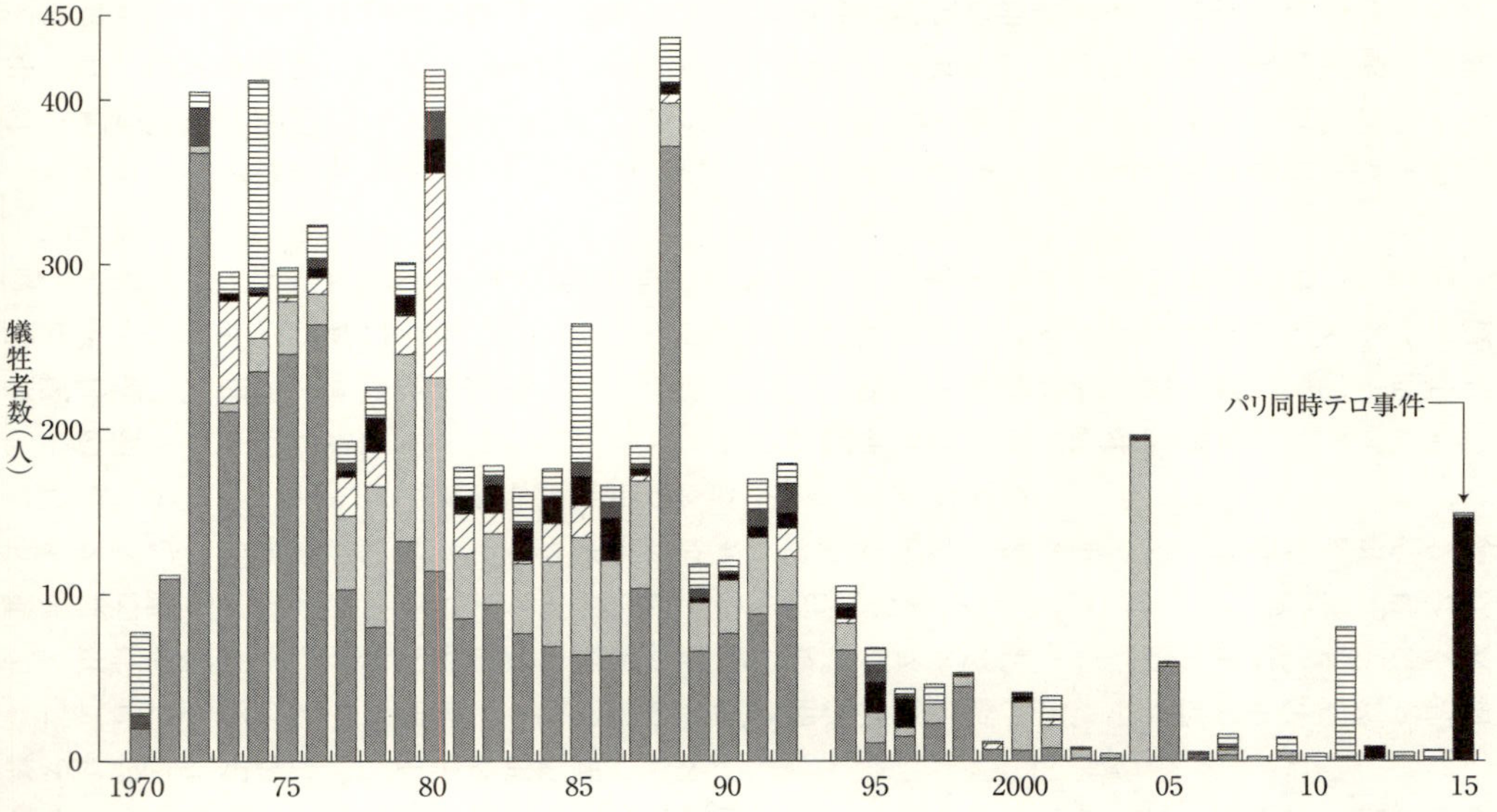

図表３－６　西欧におけるテロ犠牲者数（1970～2015年）
出所：Statista の図を一部改めた.

西欧におけるテロは衰退産業

ユーロポール（欧州警察庁）がまとめた統計によると、二〇一五年、EUでは三六〇以上のテロ事件が起き、一五一人が亡くなった。英仏やイタリア、スペイン、ギリシャ、そしてデンマークの六か国で、二一一のテロ事件を未然に防いだとされる。こうして見ると、テロの大量発生の時代を迎えているようでもある。

ただし、歴史的に見ると、ヨーロッパにおいて、テロの犠牲者は減りつつあるのもまた事実である。

一九七〇年代以降猛威をふるった北アイルランドやバスクの独立闘争、イタリアや西ドイツで見られた極左のテロは後景に退いた。代わってせり出してきたのは散発の宗教テロである。マドリッド（二〇〇四年）では一九一人、ロンドン（〇五年）では五二人、パリ（一五年）では一二回にわたり一四七人が犠牲になった（図表3-6）。

転じて西欧外に目をやると、悲惨ですらある。二〇〇一年から一四年までの間に、イラクでは四万二七五九人、アフガニスタンでは一万六八八八人、パキスタンでの一万三五二四人をはじめ、おびただしい数のテロ犠牲者が生まれている。五年にわたる内戦やそれに伴う暴力で、シリアでは死者が約三〇万人に上るといわれる。

急いで付加すれば、西欧でのテロの問題が軽微だとか、犠牲者の数的指標で話が尽きるなどと言っているわけではない。

差別や疎外を培養基に、宗教的な急進主義や宗派対立がはびこり、戦乱やテロのなかに生の意味を見出す若者が、シリアからカリフォルニアまで、パリからパリまで、グローバル化のもとで滑らかに行き来する。そんな新手の世界内戦の時代にあって、ヨーロッパは、徐々に重要性を増すひとつの舞台ということになろう。

EUの課題

ヨーロッパにとっての短期的な課題は明瞭である。およそ五〇〇〇人がヨーロッパからシリアとイラクにわたった（一〇年前、アル＝カーイダの戦闘員は二〇〇〇人ほど）。渡航者のなかで総数が多いのはフランスで一二〇〇人に上り、人口比でトップを争うのが五〇〇人ほどのベルギーだ。約一五％は死亡したものの、三〇％前後がヨーロッパに戻ってきているといわれる。そのうちの誰がＩＳに幻滅し、他の誰が共鳴した挙句、テロを起こしうるのか、より分けていかねばならない。

これは、ベルギーのような小国には手に負えない。いきおいＥＵと大国の協働作業となる。シェンゲン情報システムを通じて犯罪者データを蓄積し、欧州テロ対策センターを立ち上げたが、すでに見たとおり、機密情報になればなるほど、公安当局の間の猜疑《さいぎ》心は強くなり、ルールでも共有を禁じられ、協力は進まない。ドイツのような大国でも、二〇〇〇人のシリア渡航者データしか持ち合わせていないという。

テロに限って言うと、EUの危機の中身とは、域外国境管理の不備を含め、これらの措置が不完全のまま域内の移動の自由を維持した先に、新たなテロが待っているかもしれないという展望にある。

移民包摂の必要と困難

さらに根深い危機は、ヨーロッパにおける移民（今後定住するシリア難民を含む）の包摂にある。

従来、おおむねイギリス型の多文化主義（ベルギーもそれに近い）とフランス型の統合主義の二方法で移民の包摂を図ってきた。しかし、文化・宗教集団のやり方を尊重するイギリスで、二〇〇五年にホーム・グロウン（自国育ち）のテロが起き、時を同じくしてフランスでは、国民として同等に扱うとした移民の子孫が社会的排除に耐えかね、郊外で暴動を起こした。このころから、移民の包摂に失敗しているのではないかという深刻な疑問が突きつけられた。

政治的な穏健中道の勢力は、概して、その包摂理念や方法の点検、改善、刷新に十分力を注がず、疎外された集団との対話は後手に回った。左派は、自由民主主義が拠《よ》ってたつ共同体の人的メンバーシップの臨界について無頓着《むとんちゃく》なまま域外民の受け入れを志向する傾向にあり、その間隙《かんげき》を縫って極右が伸長した。たび重なるテロや暴動などに苛《いら》だつ国民を前に、穏健右派はしだいに極右の手法に流され、ときにそのスタンスに近づいて、極右票を取り込みはじめた。

　政治的両極化のなかでやせ細るリベラル中道派は、排外的にならず、かといって共同体のメンバーシップに無頓着にもならず、あらたに移民の社会的包摂の物語を紡ぎなおさねばならない。

見せる暴力、魅せられる観客

　この包摂の困難がそのまま危機の深化につながる。外からの人の流入を抑え、内務情報をいくら交換しても、自国民が自爆テロリストになり、あるいはテロを支援するようになることを、中長期的に内科的な手法で防げない限り、惨劇は続く。先に触れたサラ・アブデスラムが、おそらくシリアへの渡航歴なしにパリ同時テロの支援をしていたことには留意が必要だ。

　テロは、単なる暴力ではない。それを見る観客がいて初めて成り立つ、いわば見せる暴力である。実行犯は、被害者に直接の恨みを持たない。断末魔の叫びを聞かせたい相手はわれわれを含む観客であり、それは広義のテロ現象の不可欠な一部に他ならない（中村二〇〇七）。

　それが意味するのは、観客たるわれわれが、実行者、被害者につづくテロ現象の主役で、実行犯の意図からすると、振るまいが問われる決定的な主体だということである。具体的には、この主体が、テロを前に、合理的な警察行動の是認を超えて、政治的な差別や抑圧を助長し、軍事的な報復に手を貸すようなことになると、テロや暴力を再生産する結果に終わるだろう。

軍事的なものに偏重した対外行動が効果的かどうか不明な点も、いま一つの問題点と言えよう。あるデータによると、二〇一四年八月から一五年一〇月までにアメリカ軍が空爆で殺害したIS戦闘員は約二万人に上るものの、一四年九月にISがリクルートした戦闘員が八〇か国から一万五〇〇〇人だったのに対し、一年後には一〇〇か国から三万人に増えているといわれる（Rogers 2015）。これは、テロの報復でフランス（あるいはイギリス）が空爆をしたところで、ISの壊滅に資するわけではないことを端的に示している。

5　対テロ戦争と自由の縮減

対外的軍事行動と危機の上塗り

しかしながら、オランド仏大統領は、パリでのテロ事件への対応として、外に空爆、内に反自由主義的な施策で応じた。それは、危機をさらに悪化させる措置として、記憶されていく可能性が高い。

まず対外的な行為についていえば、オランドはテロを「戦争行為」と断じたうえで、ISに対する空爆の大幅強化を表明した。事件の翌々日の一一月一五日には、シリア北部ラッカの弾薬庫や訓練施設に対して、それまでで最大級の空爆を実施したほか、ラファール戦闘機など二六機を搭載する空母シャルル・ド・ゴールを東地中海に派遣し、空爆能力を三倍に強化したうえ、二三日、イラクとシリアの両国領内のＩＳ拠点に対し、空爆を実施したと発表した。

イギリスは、それに呼応して、対シリア空爆、軍事行動に乗り出すことになる。一一月二三日の英仏パリ首脳会談の直後、当時のキャメロン首相は「イギリスはフランスなどとともに（ＩＳに対する）空爆を強化する。情報共有も密にする」と言明し、シリアに近いキプロスの英軍基地の使用を仏軍に認める考えを明らかにした。シリアのＩＳに対する空爆は、一二月二日、英議会において賛成三九七、反対二二三で可決され、即日実施された。

同様にドイツもまた、ＩＳに対する軍事作戦への参加を決めた。連邦議会下院は一二月四日、賛成四四五票に対し、反対が一四六票、棄権が七票で、その参加を承認し、偵察を任務とするトーネード戦闘機や空母シャルル・ド・ゴールを護衛するフリゲート艦一隻、空中給油機、最大一二〇〇人の兵士をシリアに派遣するとした。

こうした各国の動きに加え、フランスがＥＵの「相互援助条項（mutual assistance clause）」に訴え、それを発動したのがあたらしい。これは、リスボン条約第四二条七項に規定されたもので、「武力侵略」発生時の加盟国間の相互援助を定め、ＥＵ諸機関の関与なしに一加盟国が発動できる特異な条項である。

なお、九・一一同時多発テロ事件のときには、ヨーロッパ諸国はＮＡＴＯの枠で集団的自衛権を発動し、アメリカ主導の軍事行動を支援する構図となったが、フランスは、自身がメンバーであるＮＡＴＯの枠は使わなかった。他にも、テロや自然災害の際に利用するよう想定されたEU運営条約第二二二条の「結束条項（solidarity clause）」には訴えなかった。この背後には、フランスがEU諸機関やNATO諸国（特にアメリカ）の関与を避け、同時に（マリでの軍事作戦をドイツが肩代わりするなど）EU加盟国による軍事的な支援を求めていた事情があると思われる（鶴岡二〇一六参照）。

いずれにしてもここでの問題は、対外的にEUの枠を使い、英独仏が協調して軍事的にISに攻撃を加えたことで、EU統合という意味では意味があったかもしれないこの行動が、この先、ISから見ると、フランスだけでなくEU全体が敵となる色彩がより濃厚になるということであろう。無辜《むこ》の市民を狙うテロリズムがそれ自体卑劣であるのは言うまでもないが、テロリズムへの対応が一国を超えた枠組みで一致してなされるとき、その枠組み内のすべてが標的になる可能性は増している。

対内的措置と危機の上塗り

テロに対する国内的措置もまた、非常に厳しいものだった。一年に二度の大規模テロを首都で許したことの衝撃とともに、社会党のオランド大統領には、反移民のスタンスをとる保守や極右のサルコジ前大統領、マリーヌ・ルペン国民戦線（FN）党首に対抗する政治的計算が働いていたと思われる。

テロ直後、オランドは非常事態を宣言し、三日後に全国会議員を前に憲法改正を提議した。

その改正の目玉は、非常事態条項と、テロリズムに関与した人間からフランス国籍を剝奪する条項とを書き加えることである。

一九五五年の法律で一二日間だけ認められていた非常事態は、二〇一五年一一月一九日に国民議会で三か月延長が認められ、翌年二月一六日に五月末までの再延長が決定された。これによって、警察は、路上のデモを制限し、裁判所の令状なしに家宅捜索ができ、危険とみなした人物を軟禁したりすることなどが認められた。

しかし、オランド政権は、これらの措置はテロ対策として不十分と判断して、緊急事態法の改正法案を急ぎ国民議会に提出した。事件から一週間後の一一月二〇日に成立した新法は、軟禁対象者の範囲および拘束・監視方法について、警察の裁量を大幅に拡張した。これにより、週末を問わず一日三度出頭を命じたり、前科者に電子機器を着けて監視したりすることが認められたほか、深夜の家宅捜索、危険団体の強制解散など、身体および集会・結社の自由といった基本的人権が制約されうることとなった。

これに加えて、一二月二三日、政府の憲法改正案が決まり、非常事態規定が書き入れられた。緊急事態法のもとでなされる前記のような警察行為が憲法裁判所でのちに問題視される可能性があり、憲法に明文化して、法的な正当性を高めようとしたのである。

この案に書き入れられたもう一つの論争的な条項が国籍剝奪に関するものである。これは、二重国籍を持つテロリスト犯からフランス国籍を剝奪できるとする規定である。じっさいには、そのような剥奪はいままでもなされてきたが、裁判所により無効にされる恐れもあったことから、ここでも法的正当性を強化した形となる。

イギリスでも、九・一一後、二〇〇二年にそのような規定が設けられたが、実際の適用例は限られていた。ベルギーでも、二〇一五年七月、二重国籍でベルギー国籍取得から一〇年未満の場合に国籍剥奪が可能となったが、ベルギー生まれのベルギー人から国籍を剥奪することまでは認められていない。これに対し、フランスの規定は憲法に明文化すること、またフランス生まれでも剥奪可能となる点で、厳格なものであった。

こうしたテロ対策の法的な厳格化は、自由や法治といった価値を大事にするリベラリズムへの挑戦とも受けとられた。もちろん、国籍をもつ権利を定めた世界人権宣言にも無国籍者の地位と削減に関する国連条約（いずれもフランスは締約国）に反する。

オランド内閣のクリスティアーヌ・トビラ法務大臣は、仏領ギアナ出身の黒人女性で、人権を重視する左派の重鎮でもあったが、フランス共和国の理念に反するとして、この新憲法規定に反対し、辞任した。市民社会でも反対の声が強く、経済学者トマ・ピケティなども公開書簡でオランドに抗議した。

この憲法改正案は、二〇一六年二月一〇日、国民議会（下院）で三一七対一九九で承認され、翌三月一七日、元老院（上院）で可決承認された（一八六対一五〇）。しかし、その文言が国民議会と異なるものだったためやり直しとなり、最終的には両院総会で五分の三の賛成が必要なことから調整がつづいていたところ、二〇一六年三月三〇日、オランド政権はその多数を得る見込みがないと判断し、憲法改正は取り下げられることとなった。

憲法改正は、大山鳴動して鼠《ねずみ》一匹の様相を呈したが、非常事態宣言は、五月末に引きつづき、七月にはニースのテロを受けて半年延長され、他方で緊急事態法は生きている。こうしてテロリズムの危機は、リベラリズムの危機へとも転化しうる、危ういものでありつづけている。

第4章　イギリスのＥＵ離脱

1　何が起きたのか

二〇一六年六月二三日、イギリスでＥＵ残留・脱退を問う国民投票が行われた。「共同市場（Common Market）」といわれた欧州共同体（ＥＣ）加盟の是非をめぐり、イギリス史上初めて行われた一九七五年の国民投票以来、じつに約四〇年ぶりであった。

結果は、離脱派の勝利に終わった。四六五〇万一二四一人の有権者のうち、一七四一万七四二票（五一・九%）が離脱を選択し、一六一四万一二四一票（四八・一%）が残留を望んだ。

これにより、イギリスは一九七三年に加盟したＥＵから脱退することが確実となり、ＥＵは抜きさしならない重大な局面を迎えた。のみならず、イギリス自体も、親ＥＵのスコットランドが分離志向を強め、主要政党による国家統合もままならず、国のなかが揺れている。

この章では、まず結果を概観し、この国民投票にいたった経緯を振り返ったのち、結果を解釈し、意味を検討したうえで、イギリスという国のかたちの将来を考察したい。なお、EUや世界への影響については、第Ⅲ部で検討する。

だれがどのように投票したのか

データの本格的な分析はこれから精緻《せいち》になされるだろうが、ここで、基本的な事実を確認しておこう（図表4－1参照）。

まず投票率は七二・二％だった。これは、一九七五年国民投票の六四・五％を上回った。直近の二〇一五年総選挙における六六・四％はもちろん、一九九二年の総選挙以来最高の投票率となった。ゆえに、熱のこもった選挙だったと言えよう。

一九七五年国民投票では、残留六七・二％、離脱三二・八％で、じつに約三五％差をつけた残留派の圧勝だった。対して、二〇一六年国民投票では、離脱派が四％弱の僅差《きんさ》で勝利した。

地域別にみれば、スコットランドと北アイルランドはそれぞれ六二％、五五・八％が残留を求め、イングランドとウェールズの過半（それぞれ五三・四％、五二・五％）は離脱に投じた。特にイングランドとスコットランドの投票がねじれ、前者が離脱を、後者が残留を選んだことは、今後を占ううえで重要である。

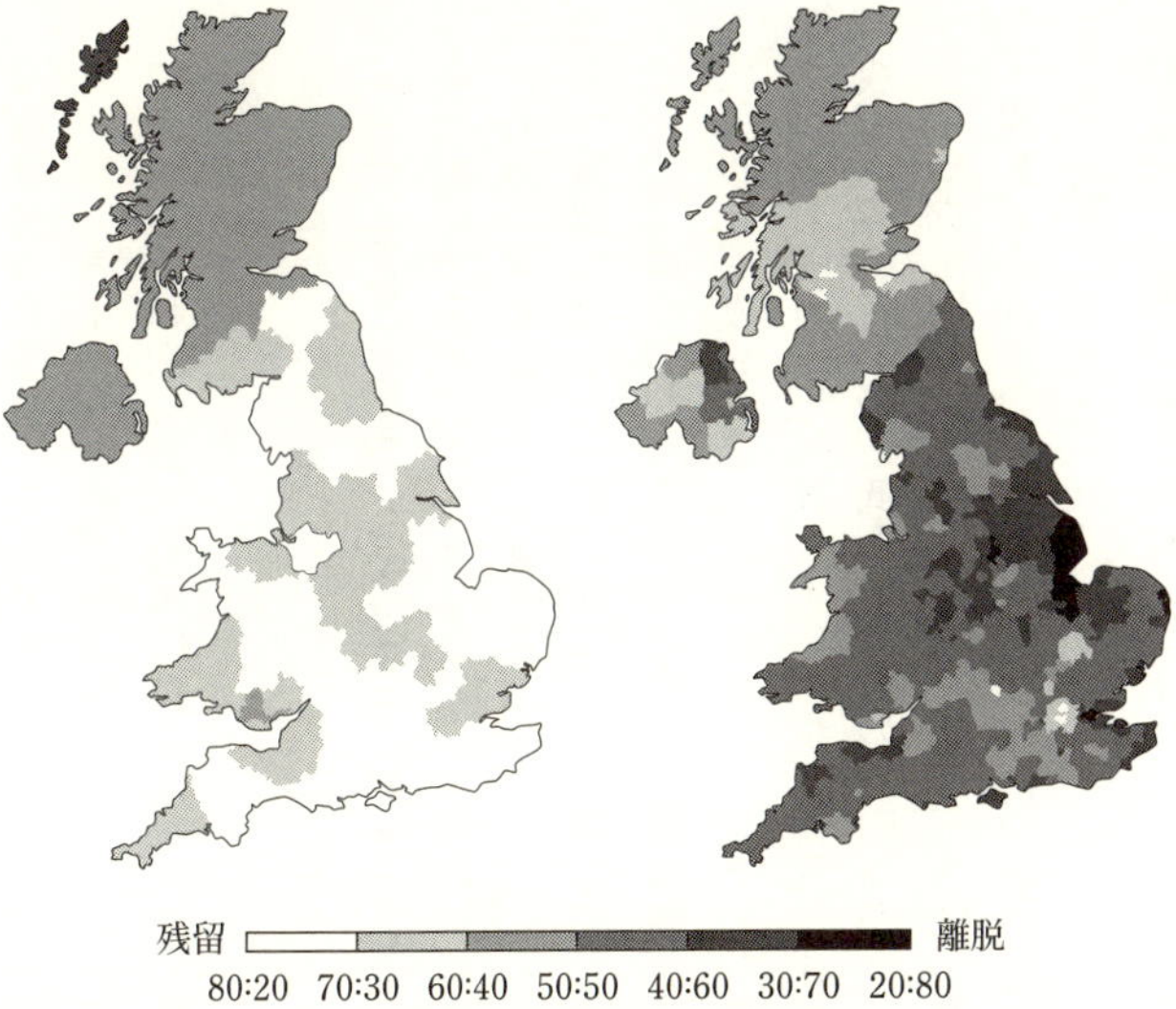

西暦	1975	2016
投票率	64.5	72.2
残留	67.2	48.1
離脱	32.8	51.9

図表4－1　1975年（左）と2016年（右）国民投票比較（％）
出所：BBC などから作成.

全有権者の八割以上を占めるイングランドの動向がカギを握っていたが、北東部、東西ミッドランズ、ヨークシャー、ハンバー、東部などで離脱派が残留派を引き離した。なお、ロンドンではおおむね六対四で残留に投じたが、他の地域は全体として離脱を選び、ロンドンを抑える形となった。

社会的には、投票日に一万二三六九人をサーヴェイしたアッシュクロフト卿《きょう》の投票後の調査(http://lordashcroftpolls.com/2016/06/how-the-united-kingdom-voted-and-why/)があらましを知るうえで有用である(図表4－2参照)。それによると、男女の間では投票行動にほぼ相違はなかったものの、年齢では大きな差が出た。一八～二四歳の有権者の七三%、二五～三四歳の六二%が残留に投じた一方、五五～六四歳の五七%、六五歳以上の六〇%が離脱を選んだ。

また、学歴や階層でも異なる投票行動が観察された。オックスフォードやケンブリッジでは七〇%以上が残留に入れたのに対し、ボストンやハヴァリングといった低学歴の住民が多い地域ではそれぞれ七五%超、七〇%弱が離脱を求めた。収入の比較的高い中流上層以上は五七%が残留、労働者階級と低所得者層の六四%が離脱に入れた。

さらに党派別では、保守党支持者の五八%が離脱、労働党支持者の六三%が残留に票を投じた。親EUの自民党では七〇%が残留、逆に反EUのイギリス独立党(UKIP)では九六%までもが離脱を支持した。

最後に、投票で最も重視した要因としては、離脱派は、第一に主権や自決、第二に移民制限、

【性別】	残留	離脱
男性	48	52
女性	48	52
【年齢別】		
18〜24歳	73	27
25〜34歳	62	38
35〜44歳	52	48
45〜54歳	44	56
55〜64歳	43	57
65歳以上	40	60
【階層別】		
中流の上（上級管理職・行政職・専門職） 中流（中間管理職・行政職・専門職）	57	43
中流の下（事務職・下層管理職）	49	51
ブルーカラー，熟練労働者（熟練肉体労働）	36	64
労働者（半・非熟練肉体労働者） 最低の生活水準にある者（年金者・未亡人，非正規労働者）	36	64
【2015年総選挙での支持政党別】		
保守党	42	58
労働党	63	37
自由民主党	70	30
イギリス独立党	4	96
緑の党	75	25
スコットランド国民党	64	36

残留に投票した理由	①経済，雇用，価格への影響を考えたとき，離脱したときのリスクが大きすぎる ②ユーロやシェンゲンの枠外にいながらEU単一市場へアクセスがあることが最善 ③離脱するとより孤立する感覚
離脱に投票した理由	①イギリスに関する決定はイギリスで取られるべきだという原則 ②離脱に票投じれば，イギリスが移民や国境の管理を取り戻せる ③残留すると，EUのメンバー・権能拡大にほとんどかまったく選択肢をもてない

図表4－2　アッシュクロフト卿調査（%）
出所：http://lordashcroftpolls.com/2016/06/how-the-united-kingdom-voted-and-why/

第三にEUをめぐる選択不能性を重んじた。残留派は第一に離脱時の経済や雇用への悪影響、第二に（シェンゲン・ユーロ不参加のまま）EU市場にアクセスできること、第三に離脱した時の孤立感をあげている。

2　そもそもなぜ国民投票なのか

二〇一六年六月のイギリス国民投票は、議会主権を掲げる国で行われたわけで、不可避なものではなかった。これは、いくつかの経緯、政治的な理由が重なって起きた出来事といえるが、決定的だったのは保守党の内部事情と当時のキャメロン首相の決断である。

保守党の党内対立

直接のきっかけは、国内政治、とりわけ党内対立にあった。時計を巻き戻し、キャメロンが国民投票を提唱した二〇一三年一月二三日の時点に立ってみよう。

二〇一〇年の総選挙を経て、欧州懐疑主義的な議員が増え、その性格を強めていた保守党は、当時、反EUを訴え、支持を伸ばすイギリス独立党の影におびえていた。二〇一三年初頭には、イギリス独立党の支持率は世論調査において一〇%に達するようになっていたのである。そして、地元でその票をとるためにさらに欧州懐疑主義に振れる議員が続出し、保守党はいっそう分裂度合いを強めるという悪循環のなかにいた。

そこで、キャメロンは、EU残留・脱退を国民に問うと表明することで、イギリス独立党の掲げる争点を奪い、対立を国民に外部化することで、保守党の結束を保ち、次期総選挙に向けて有利にことを進めようとしたのである。と同時に、国民のあいだでも深い亀裂のあるテーマについて、国民投票という最も重い手続きを踏み、残留を勝ちとることで、向こう一世代にわたり、当面の「決着」をつけるという意図が込められていた。

イギリスとヨーロッパ

背景には、長きにわたるイギリスでの欧州懐疑主義の広がりがあった。ここで政治指導層に着目すると、その現代的な端緒はサッチャー首相の反統合スタンスにあったといえよう（遠藤二〇〇九）。

言うまでもなく、ヨーロッパ大陸とイギリスとの関係は一筋縄ではいかない。イギリスの近代国家形成は、ローマ教会からの独立に端を発しており、歴史をさかのぼれば無数にエピソードを拾えよう。戦後のヨーロッパ統合との関係に絞れば、まず欧州石炭鉄鋼共同体（ECSC）への参加を拒否したことがあげられる。加盟の可能性を本格的に模索しはじめたのは、共同市場の形成を掲げた欧州経済共同体（EEC）が設立され、しかもイギリス帝国の没落がスエズ危機などを経て目に見えて明らかになってからのことである。

三度目の申請でようやくＥＣ加盟を果たしたのちも、先述の一九七五年国民投票やその後の予算還付金交渉など、扱いがむずかしい加盟国でありつづけ、「厄介《やっかい》なパートナー」と称されてきた（George 1990）。そのような広い意味でいえば、イギリスがヨーロッパ（統合）に対して、懐疑的でなかった時期を探すほうがむずかしいくらいである。

サッチャーとドロール

欧州懐疑主義者が最も先鋭に意識するのは、ＥＵが国の内政に介入を強める局面である。それは、ＥＣと呼ばれた時代からＥＵが徐々に（主に規制的な）権力を蓄積するにしたがい、その制約を嫌うイギリスの政治家や市民を苛だたせてきた。一九八八年の段階で、一〇年以内に八割方の経済、そして財政・社会的立法がＥＵレベルでなされると予言したジャック・ドロール欧州委員長に対し、統合観・世界観で真っ向から対決したサッチャー首相は翌々月、ベルギーのブリュージュでこう反駁《はんばく》した。

わたしが最も大事にしている指導原理は、お互いに独立した主権国家がみずからの意思で積極的に協力することこそが、欧州共同体を成功裡《り》に建設する上で最善の道となる、ということだ。……

ヨーロッパは、フランスがフランスで、スペインがスペインで、イギリスがイギリスであり、それぞれの国が、みずからの慣習、伝統、アイデンティティを保つからこそ、強力になるのである。愚かなのは、それらをなにかモンタージュ合成のようなヨーロッパの個性に合わせようとすることだ。……

わたしは、真っ先にこう言う人間である。多くの大事な争点において、ヨーロッパ諸国はひとつのまとまった声で話そうとすべきだ、と。自分たちがもっと緊密に、一国でよりも共同でしたほうがいいような事柄について、協力するようになればと望む。そうしたときにヨーロッパはより強くなる。それが、貿易であろうと、防衛であろうと、はたまた域外諸国との関係においてだろうと。

しかし、より緊密に共同して当たるということは、なにもブリュッセルに権力を集中し、選挙の洗礼を受けない官僚機構が決定することにならない。

じつに皮肉なことである。すべてを中央からの指令で動かそうとしてきたソ連のような国がちょうど、成功の秘訣《ひけつ》は権力と決定を中央から分散させることだと学習しつつあるまさにそのとき、欧州共同体では正反対の方向に動きたがっているものがいるように見える。

われわれがイギリスにおいて国家の境界線を成功裡に押し戻したのは、それがヨーロッパ・レベルでふたたび課され、ブリュッセルからヨーロッパの超国家（Super-State）が新たに支配するためではないのである。（遠藤編二〇〇八、史料七－一三－B参照）

これは、直ちにヨーロッパ中に波紋を投げかけ、他方でイギリス国内では聖典化し、欧州懐疑的志向に火をつけた。一九八九年には「ブリュージュ・グループ」が発足し、自由と反欧をたいまつに掲げるシンクタンクとして、いまだに活動中である。

一一年半にわたるサッチャーの首相職からの凋落《ちょうらく》を彩ったのも、ヨーロッパ統合であった。彼女は欧州通貨協力の中核的な制度である欧州為替《かわせ》相場メカニズム（ERM）への参加に長いあいだ抵抗し、閣内と党内の対立は徐々にあらわになっていった。ECが通貨・政治統合への道を歩みはじめることが明らかとなった、一九九〇年一〇月のローマ欧州理事会の会合から帰ってきたサッチャーは、野党党首キノックにイギリスの孤立化を下院で質《ただ》されると、想定問答集を脇《わき》にのけ眼鏡を外して、こう言い放った。「ドロール氏は先日記者会見で欧州議会を欧州共同体の民主的機関とし、欧州委員会を執政府とし、閣僚理事会を上院とすると述べた。ノー、ノー、ノー！」（House of Commons Debates, Hansard Volume, Column 873, 30 October 1990）。

副総理のハウが辞任を決意したのは、この発言を聞いた瞬間であった。彼の下院での辞任演説は、衝撃波となって保守党内部を揺さぶった。そしてサッチャーにとって積年のライバルであるヘーゼルタインが党首選でサッチャーに挑戦することになり、その結果、現職の首相である彼女が得票で多数を占めたものの、第一次投票で決着させるには四票足りなかった。

冷戦の終結をパリ憲章へと昇華させる作業を行っていた全欧安全保障協力会議（CSCE）の首脳会議の最中のことである。サッチャーは帰国後直ちに第二次投票を戦う意向を示したものの、混乱のただなかにある党内の多くと協議の末、一一月末、辞任を表明するにいたる。ヨーロッパは、こうして、イギリスにおける二〇世紀最長政権の最後を飾ったのである。

欧州懐疑主義の鬼子

辞任はしたものの、サッチャーが保守党に残した亀裂は深いものであった。こののち、欧州懐疑主義の鬼子が保守党を跋扈《ばっこ》することになる。

たとえば、彼女の後を襲った保守党のジョン・メージャー首相は、党内の親サッチャー派、反統合派の叛乱に長いあいだ悩まされた。とうとう我慢できず、一九九五年七月、党首選でけりをつけようと、こう呼びかけたほどである。「これ以上現状を容認することはできない。一言でいうなら、表に出てこい、さもなくば黙っていろ（put up or shut up）」。

一九九七年に労働党のブレアが勝利し、長期にわたり政権を担ったため、保守党は、二〇一〇年にキャメロンが政権を取り戻すまで一三年も野党暮らしを余儀なくされるが、その間も多くの党首が交代した。その原因のひとつは、やはりEUをめぐる党内対立だった。

そうした党内闘争の重苦しい記憶が、二〇一三年初頭、キャメロンが国民投票へと踏みだす背景をなしていたのである。

国民投票という方法

しかし、党内路線をただし、選挙戦略をたてるのに、国民投票という方法が必然だったわけではない。じっさいに、メージャーは党首選での仕切りなおしを選んだわけである。キャメロンがこの方法に行きつくまでには、それ自体長い歴史がある。

一九七五年の国民投票は、議会主権の国にとっては、やや大げさに言えば、天地がひっくり返るほどの一大事件であった。これは、労働党のウィルソン内閣が主導したものであったが、この前例なくして保守党のキャメロンが国民投票に訴えたかどうかは疑わしい。

それは、EC残留か脱退かを問う重大なものであった。当時ECに関して党内闘争の絶えなかった労働党にとっての一大争点を、ウィルソンが国民に外部化した点で、キャメロンの事例に似ているところがある。当時は、六七・二三%対三二・七七%の大差で残留が決まったわけで、結果は今回と大違いであったが、他方でもう一点、対立を外部化しきれず、結局党内に大きなしこりが残ったという意味でも類似している。

労働党が組合のスタンス変化経由でヨーロッパ統合に対して肯定的な方向に振れるのは、一九八八年九月にドロールが労働組合会議（TUC）の年次総会で情熱的に社会的ヨーロッパの可能性を訴えて以降のことである。むしろ、一九八〇年代初頭は急進化し、政権をとったらECからもNATOからも脱退するとした労働党から、一九八一年には親EC派が社会民主党を結党して分裂し、やがて自由民主党に実質的に吸収される事態を招いていた。

二〇一六年国民投票への長い道のり

国民投票という方法を前面に押し出した先駆的な政党が、一九九四年に設立された「国民投票党（Referendum Party）」である。主導したのは、ユダヤ系の富豪ジェームス・ゴールドスミス卿であり、彼はフランス人の母親をもつ欧州議会議員（父親は英保守党の元代議士）でもあった。一九九七年の総選挙では、国民投票によるEU脱退を唱え、三％しか得票できなかったものの、数人の保守党代議士がこの新党に流れた票のために議席を失ったといわれている。

この政権交代選挙では、トニー・ブレアの労働党自身、単一通貨ユーロに参加する際には、国民投票にかける旨を公約にしていた。また、二〇〇四年一〇月に締結された欧州憲法条約に署名するにあたり、ブレアは、同年四月、イギリス下院でその批准の是非を国民に問うと明言し、翌年の総選挙に向けたマニフェストでも、国民投票を明言していた。それは保守党にしても自民党にしても同様であった。しかし、それは、結果的に不要となった。フランスとオランダにおける国民投票によって事実上憲法条約が葬りさられたからである。ブレアの後任のブラウン首相は、憲法条約の条項を実質的に復活させたリスボン条約（二〇〇七年締結）は、イギリスとEUの関係を根本的に変えるものではないという理由で、保守党が求めた国民投票を実施しなかった。このとき、野党保守党の党首キャメロンは、これ以上のEUへの実質的な権限移譲には国民投票が必要と発言している。

二〇〇九年の欧州議会選挙では、イギリス独立党が、脱退を問う国民投票を公約の中心に据え、一六%もの得票を得た。翌年の総選挙に向け、自民党もまた、次に実質的な権限移譲をするときにはEUのメンバーシップに関する国民投票を実施すべきとマニフェストに掲げた。

二〇一〇年春に保守党と自民党の連立内閣ができた後も動きは止まらなかった。二〇一一年三月には、超党派の「民衆の誓約」キャンペーンが始まり、人気のあるロンドン市長ボリス・ジョンソンなどが加わり、国民投票にむけた運動も始まっている。同年九月には、一〇万人の署名を集め、首相府に国民投票の請願が出された。一一月には、EUのメンバーシップを問う国民投票を求める動議が下院で出され、四八三票対一一一票で否決されたものの、与党保守党から八一名に上る造反が出ていた。

イギリス独立党の伸長

こうした動きの背景をなしていた一大潮流が、欧州懐疑主義政党の代表格であるイギリス独立党の伸長である。

設立は一九九三年にさかのぼる。当時、通貨統合の推進や共通外交安全保障政策の成立を規定したマーストリヒト条約が締結され、危機感を強めたロンドン大学政治経済学院の歴史学者アラン・スケッドが「反連邦主義同盟」を結成したことに端を発する。スケッドは、それ以前、先述の「ブリュージュ・グループ」の創設者の一人でもあったが、「反連邦主義同盟」の枠で

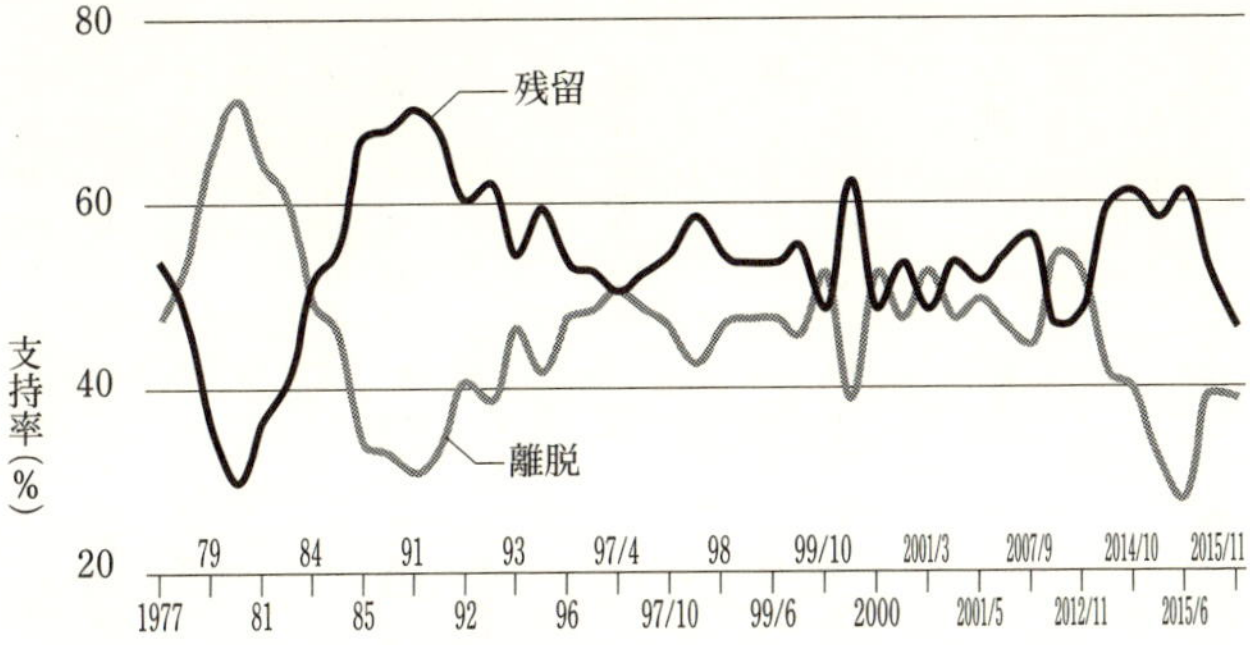

図表4－3　イギリスにおけるEU残留・離脱志向
出所：*The Telegraph*, 4 February 2016.

一九九二年の総選挙に出馬したことから袂《たもと》を分かった。これが九三年に改名され、イギリス独立党を名乗ったのである。

資金力に勝るゴールドスミスの「国民投票党」にも押され、一九九七年の総選挙では惨敗し、スケッドは党内闘争に敗れて党を去る。代わって党を動かしはじめたのが、ナイジェル・ファラージである。もともと保守党員であった彼は、マーストリヒト条約に署名したメージャー首相に抗議して離党し、イギリス独立党の創始者の一人となった。一九九九年以降欧州議会の議員であり、演説がうまく、大衆受けする。

二〇〇六年以降、断続的に党首を務めた彼のリーダーシップのもと、イギリス独立党は、反EUを謳う典型的な単一争点政党から、徐々に白人のホワイトカラーに焦点を合わせ、反移民、減税、規制緩和などの保守的な政策をあわせて打ちだし、支持を広げていった。もちろん小選挙区制を採る総選挙では主要政党にかなわないが、一九九九年から初めて比例代表制を導入した欧州議会選挙では、一貫して得票率を増やしている。一九九九年の六・七%を皮切りに、一六・一%(二〇〇四年)、一六・六%(二〇〇九年)、そして二〇一四年の選挙では二七・五%と、とうとう労働党・保守党を抑えて第一党となったのである(もっともその時、投票率は三五・六%と、イギリスでは通例通り極めて低かった)。二〇一五年総選挙においても、全国で三八八万一〇九九票をとり、一二・六%の得票率を占め、得票率上は自民党を抑えて第三党に躍りでた(小選挙区制で票が多くの選挙区にまたがり拡散したため、獲得した議席は一つに終わった)。

保守党の内紛

キャメロンが国民投票に打ってでたのは、第一に、このように際立った伸長をとげたイギリス独立党の看板の争点を奪い、かつ保守党の内紛を外部化して、二〇一五年に迫る総選挙を少しでも有利に戦おうとする政略だったのである。ちょうど、一九七五年の国民投票のとき、労働党のウィルソン首相が国民にECメンバーシップの判断をゆだねつつ、党内対立を抑えることを選んだのと類似している(結果として対立はまるで収まらず、逆に深い亀裂を党内に残す結果となったけれども)。じっさい保守党の内紛は、総選挙に限って言えば、国民投票の約束によってやや緩和した。

あるいは、保守党が議会過半数に届かず、親欧の自民党との連立政権がつづき、連立協議のなかで国民投票の公約を果たすことが叶わないというシナリオを思いうかべていた可能性はあるが、大方の予想に反して保守党単独政権という結果となり、公約どおりの実施に向かうことになった。

いずれにしても、総選挙後、国民投票に向かう保守党内の対立は熾烈《しれつ》だった。もともと二〇一五年に選出された議会内保守党は、一〇〇人ほどの強固な欧州懐疑主義者を抱えていたのだが、三月初頭の段階で一二九人の議員が脱退に向けて動くと公言する一方、キャメロン内閣の三〇名のうち七人が脱退キャンペーンに加勢するにいたった（BBC News, 24 March 2016）。とりわけ、閣内序列第五位の法務大臣で盟友のマイケル・ゴーヴがそこに加わったのは、キャメロンにとって手痛いことだった。さらに、二月二一日、次期首相の座をうかがい、高い人気を誇る保守党のボリス・ジョンソンが加わり、脱退派にいきおいがついた。

キャンペーンは五月雨《さみだれ》式に始まっていたのだが、離脱派の団体 Vote Leave が選挙管理委員会によって公的に認定され、政府も残留にむけてパンフレットを配りはじめた二〇一六年四月中旬に開始したと言ってよいだろう。ただ、五月上旬の地方選挙までは各党は目の前の選挙で手一杯で、キャンペーンが本格化したのは五月中旬、投票まではわずか一か月ほどであった。この経緯については離脱派勝利の分析ともかかわるので、以下の第4節で詳述する。

3 イギリス主導のEU変容？

対外的な側面――キャメロンのEU改革イニシアティブ

キャメロンは、もちろん国内政治にだけとらわれて、国民投票に向かったわけではなかった。もう一つの目的は、EUに向けて改革を訴えることである。その際、国民投票をバックに、離脱の可能性をちらつかせれば、他のEU諸国に対する交渉力が上がるであろうことは、もちろん計算ずくであった。ここでもまた、一九七五年の労働党ウィルソン政権の例が参照されたにちがいない。彼はEC加盟条件を「再交渉」したうえで、国民投票に臨んでいたのである。

二〇一五年五月の総選挙の結果、単独政権を担うこととなったキャメロンは、直後の六月の欧州理事会で国民投票の実施を明言し、EU改革を求めた。

キャメロンが、EUに対して求めた改革の内容は、具体的には、欧州理事会の議長を務めるトゥスクにあてた二〇一五年一一月一〇日付の書簡で明らかにされた。大まかにいうと、①非ユーロ圏のフェアな扱い、②競争力の増進、③国家主権の保証、④移民制限の四点である。

つまり、第一に、ユーロ危機のさなかにユーロ圏のガバナンスを強化しなければいけないとしても、その際に、イギリスのような非ユーロ圏（二八EU加盟国中七か国）が不利な扱いを受けないような法的保証が必要であるとする。第二に、さらなる自由化と規制緩和を進めて、単一市場を十全なものとし、競争力と生産性を確保すること。第三に、「絶えず緊密化する連合(an ever closer union)」からの適用除外を法的に確定し、加盟国議会が連携してEU立法を止める権利を認め、補完性原理をさらに厳格に実施することで、とくに内務司法協力や国家安全保障の分野における国家主権の保全を図ること。第四に、将来における加盟国拡大の際には経済的発展段階が収斂《しゅうれん》するまで人の自由移動を制限し、四年など一定期間の在住を条件として社会給付の受給を認め、国外にいる児童への手当てをやめるなどして、社会給付の条件を厳格化することで、EU内移民を制限することである(PM letter to President of the European Council Donald Tusk, A New Settlement for the United Kingdom in a Reformed European Union, 10 November 2015)。

EU改革案の合意——あるいはイギリス要求への応答

翌二〇一六年二月一八~一九日に開かれた欧州理事会は、三〇時間にわたるマラソン交渉の末、以下に合意した。

第一に、ユーロ圏の外にいることでイギリスの企業が大陸に移転を迫られることもなく、取引上不利益を被らないことが謳われた。イギリスはロンドンの金融街シティーの利益を守るために「緊急セーフガード」に訴えることができるようになった。

第二に、次回の条約改正時に、「絶えず緊密化する連合」の規定はイギリスには当てはまらないと法的に明文化されることになった。これは、政治統合を強いられないということである。

第三に、移民流入が「例外的な」水準に達したとき、移民に対する在職給付（in-work benefits）に四年間「緊急ブレーキ」をかけることができることになった。イギリスは、その制限措置を最長七年までとることができる。ただし、これらについては、国民投票後に欧州議会が立法化しなければならないとされた。

また、EU内移民の子供に対する児童給付は、親の移民先でなく子供の居住国の生活水準に合わせた額で支払うことが可能となる。これは新規の移民には直ちに、また現存の三万四〇〇〇人の申請者には二〇二〇年から適用しうるものであった。

キャメロン首相は、これをもってEUの改革を勝ち取ったとし、改革されてイギリスが過ごしやすくなったEUへの残留を呼びかける算段だった。しかし他方で、現行のEU法に抵触しない限りでの妥協を余儀なくされた分、全体として象徴的な合意が多く、離脱派からは中身のないものと批判されることになった。

4　なぜ離脱派が勝利したのか

これらの合意は、仮にイギリスがEUに残留していたら、少しは意味のあるものだったかもしれない。しかし、結果は離脱であった。なぜ、その結果に行きついたのだろうか。ここでは、筆者がじっさいに国民投票前後の二週間ほど、『朝日新聞』の吉田美智子記者（ブリュッセル支局長）らとともにイギリスを縦断して調査した経験を交えて、考えてみよう（吉田二〇一六もあわせて参照されたい）。

経済と移民の争点化合戦

まず、短期的・戦術的には、離脱時の経済的な損失を強調した残留派のいわゆる「恐怖計画（Project Fear）」は、結果的にあまりアピールしなかった。

財務相オズボーンは、四月、イギリス経済は二〇三〇年までに残留時と比べて六％低下し、各家庭レベルでは年四三〇〇ポンド（約六五万円）の損失になるとしていた。逆に、離脱派は、移民制限を強調した。移民排斥の色彩が濃厚なイギリス独立党の党首ファラージュはもちろん、ジョンソンもゴーヴも、ことあるごとに移民をテーマとして取り上げ、オーストラリアのようなポイント制にすることで望ましい方向に移民を制限できると強調した。

結果的には、後者のほうが効果的だった。その点、投票直前の五月末に移民統計が発表され、二〇一五年一年間で約三三万人の移民の純増が報告されたことは、離脱派にとって押し上げ材料となった。キャメロン政権は、「純増を一〇万人にとどめる」と総選挙時に公約していたからである。

こうした状況のもと、「ＹｏｕＧｏｖ調査」でＥＵ離脱時の移民の増減について聞かれた五三％が「減る」と予測したのに対し、「増える」としたのは三％で大きくその差が開いた一方、「ＯＰＩＮＩＵＭ調査」では、「経済悪化」を予測する人は三七％で、「改善する」とした二九％と競っていた。ここから、移民カードのほうが恐怖計画よりもパンチが効いていたと推測できる。

これは、筆者自身が国民投票前に訪れた地方の多くの場所で実感したことと重なる。イングランド東部のボストンのように東欧移民が多い街のみならず、サッチャー元首相の生誕地グランサム（ボストンから内陸に車で四〇分）でも、移民は国境管理、国家主権、ナショナリズムに深くかかわる最大の関心事だった。

保守党のグランサム市長からボストンにおけるイギリス独立党の地方議員、あるいは近郊スポルディングのパブ経営者にいたるまで、いかに移民が教育、医療、住宅などの地方のインフラを侵食し、地元民が懸念を深めているか、口を揃《そろ》えてとうとうと語った。

なかでもパブ経営者は、小学校に通っている自分の子供をインタビュー現場に呼び寄せ「クラスに総勢何人いて、そのうち外国人が何人か」を数えさせた。筆者は一瞬やりすぎだと思ったが、じつに約六割もの生徒があまり英語も話せないリトアニアやポーランドの移民の子供だったのである。ロンドンではとうにそういう状況が普通になっていたが、ここはイングランドの片田舎である。

このような話も聞いた。多くの東欧移民が農場や食品加工工場で働いているのだが、雇用者が最低賃金を合法的に支払っていても、「エージェントなどによる中間搾取《さくしゅ》が激しく、移民労働者は約三分の一しか実質受けとっていない」という。それでも喜んで働くのだと。「そうした低賃金で働くことはイギリスの労働者には不可能だから、結果的にイギリス人労働者を追い出すことになる」とさらに続いた。中間管理職がポーランド人やリトアニア人である場合が多く、「英語ではむしろコミュニケーションができない」という。賃金だけでなく、言語でも地元の労働者は排除されるという話だった。

もちろん、学校も最低賃金も、本来ならば責めを負うべきは行政や監督官庁で、移民たちではないはずだが、そうした地域では、〈移民＝EU＝グローバル化〉という「悪の図式」としてイメージされる。マーストリヒト条約で欧州市民権が確立し、どの加盟国国民も平等なEU市民として扱うこととなり、シェンゲン体制のもとで人の自由移動が現実となるなか、東方拡大が進行し、じっさいに旧東欧の人びとが数多く到来したのだから、その限りでは無理からぬ連想かもしれない。

結果として、自分たちの国が自分たちのものでなくなるという焦燥《しょうそう》感をつのらせる人びとが増え、自分たちの「生活の質」を守るという合言葉のもと、（主にイングランドの）ナショナル・アイデンティティが頭をもたげる。そこから〈移民制限と主権・独立〉という「解」に向かうことになるのは、そう不思議なことではない。

国民投票のキャンペーンで力を持ったのは、このような一連の移民がらみの要因であった。

前述のアッシュクロフト卿の調査データにおいて、離脱派が二番目に重視した要素が移民だったのが思い起こされよう。

主権意識の覚醒と保守党支持層の地殻変動

より中長期的には、EUの権限が増強された結果、それに対する懐疑主義、ひいては主権・自決意識が広がったことが大きい。これが、離脱票の重視した第一と第三の要素につながる。

サッチャー元首相の生誕の地グランサム近辺に典型的なのだが、多くの保守党支持者にとって、一九七三年にECに加盟した際は、経済的な理由で共同市場に入ったはずで、その理解のもとで一九七五年国民投票では当時のECに「是」を投じたのであった。

そのいってみれば「原初契約」が、政治同盟・通貨同盟・共通市民権に舵を切ったマーストリヒト条約の前後から変質し、「裏切られた」と考える転向層を生んだ。すでに触れたように、イギリス独立党のファラージュも、マーストリヒト条約を契機に保守党から鞍替《くらが》えした一人である。国民投票党を組織したジェームス・ゴールドスミス卿（二〇一六年ロンドン市長選に出馬したザック・ゴールドスミスの父）も保守党員だった。そのころから先鋭化したサッチャーのEC批判は、保守党に深い亀裂を産み落とした。その後、親EU／反EUの両陣営に分かれ、歴代党首・首相を揺さぶることになる。

こうして、EUが権限を増強するにしたがい、EUによる規制や介入、あるいは東欧拡大ののちには、他の加盟国からの移民のようなＥＵゆえの現象を目の当たりにし、保守党内、支持層にも欧州懐疑主義は膨らんでいった。そこでフツフツと沸き起こるのは、「自国の事柄については自らの手で決めたい」という主権的な自決意識である。この根底にあるのも、イングランドの強烈なナショナリズムだ。

アッシュクロフト卿の調査で明らかになったことの一つが、ナショナル・アイデンティティに関する質問をうけ、「イングリッシュであってブリティッシュでない」と答えた人の七九％までもが、また「ブリティッシュというよりイングリッシュ」と答えた六六％が離脱を選択したということであった。

マーストリヒト以来長い時間をかけて醸成された、この主権的な自決意識とナショナリズムの結合は、とりわけイングランドの主流の大票田を動かした。イギリス独立党のような、二〇一三年までは周辺的で、その後も決して多数派を掌握できない政党ではなく、何世紀ものあいだ主流を形成してきた保守党とその支持者にこそ、その二つの結合を経由して欧州懐疑主義が広がっていった。そのことで初めて局所的な運動を超えて、それはうねりをなしたのである。

見捨てられる労働者と乖離する政党指導層

他方、これらの動きと重なるが、やや波動が異なる形で、最大野党の労働党、そしてその支持者である末端の労働者側に不満が蓄積したのも大きい。もともと、労働党は従来ＥＥＣやＥ

Cへの違和感を隠そうとしなかった政党だが、一九八〇年代末ごろから一九九〇年代半ばまでは、フランス社会党員でもある欧州委員長ドロールが主導した「ヨーロッパ社会民主主義的な統合像」のもとで、EC、EUに対してむしろ好意的であった。世紀転換期に労働党政権を担ったブレア元首相にいたっては、フランス語を操り、自ら親欧であることを隠さない首相であった。

その社民的なEU像とは、グローバル化への緩衝材としてEUを構築し、単一市場や単一通貨の枠内でヨーロッパ大の社会的な連帯を模索する道だった。具体的には、労使間の社会対話、南欧などのインフラ建設を支援する構造基金、学生の国境を越えた交流を深めるエラスムス計画などの展開である。しかし、この路線がグローバル化のいっそうの深化にともない、もはや二一世紀の初頭には失効したように映る。ここでは、EUが社会連帯のツールとみなされず、グローバル化のもう一つの顔となってしまった。その結果、労働者がそっぽを向くことになる。

これと並行した流れは、隣の国に見出すことができる。二〇〇五年春、フランスは（オランダとともに）国民投票で欧州憲法条約の批准を拒否した。

これはEUを数年麻痺《まひ》させた一大事件だったが、この過程で、労働者がEUに背を向けた。とりわけ、水道その他のサービス自由化を目指した「ボルケシュタイン指令」が欧州委員会から出され、フランスの公営企業に勤める労働者たちが反撥を強めていた。

このなかには、政治的に穏健な中道左派、女性の雇用者が含まれていた。ここにおいて、E

Uはグローバル化の荒波から労働者を守るのでなく、むしろ雇用や生活を脅かす存在、つまりグローバル化の別の顔として意識されたのである（遠藤二〇〇五参照）。

　この二〇〇五年のフランスの事例ではポーランドからの移民が職を奪うと喧伝《けんでん》されたが、二〇一六年のイギリスでも同様に、ポーランドやリトアニアからの移民が雇用の不安定化、実質賃金の低迷の原因と目された。本当のところは、地元のイギリス人労働者とそれらの移民が労働市場で直接競合しているかどうかは不明で、移民の多いボストンのような地区の経済は、失業率も低く好調だった。にもかかわらず、それは脅威と映ったのだ。

　この東欧移民がEU加盟国の市民であることは大事なポイントである。つまり、EU域内では自由移動が可能で、ブレア政権は二〇〇四年のEU東方拡大の際に東欧移民に制限をかけなかった。いまでは、約三〇〇万以上のEU移民がイギリスで暮らしている。その分布図と欧州懐疑主義の強い地域とは（ボストン近辺を除いて）少しずつずれているのだが、隣町にいるEU移民によって、自分たちの職や生活が脅かされているというイメージが作られた。これにより、〈移民＝EU＝グローバル化＝雇用不安〉という構図ができ上がったのである。

　したがって、労働者をEU残留へ動員することは、もともと容易ではなかったと思われる。しかしここで、労働党のリーダーシップの問題に触れざるをえない。というのも、同党のコービン党首は、党内最左派に位置し、草の根の活動家に近く、もともとEUに対して懐疑的で、ブレアのような「第三の道」に対する違和感が強い。その彼は、国民投票に向けて、労働党支持層へのEU支持呼びかけに力を尽くさなかった。彼自身、自らの心の傾きを問われ、EU残留支持は七〇~七五%ほどだと漏らしていたのである（*Telegraph*, 11 June 2016）。

彼のEUに対する半ば公然の懐疑は、労働党の草の根支持層である末端労働者がもつEUへの違和感を反映したものである一方、残留に向けた保守党との共闘で労働党が埋没しないことを意図した党利党略でもあった。

その背景には、二〇一四年に行われたスコットランド住民投票がある。そこでは、労働党はキャメロン保守党政権と共闘し、連合王国の維持、すなわち独立阻止に向けてキャンペーンを張った。その結果、かつて一強の様相を見せていたスコットランドで労働党はほぼ駆逐され、二〇一五年の総選挙ではスコットランド国民党（SNP）はおろか、保守党にも負けて第三党になり下がったのである。

その「二の舞」を避けるため、コービンはキャメロンとのツーショットを徹底して避けた。それが実現したのは、六月一六日に残留に向けて尽力していた労働党のジョアンナ・コックス議員が暗殺された直後、一緒に花を手向《たむ》けたときだけである。

こうして、労働党の選挙キャンペーンは、本腰からは程遠いものであった。同党のジェイミー・リード議員の発言を借りれば、「労働党指導層はこのキャンペーンに必要な露出、資源、エネルギーを提供しなかった。さらにひどいのは、入念に計算されたかたちでよそよそしい印象を与えたことだ。……その直接の結果として、余りに多くの労働党支持者が手遅れになるほど遅い段階まで、労働党がじっさいにはEU加盟を支持していることを知らなかったのである」（*Telegraph*, 25 June 2016）。コービンとその取り巻きにとって、最大の敵は国内の保守党であり、緊縮財政を推し進めたキャメロン首相とオズボーン財務相だったのである。

結果として、取り返しのつかない計算ミスをしたキャメロンは辞任を表明し、オズボーンの信頼は地に落ちた。党利党略的には労働党指導部は欲しいものを得たわけだが、草の根の支持者にEUのメリットを正面から説かなかった代償は大きい。ただし、その当のコービン党首も、影の内閣閣僚を含む同党議員から信任されているとは言いがたく、二〇一六年九月の党首選で再選されたものの、今後もながらく党首職にありつづけるかどうか、そうなったとしても中道の票を取れるかどうかあやしい。

この投票はいったい何だったのか

今回のイギリス国民投票は、直接的には、〈移民＝EU＝グローバル化〉を介して高揚したナショナル・アイデンティティと主権＝自決意識が、労働者の疎外感ともあいまって、EUのメンバーシップに向けられたものといえよう。こうした〈ナショナリズム＝民主主義＝国家主権〉の「三位一体」を乗り越える正統性はEUにはない。それは、民衆の直接選挙による欧州議会を抱えているものの、投票率は欧州議会の権限の増強に反比例して低落傾向にあり、民主的正統性は極めて脆弱である。

EUは国家でなく、将来においても国家にならない。その主人はいまだ加盟国であり、加盟国の国民（多数派）が背を向け、その意向を民主主義的に表現されたら、それを止めるすべはない。今も昔も今後も、である。それほどに、主権的な意思の（民主的な）発露は、破壊力のあるものである。その「大爆発の瞬間」を、われわれは目撃したばかりだ。

その手の「小爆発」は、しばしば見られた。一九九二年にデンマークがマーストリヒト条約の批准を国民投票で拒否したとき、二〇〇五年にフランスとオランダの国民投票が欧州憲法条約を否定したときなどがその例にあたる。そのたびに、EUはしばし麻痺した。今回は、加盟に白黒つけるものであり、域内第二位の経済体が、国民投票でEU離脱を決めたのだ。スケールが異なる。

今後イギリスはどうなるのか

イギリスはすでに身もだえている。デモが続き、主要政党内では対立が深まっている。歴史的に折り重なった亀裂が、南北、老若、貧富など多くの分断線に沿って走っており、それらが一気に噴き出したといえよう。ここでは、特にイギリスの将来に直結する「二つの活断層」に絞って考察してみよう。

ひとつは、連合王国（UK）のかたちを左右するエスニシティ（民族性）とナショナリズムにかかわる。周知のように、スコットランドでは独立志向が再燃している。無理もない。同地では、二四ポイント差をつけ、明確にＥＵ残留を打ち出したのに対して、人口で勝るイングランド（全英の八割超）が七ポイント差をつけて離脱を志向し、スコットランドの声を圧倒したのである。

もとよりイングランドとの連合に違和感があり、イングランド優勢のウェストミンスター議会によって自分たちの命運が左右されるのを快く思っていないところに、二〇〇八年のリーマン・ショック後の保守党政権は超緊縮政策を強行した。その結果、スコットランドの重視する福祉が削られ、不満が募っていた。それでも二〇一四年の住民投票で、独立が一〇ポイント差で否決され、しばしそれは封印されていた。

スコットランド独立への希求の高まり

今回の国民投票は、その寝た子を起こしてしまった。ＳＮＰ党首のニコラ・スタージョン首席大臣は、離脱派の勝利を受け、「ＥＵ残留を選択したスコットランドの声を尊重しなければならない」とし、再度の住民投票を選択肢の一つと明言した。独立に向けて問題点を洗い出すため、有識者や実務家による諮問委員会を設置したうえ、ブリュッセルを訪れた。

そこでは、欧州委員長や欧州議会議長などとも面会し、スコットランドのＥＵ残留の道を模索した。イギリス政府が、ＥＵ脱退手続きを定めたリスボン条約五〇条のボタンを押し、離脱交渉を本格化させれば、規定により二年後には脱退が完了してしまう可能性が極めて高い。それまでに独立を獲得し、EUへの残留を継続できるか、瀬戸際だと考えているのである。したがって独立への機運があらためて高まっており、UKの国家的統一が危ぶまれているとまではいえよう。

独立への障害

けれども、機運の高まりと独立の達成との間には大きな開きがある。言い換えれば、独立はそう簡単ではなく、多くの障害がある。ここでは、三つに分けて検討しよう。

第一に、憲法的な問題がある。二〇一四年の住民投票が効力をもったのは、じつは事前にUK政府とウェストミンスター議会がその投票の実施を認めたからである。その権威づけなしに実施されるということになれば、法的には単なる自発的な投票サンプル調査とみなされかねない。その場合、たとえ住民投票にたどり着いたとしても、二〇一四年一一月にスペインのカタルーニャで行われた独立投票のように、効力のないものと中央政府に一蹴される可能性もある。

第二に、経済社会的な問題がある。近年の原油価格の下落で、北海油田からの収入があてにならなくなったのは、財政的に苦しいスコットランドにとって小さい問題ではない。たとえそれを脇においても、EUから離脱したUKと、独立後のスコットランドとがどのような関係を結ぶのか不明確なままである。まず、二〇一四年投票時にも深刻な争点となった通貨の問題は解決していない。当時のUK政府が、独立の暁《あかつき》にはスコットランドのポンド使用を許さないと公言したこともあり、多くの有権者（特に年金受給者）が不安を覚え、独立に反対した。ユーロ圏に加盟できるのは（すでに独立した）国家であり、しかも財政状況や移行期間を含め厳しい条件が課される。簡単にポンドから切り替えられるわけではない。

そもそも、ＥＵを離脱したＵＫから独立するには別の大きな問題も抱える。というのも、ＵＫがＥＵにいれば、スコットランドが独立しても、加盟国同士、共通市場や人の自由移動を維持できるが、離脱後の独立は、ＥＵ内のスコットランドとＵＫという域外国との間に、物や人の移動を阻害する国境をつくってしまう。

スコットランドの対ＥＵ貿易は、石油やガスを除いた二〇一四年の数字で、ＵＫ向けの四分の一ほどでしかなく、その比率は前年比で減っている。まがりなりにも、三〇〇年ほど連合を形成していた二つの間で、こうした往来上の障害が生じるときに、人びとが抱える不安や不利益は大きいものとなろう。これは、ＥＵとＵＫ、あるいはスコットランドとＵＫが物や人の自由移動について協定を結ばない限り、新たに生起する問題である。

第三に、政治的な問題がある。つまり、こうした諸問題を抱えながら、もし数年の間に二度目の独立否決という投票結果に終わった場合、単なるスコットランド政治指導部の責任問題では済まない。ちょうどカナダのケベックで起きたように、数世代にまたがり、独立は封印されるであろう。そのリスクを冒すかどうか、当然に躊躇《ちゅうちょ》が見込まれる。じっさい、スタージョン首席大臣は、数々の手を打ちながら、独立を問う住民投票についてコミットするのを慎重に避けているのが現状である。

それでも、独立への希求を抑圧するのは困難である。経済面で一時的に混乱しても、いったん独立し、自国通貨を刷り、EU加盟を待ち、UKと物や人の移動について友好的な協定を結ぶシナリオが排除されるわけではない。したがって、たとえ短期的には独立がむずかしくとも、中長期的にどうなるのか、事態を注視する必要がある。

北アイルランド内部の亀裂

なお、ここで北アイルランド情勢にも触れておくと、この地域は五五・八%対四四・二%で残留を求めたものの、スコットランド同様、全体ではイングランドに圧倒されたかたちとなった。

より詳しく見ると、さらに問題が浮かび上がる。UKとのつながりを重視するユニオニスト（主にプロテスタント）と、逆にアイルランドとの紐帯《ちゅうたい》を重んずるナショナリスト（主にカトリック）とのあいだで、投票行動が正反対となったのである。

たとえば、北アントリムのようなプロテスタント地区では倍近いスコアで離脱派が勝利したのに対し、カトリック地区のフォイルでは四倍もの大差で残留派が離脱派を上回った。これは、宗派やエスニシティごとに支持政党がまったく異なるボスニアで見られる投票行動と大差ない。

離脱派の北アイルランド首席大臣アーリーン・フォスターは、国民投票の結果を妥当とした一方、かつてアイルランド共和軍（ＩＲＡ）指導者だった残留派の副首席大臣マーティン・マクギネスは、さっそく北アイルランドはアイルランドとの再統一について住民投票すべきだと発言している。長いあいだ反目してきた両派は、ＵＫとアイルランドの双方がＥＵ加盟国だったことも手伝い、対立が収まっていたわけだが、今後に懸念を残した。当面、ＥＵ加盟国であるアイルランドと離脱を余儀なくされる北アイルランドとの国境や物・人の往来がどのように展開するのか、まずは不満のゆくえを見守る必要がある。

政党による国家統合の危機

以上がイギリスの国家統合における領域的亀裂を示しているのに対し、階層的な分断を経由して、政党による国民統合もまた、機能不全にさらされている。

周知のことだが、ここ一世紀近くのあいだ、イギリスの政党政治では保守党と労働党が支配的な地位を占め、一人区の勝者総取り形式の選挙制度もあいまって、自由民主党（一九八九年一〇月までは自由党）が小党にとどまり、第三党として主要両党に絡むというのが、基本的な構図であった。それらの政党は、国民の声を吸い上げ、議会をつうじて統治機構へと接続するつなぎ目に位置し、大切な国民統合の機能を果たしていたのである。

しかし、二〇一五年総選挙では多党化し、地域政党化の様相も示した。単独過半数を得て勝利した保守党のみならず、労働党も得票率は増やしたのだが（議席は減）、自民党は壊滅し、五七から八に議席に減らした。逆に、SNPが議席を六から五六に急増させて第三党に躍りでた。イギリス独立党も得票率では第三党にあたる一二・六%を得た（議席は一のみ）。SNPはスコットランド特有の現象であり、イギリス独立党は基本的にイングランドに基盤を持つ（一部ウェールズにも浸透しているが）。

保守党離脱派の「デマクラシー」

問題は、多様な声を糾合し、草の根と政権、イギリスと欧州・世界とをつないできた二大政党にある。

もともと親欧の政党であった保守党は、すでにみたように、サッチャー政権末期から欧州政策で対立しはじめ、その後二一世紀に入ってイギリス独立党に引きずられるように右傾化し、反EU色を強めた。今回の国民投票では、保守党は、支持者間、指導者間、支持者と指導者の間に深い亀裂をあらわにした（概数で支持者は六対四で離脱を選んだのに対し、議会内保守党は二対一で残留志向）。

のみならず、国民投票の過程では、とくに保守党離脱派（とイギリス独立党）指導者のあいだで、デマや虚偽すれすれの言説がはびこった。EUへの純醵《きょしゅつ》出金を（週三・五億ポンド＝約四五〇億円も持ち出していると）過大に見積もっただけでなく、脱退時にはそのお金を国民の医療サービス事業（NHS）に回せると吹聴《ふいちょう》した挙句、投票後は舌の根も乾かぬうちに、そうした主張と距離を置いたというのは一例にすぎない。トルコのEU加盟が間近で、残留の暁にはもっと多くの移民が押し寄せるというデマも、繰り返し語られた。

政治には、多様な声を束ねる機能がある。あちらを立てればこちらが立たずということは多々あり、平和や正義など上位の理念で括ったり、最大多数の最大幸福の合理性を説いて説得したり、だめなら保障や補塡を試みたりすることで、異質な他者との間に秩序を保とうとする。しかし、デマや虚偽で民衆をあらぬ方向に引っ張るというのは、短期的な政治的利益を上げることはできても、中長期には政治が拠って立つ基盤を壊しかねない。

保守党の離脱派は、イギリス独立党に引きずられて政治を劣化させた挙句、イギリスの民主政に深い爪痕《つめあと》を残した。国民投票後、『フィナンシャル・タイムズ』紙にコメントを寄せたある読者は、それを「脱事実民主政（post-factual democracy）」と名付け、話題を呼んだ。こうした劣化したデモクラシーの否定的な側面をとらえ、池内恵は「デマクラシー」と喝破した。これはイギリスのみならず、アメリカの「トランプ現象」などにも通じる傾向である。

実存的危機に陥る労働党

一方、労働党の支持基盤では離脱志向が強まり、深い亀裂が残ったままである。例外はロンドン、マンチェスター、リヴァプールなどの大都市であり、そこには典型的に『ガーディアン』紙を読む進歩的、国際的なリベラルが住んでいる。他の多くは、下層から中流の労働者が集まる町におり、雇用を脅かすとして移民を警戒し、EUへの親近感はもちあわせておらず、おおむねグローバル化の「負け組」に位置する。

今回の国民投票で残留を呼びかけた労働党の現有議席ごとにシミュレーションすると、一五〇選挙区が離脱に入れ、残留に入れたのは八二にすぎなかった。言い換えれば、議席保有区の約三分の二で党の方針と異なる投票がなされたことになる。亀裂は、進歩的・国際的リベラルと中流以下の労働者とのあいだに走っている。

離脱に入れた一五〇の労働党選挙区は、次期総選挙でEU懐疑主義的な保守党や反EUのイギリス独立党が議席奪取を狙う草刈り場となるのである。もとより、総選挙はEUについてだけ争うものではないが、それは離脱交渉とも絡んでしばし主要争点でありつづける可能性が高く、国民投票後、いかに労働党が実存的な危機を迎えているか、見てとれるだろう。

この背景にあるのは、先に触れたグローバル化とEU統合の一体化（イメージ）に対して疎外感を強める中間層・労働者の姿である。彼らは、他の多くの先進国の例と同様、実質賃金が伸びず、雇用が不安定化するなかで、首都中心部との格差を感じ、グローバル化とそれに連なる政治エリートに対して反感を覚えている。

それらすべてをつなぐ最重要な要因が移民であり、その移民を可能にするEUとそれを支持する政治家もまた、排すべき対象となる。EUは、もはや彼らにとって労働者を守らないグローバル化の別働組織でしかない。このイメージは、イギリス独立党の支持者たちのEU観と大差はない。

この中間層・労働者が右（や一部左）に流れ、穏健中道が沈没するとき、EUの基盤である自由民主主義自体が劣化する。根っこにあるのは、その層を無策のままエンパワー（支援）できないでいることなのである。

「イギリスよ、お前もか」

デマや虚偽は、イギリスらしさの対極にあるものと、ながらく観念されてきた。日本人の多くにとって、それは古くは紳士（や淑女）の国であり、ごく最近まで二大政党が政権交代を繰り返すなか、穏当な漸進改良主義を実践する議会制民主主義の母国であった。

イギリスの政治に対する肯定的なイメージは、日本に限ったことではない。たとえば米国に亡命し活躍した著名なユダヤ人政治哲学者のハンナ・アーレント（一九〇六～七五）は、人知れずイギリス好きであった。そのわけは、同国が反自由民主主義に対する抗体を持ちあわせているからであった。

彼女の代表作の一つである『全体主義の起源』では、帝国主義を介して、支配する国外で醸成される人種主義のような邪悪が国内に逆流してくるなか、先進帝国に全体主義が植えつけられてゆくさまが描かれている。ドイツやフランスと異なり、その逆流を押しとどめ、自由民主主義を維持するイギリスへの敬意もまた、時折顔をのぞかせる（アーレント一九七二、川崎二〇一〇)。

しかし、いまやそこここに「小トランプ」が散見され、グローバルな自由民主主義の劣化の波にのみ込まれてしまった。深慮、自己相対化、諧謔《かいぎゃく》(ユーモア)など、イギリスから連想してきた性質が影を潜めた。これは、長い目で見たとき驚きである。「イギリスよ、お前もか」という感を強くする。

イギリスのEU離脱は避けうるか

イギリスの自由民主主義のゆくえは中長期的に見守っていくしかないものの、短期的には、EU離脱のあり方が問われよう。その是非、形態、時期などについて、百家争鳴の様相を呈している。

散見されるのが、離脱は結局起こらないとする議論である。国民投票はあくまで「諮問的」でしかないから、主権者である議会はその結果に拘束されず、残留派が多数を占める議会は結局離脱を選択しない(具体的にはリスボン条約五〇条の手続き開始を決定しない)というのである。

この手の議論は、基本を間違えている。純粋な法的議論では、「男を女に変え、女を男に変える以外は何でもできる」議会は万能とされるものの、政治的に今回の国民投票をひっくり返すのは極めてむずかしい。

まず、過度な法的抽象論を離れ、基本的事実を見つめよう。「主権」的な議会は誰に選ばれているのか。それは国民である。その国民が、形式上は諮問的であれ、総意を表明してしまった。それが国民投票である。その直接的な意思表明は、間接的な意思決定である議会の立法や採決に対し、相当な政治的正統性を帯びる。イギリス憲法史の権威でもあるヴァーノン・ボグダノー教授はこう述べた。「国民主権は議会主権に勝る」(Bogdanor 2016)。ほぼ間違いなく、議会は国民の声を尊重し、ＥＵ離脱に向かうだろう。

仮に議会が離脱ボタンを押すのを拒否した場合、どんな事態を生むだろうか。おそらくカオスである。今回の投票がかなりの程度、反エリート主義に動かされているのが明らかななか、やっとＥＵからの「独立」を勝ち取ったと考える人びとはそれにどう反応するだろうか。投票後に行われた残留派のデモ程度では済むまい。

仮想できるシナリオは、リスボン条約五〇条のボタンを押すのを引き伸ばし、政府や議会が時間稼ぎをすることであろう。しかし、これでは、国民投票の結果を打ち消せはしない。とすると、いずれかの政党（指導者）が残留を正面から掲げて、総選挙を闘うシナリオが理論的に仮構しうるが、それは正面から、何のための国民投票だったかと、意味（権威）を国民に問うてしまう。一度結論を出した国民に、同じことを総選挙が問うとき、国民主権と議会主権とは競合する。それを国民はどう受け止めるだろうか。とくに、国民の多数が離脱を表明し、議会選で残留派が再度多数を占めて、結果がねじれたとき、深刻な憲政危機をもたらしうる。

なお、総選挙で残留を問うたとしても、残留派が勝利するかどうかはかなり疑問である。今回の投票を総選挙の区割に落としてシミュレーションすると、四二一対二二九で離脱派が勝利することになる。この差は、一九九七年のブレア労働党による地滑り的勝利よりも大きい。結果として、次期首相を決める保守党の党首選で、残留を説く候補は一人もいなかった。結果首相職を射止めた前内相テリーザ・メイは控えめな残留派だったが、国民投票後「離脱は離脱」と明言し、他の選択肢を否定した。閣内が割れるなか政府の交渉方針を二〇一六年内に固め、しかるのち、おそらくは年が明けてから五〇条を発動し、交渉を開始するという見込みに言及しており、多少のずれはあっても、そのようなスケジュール感で進んでいく可能性が高い。

同じく議会路線で、EU離脱はするが単一市場には残るべきだと公約し、総選挙を闘う政党（指導者）がでる可能性も排除できない。それに勝てば、離脱はするけれども、EUとノルウェーのような関係をイギリスが結ぶことが可能になるかもしれない。しかし、そうすると、かなりの確率でEU市民は自由往来し、醵出金は払いつづけることになる。今回の国民投票の結果（および総選挙で負けて退陣する可能性）を前にして、そのような経済的合理性を説き、政治的突破力を発揮する指導者が現在のイギリスにいるかどうか心もとない。

そうすると、せいぜいできるのは、「ステルスによるノルウェー型の関係構築」であろう。つまり、遅延ののち、忘れたころに目立たぬようEUと手打ちをし、単一市場へのアクセスを維持するというシナリオである。これだけ政治化したあとなので、この道もあまり見込みがないが、いずれにしても、それはやはり、正式にEUを離脱することを意味する。

したがって、国会の法的権威だけで、今回の根本的結果、つまり離脱の決定じたいをひっくり返すのは無理と思われる。

もちろん、国民投票のやり直しは可能である。結果を残留へと覆すなら、それしかないのではなかろうか。このシナリオは、離脱交渉が不利に終わり、経済的な大不況がイギリスを襲った場合、数年内に実現する可能性もないわけではない。そうでなくても、一〇～二〇年のスパンで見たとき、ＥＵへの再加盟を問う可能性もある。とはいっても、そこでＥＵ（再）加盟派は勝利するとも限らず、またＥＵがどうなっているかもわからないのである（ＥＵの将来については、第Ⅲ部参照）。

第Ⅱ部　複合危機の本質

第Ⅰ部で振りかえった個々の危機のレビューを踏まえ、第Ⅱ部では歴史的な考察や政治的な分析を加えて、複合危機の性格を占ってみたい。たしかにEUは危機にあるが、じつはそれは初めてではない。過去の危機と比べて、今回の危機はどこが異なるのか。第5章では、ヨーロッパ統合史の文脈のなかで考えなおす。次に第6章では、解決の枠組みとして長らく重宝されたEUが、いつのまにか問題それ自体へと変容した経緯を振りかえったのち、数多くの危機の底流にあるEUの構造的な問題を、いくつかの視角から分析したい。第7章では、にもかかわらず、EUがしぶとく残っていくとすると、それはどういう要因によるのか、検討する。

第5章　統合史のなかの危機
——今回の危機は何が異なるのか

ヨーロッパ統合史をひもとくと、そこは危機に満ちている。EUが危機とともにあったのなら、今回の危機では何がどう異なるのか。この章では、歴史に立ち戻りながら、もともとEUがどのような課題に適合的だったのか、逆にどんな課題を前提としてこなかったのか、危機自体が統合の深化とともにどう変容したのか、考察する。そうすることで、何が新しく、何が従来の延長なのかより分け、現況を性格づけることが可能となろう。

1　危機とともにあったEU——神話から離れて

危機から生まれ、危機に見舞われた船出

EUは危機とともにあったといっても過言ではない。

そもそも、欧州石炭鉄鋼共同体（ECSC）は、冷戦のさなか、アメリカがかつての敵国の西ドイツを支援しはじめ、ふたたび同国が脅威となってゆくのを危機ととらえたフランスのエリートの行動抜きに、発足しえなかったにちがいない。この経緯は、後段で「ヨーロッパの父」と称されるジャン・モネに触れながらもう少し丁寧に紹介するので、ひとまずここでは、危機がEUの前身を生んだことを頭に入れておきたい。

ECSCの設立を呼びかけたシューマン宣言は、一九五〇年五月九日に出されるやいなや「危機」に陥った。翌六月末に朝鮮戦争がはじまり、ヨーロッパでも東西間の緊張が激化するなか、西側防衛に資するとして、西ドイツの再軍備が政治日程に上ったからである（岩間一九九三）。それは、いつか来た道とばかりに、またドイツの強大化を招くものとして、フランスをはじめとした諸国のあいだに深刻な懸念を生んだのである。

その西ドイツ再軍備をヨーロッパの枠で回収し、ドイツ軍の復活でなく、ヨーロッパ軍として統合してしまおうというのが、プレヴァン・プランとそれに引きつづく欧州防衛共同体（EDC）構想であった。しかし、それは一九五四年夏、フランスの国民議会により批准が延期されたことで、実質的に葬り去られた。これは、戦後のヨーロッパ統合が被った最大の打撃の一つとなった。以後、軍事安全保障は基本的に課題から外され、ながいこと経済中心に統合を図ることになる。

主な危機	主な帰結
EDC／EPC（1954）	防衛統合の放棄
空席危機（1965～66）	各国拒否権
冷戦終結（1989～91）	EU創立，通貨統合・市民権合意
欧州通貨危機（1992～93）	為替相場メカニズム変動幅拡大
憲法条約（2005）	精神的危機
ユーロ（2009～）	実存的危機
ウクライナ（2013～）	対ロ共通脅威感，各国利害ばらつき
難民・テロ（2015～）	シェンゲン機能不全露呈（と極右擡頭）

図表5－1　統合史における主要な危機

ド・ゴールの揺さぶり

一九五八年にド・ゴール将軍が復帰し、第五共和政下のフランス大統領となったのち、その一方的な外交攻勢はしばしば西欧諸国間、そして大西洋をはさんで米欧間の関係を大混乱に陥れた。たとえば一九六〇年代初頭、フーシェ・プランによって、アメリカとNATOを中心とした軍事安全保障体制をしばしば揺さぶり、フランス中心のそれに置き換える動きが展開された。EDCの挫折《ざせつ》以降、軍事安全保障はアメリカに、経済統合はEU（当時は経済共同体＝EEC）に、という分業体制ができていたが、その統合の土台を揺るがしたのである（川嶋二〇〇七）。

ド・ゴールによる一方的行動は、未曽有の「空席危機」をEECにもたらした。一九六五年六月、彼は、フランス代表をEECの意思決定フォーラムから引き上げさせ、それを半年間麻痺させた。ごく簡単に言えば、彼は、彼から見て民主的でなく無責任な欧州委員会の権限が、農業統合をつうじて増強され、フランスが拒否権を失い、欧州議会が強化され、EECが疑似国家性を帯びるのを嫌ったのであり、それを劇的な方法で表現したといえる。

この危機の収束の仕方は、典型的な「不同意の同意（agree to disagree）」であった。フランスは、死活的に重要な事柄については拒否権があると主張したのに対し、他の加盟国はそれを認めず、その認識を互いに交わすこととなった。ただし、危機は甚大な影響を及ぼした。その後二〇年にわたり、EEC条約が予定していないかたちで、加盟国の拒否権が事実上ルールになっていったのである。

ブラントの東方外交

ド・ゴールとは異なるやり方で戦後ヨーロッパ統合の土台に手をつけたのが、西ドイツのブラント首相である。第二次世界大戦の敗戦国である同国の首相がみずから主導した東方外交は、冷戦の分断線である「鉄のカーテン」（チャーチル）を超えて、ソ連や東ドイツに対し、当面の国境の現状維持と相互承認をもちかけたもので、戦後体制の根幹にかかわる話だったのである。そのなかには、おなじ東西分断を前提に、地理的に西側に限定して進められた戦後のヨーロッパ統合が含まれる。フランスやアメリカは、ソ連圏に手を伸ばしたブラントの東方外交への不快感を隠そうとしなかった（妹尾二〇一一）。

もっとも、ブラントは、フランスなどへの西方外交を一連のものとして遂行し、農業統合の完成や通貨協力の推進、あるいは共通外交への素地の整備などを並行して進めた。これらは、近い将来におけるイギリスの加盟とともに、一九六九年のハーグ首脳会議で、七〇年代の統合の課題として意識されることとなる。こうして、東方外交がもたらした危機は、結果的にヨーロッパ統合を前進させる力ともなった。

石油危機から市場統合へ

これらはすべて政治的な危機だったのに対し、一九七〇年代の危機は、発端が経済的なものだった。言うまでもなく、石油危機とそれに端を発する世界経済の低迷である。これは、やがて各国内の労使間協調による戦後の「合意の政治」に疑義を突きつけた。依拠すべき社会モデルのないまま内向きになった加盟国は、なかなか統合に目を向けようとしなかった。そのうち、サッチャーとともに新自由主義の嵐がやってきて、ヨーロッパの悩みは深まった。

それに対して、ようやく解が出るのが、一九八〇年代半ばの市場統合と機構改革である。これにより、一九九二年末までに非関税障壁を撤廃し、市場統合を完成させ、そのために多数決を導入し、ド・ゴール以来慣行化していた拒否権の発想を乗りこえたのである。

冷戦終結とドイツ問題

こうして一九八〇年代後半に再活性化したヨーロッパ統合であったが、一九八九年から九一年の東欧革命と冷戦終結により、ふたたび深刻な危機に直面する。「鉄のカーテン」が開き、東ヨーロッパ諸国がソ連のくびきから解放されたのと同時に、ベルリンの壁が崩れたことでドイツ統一が不可避的に政治日程に上ったのである。当然、それをどう制御するかというドイツ問題が再浮上する。

この一大危機に対し、一方で統一ドイツをNATOのメンバーとし、軍事的に浮遊しないようにそれをつなぎとめた。他方で、次節で詳述するように、マーストリヒト条約でECをEUにアップグレードし、ドイツ・マルクを単一通貨に置き換え、ドイツ連邦銀行による通貨政策決定の事実上の独占を欧州中央銀行の枠で（フランスやイタリア等が）共有する通貨統合プロジェクトに打って出た。けれども、これら二重の施策でドイツ統一という難事を乗り切ったのも束の間、一九九二〜九三年には深刻な欧州通貨危機に見舞われ、通貨統合を定めたマーストリヒト条約の条項は死文化したかと一時思われた。

イラク戦争から憲法危機へ

一九九〇年代半ばから二〇〇〇年代は比較的穏やかな時期だったかもしれないが、それでも、二〇〇三年のイラク戦争の際、アメリカの有志連合についていったイギリスとそれを拒否したフランスやドイツとのあいだに、深刻な対立が生じた。そのときも、EUは重大な危機に瀕していると見なされていた。

また、二〇〇五年にフランスとオランダで国民投票が行われ、前年に締結されていた欧州憲法条約の批准が否決された。これもまた、未曽有の精神的危機として語られていたのである。

この国民投票直後、フランスの著名な国際政治学者ピエール・アスネルは「あの時は一五年かかった」と回顧していた。「あの時」とは、前述した一九五四年のEDC条約批准の挫折を指しており、そこから立ち直ったのは一九六九年のハーグ欧州首脳会議だったという認識を表明したものである。二〇〇五年から一五年とは、二〇二〇年である。ヨーロッパのプロジェクトが回復するまでに、それくらいの時間が必要かもしれないと示唆していたことになる。

昔は良かったのか

このように、ヨーロッパ統合史は危機の歴史でもあった。

しかしながら、このように語られるのを見聞きすることはないだろうか。

「かつては、ヨーロッパは平和と連帯のプロジェクトだったが、今は変質した。戦争を知る世代が退き、戦後世代が後を継ぐにしたがい、高邁《こうまい》な理想は薄れていった。ヨーロッパ統合の父祖であるジャン・モネとロベール・シューマン、ド・ゴールとアデナウアー、ミッテランとコールの時代は良かった」

しかし、前記の危機との関連でいえば、冷戦が終結したのがミッテランとコールの時代だった事実には留意してよい。じっさいには、ミッテランがドイツ統一を許容するまでにはたいへんな苦悩があり、一九八九年一一月にベルリンの壁が崩れて一か月もしないうちに、彼はストラスブールで開かれた欧州首脳理事会の議長として、ドイツ統一に邁進するコールに「これはど凍りついた雰囲気のECサミットは経験したことがない」(Kohl 1996)と回顧させるほど冷たい仕打ちを加えた。

さらにミッテランは、東ドイツを公式訪問し、反独色を強めるサッチャー英首相と連携するなどして、ドイツ統一に対してさんざん嫌がらせをしたものである。

もちろん、半年後の一九九〇年春には、独仏協調の軌道に戻り、その後はマーストリヒト条約とEU設立に向かっていくのであるが、それ以前の熾烈な国際政治上のさや当ては、美しい作り話から外れることになる。

エリゼ条約の真相

さかのぼってド・ゴールとアデナウアーの時代もまた、栄光に満ちたものとして美化して描かれるが、じっさいには多くのとげとげしい局面があった。

たとえば、一九六三年の独仏友好エリゼ条約が、彼らが主導した独仏和解の象徴としてよくあげられる。これは、安全保障、外交、文化の三本柱を軸としており、結果的に、青少年交流などで大きな成果を上げた。しかし、この条約の成立背景を日本で本当に理解している者は少ない。それは、ド・ゴールとアデナウアーが独仏和解を望んだためにできたのではない。じっさいのストーリーはおおむね以下のようなものだ。

ド・ゴールは、当時めどがついていた核兵器開発を背景に、EEC六か国全体を経済共同体から外交安全保障共同体に作り替え、アメリカ（とイギリス）主導の西側運営、とくに彼らによる核抑止に対抗しようとした。このフーシェ・プランは、アメリカとの関係を重視するベネルクス三国（ベルギー、オランダ、ルクセンブルク）とイタリアが反対したことで、挫折した。その結果、ド・ゴールは、EECの他の四か国を外し、独仏だけでその共同体を創ろうと強行した。これに対し、アデナウアーは、当時のケネディ政権に強い不信感を持っていたため、最終的にはド・ゴールについていくことを決断した。

結局のところ西ドイツ議会は、この独仏エリゼ条約がアメリカとの同盟（NATO）に矛盾しないよう、批准の際に前文で留保付けをしたので、ド・ゴールの思うようにアメリカ主導の安全保障体制から脱却したとはいいがたい。しかしながら、すでにここまでの行論から、ド・ゴールとアデナウアーが、和解のためにこの条約を目指したのではないことは見てとれるだろう。「和解」のミサをしている前後に、じっさいにド・ゴールがアデナウアーに話していたことは、単純化すると、「俺がフランスの核で守ってやるから、ドイツよ、アメリカから乗り換えろ」という趣旨のことだった。彼は西ドイツとアメリカを離反させようとしていたのである。したがって、エリゼ条約は、和解のポリティクスというよりも、西側陣営で独自外交を推し進めるフランスの外交利害のたまものだったといってよい。

モネの神話化

さらにさかのぼって、ECSCを主導し、そのもととなったシューマン宣言を起草したジャン・モネもまた、祭り上げられている。その条約前文は、「歴史的な敵対関係を諸国の本質的な利益の融合に代え、経済共同体の設立により、長く血なまぐさい紛争により離反してきた諸国民の間に、広範で、独立した共同体の最初の礎石を据え……」と謳っていた。ここに、EUの端緒となったプロジェクトにある平和的な側面を見てとるのはたやすい（遠藤編二〇〇八、史料四－一二参照）。

しかし、ヨーロッパ統合史の史実をきちんと検証すると、その平和要因は、事実の一部でしかないことがわかる。実情としては、冷戦がはじまるなか、フランスは（憎き）ドイツと手を結ばざるをえなかった、ということである（遠藤二〇〇九、二〇一〇）。

モネが仏計画庁長官として第一に考えていたのは、世界の平和や主権国家間闘争の止揚ではなく、フランスの戦後復興であった。そのため、競争力のある同国の鉄鋼業の発展を図るのに必要な石炭の確保を迫られ、その供給先として目を付けたのがドイツだったのである。彼は、それを「共同管理」することがフランスの復興・発展のためになり、同時にドイツのそれを制御することにつながるという計算をしていた。

このドイツの国力の急速な回復は、フランスにとってリアルな脅威だった。のちに述べる冷戦要因と重ねあわせれば、アメリカはソ連（圏）との対抗上、西部ドイツを支援し、その巨大な潜在的工業力を西側陣営のために使いたいと考えていたのであり、そのことを当代一のアメリカ通であるモネはよく知っていた。であるからこそ、ＥＣＳＣの設立により、ドイツ支援のゆくえを制御する必要があったのである。

もしそうしなかったら、アメリカは東側との対抗上、フランス抜きででも西ドイツ復興を推し進めていただろう。それをフランス側から制御し、自国のエネルギー不足を補いながら鉄鋼業を伸ばし、国力をつけるために、フランスは石炭・鉄鋼の共同管理（すなわちＥＣＳＣ創設）を主導したというのが実態に近い。

西ドイツからすると、この一見不利な枠組みは、敗戦から主権国家として国際社会に復帰する一歩として、受け入れ可能なものであった。ＥＣＳＣ条約は、戦後初めて平等な立場で西ドイツが結んだ条約だった。言ってみれば、それは戦後の日本にとってのサンフランシスコ条約だったのである。そのリアル・ポリティークを「欧州の平和」「独仏和解」というレトリックで括ったところは、それはそれで素晴らしいとは思うけれども、そのレトリックを顕教とすれば、密教の世界は国益と国益の激しいぶつかりあい（あるいは重なりあい）だったといえる。

ヨーロッパ統合の脱神話化へ

このように、かつての「偉業」を「偉人」とともに祭り上げる議論を、ヨーロッパ統合の歴史家ミルワードは「欧州の聖人伝」として戒めていた（Milward 1992）。さらにいえば、「昔は良かった」風の議論は、かつてのヨーロッパ統合の経緯を過度に美化したうえで、現在の状況と対比させ、それを貶《おとし》めるというストーリー展開をはなから予定しているように映る。

二〇一〇年代のヨーロッパ統合は、たしかに危機に満ちている。しかし、そうであればあるほど、過去を捻《ね》じ曲げず、できるだけ素のままで、現在のそれを見つめねばならない。創造された神話はここでは無用なのである（関連して、佐々木・中村一九九四参照）。

2　EUは何に向いていたのか――ドイツ問題と東西冷戦

では、歴史的に見て、EUは何を意識して作られ、どのような課題に適合的な存在だったのだろうか。以下に見てゆくのは、その点である。

ドイツ問題

ヨーロッパ統合は、一九世紀以降のドイツの興隆と無縁ではありえない。それは、古代ギリシャ・ローマやシャルルマーニュ以来の長い歴史をもつと考えられないわけではないが、基本的には、一九世紀に主権国民国家が確固たる地歩を築いたうえで初めて「統合」という課題が意識され、そのうえで二〇世紀後半になってやっと制度化・具体化の道を歩んだのであり、一つには、ヨーロッパのど真んなかにあって、力に満ち、ときに波瀾《はらん》要因となったドイツという

(統一しゆく)国家をどう広域秩序のなかに位置づけなおすのかという問題——いわゆるドイツ問題——と分かちがたく結びついていたのである(板橋二〇一〇)。

一九五〇年のシューマン・プランで、石炭・鉄鋼という分野に絞り、いまでいうEUの制度的な形成が開始されたとき、その眼目はやはりドイツにあった。すでに触れたように、仏計画庁長官モネは、ドイツの発展を制御し、フランスの戦後復興を円滑に進めるために、ECSCという解にたどりつくのである。

同様の歴史は、時代を下ったドイツ統一時(一九九〇年)にも見られよう。やや単純化して言うと、通貨統合を謳ったマーストリヒト条約(一九九一年末合意)は、統一し強大化するドイツに対する保険であった。つまり、その政治的な起源を見ればわかることだが、同条約は、両独統一と引き換えに、それまでのボン共和国(西ドイツ)が最も誇りに感じていた安定通貨マルクとそれをつかさどってきた連邦中央銀行による通貨政策の策定とを、単一通貨のもとで「共有」させるようフランスやイタリアが求めたことに由来するのである。

このドイツにとって苦渋に満ちた通貨統合への決断は、当時のコール西独首相やゲンシャー外相により、「ドイツのヨーロッパ」でなく「ヨーロッパのドイツ」のなかで——すなわちドイツによって支配されたヨーロッパではなく、広域ヨーロッパにいわば飼いならされるなかで統一ドイツが生きていくという選択とともに——なされたわけである。もちろん、ドイツがそうする代わりに、マルクの安定を生んだのと同様のシステムを求め、中央銀行の独立や放漫財政への数々の歯止めを明文化させたのは言うまでもないことである。

冷戦との交錯、アメリカの圧力

こうして伝統的なドイツ問題が戦後史のなかで生起するごとに、それへの「解」としてヨーロッパ統合という選択がなされてきたといえよう。そして、先にあげたECSCやマーストリヒト条約のタイミングが、冷戦の端緒や終焉といった時期と重なるのは、偶然ではない。ヨーロッパ統合は、ドイツ問題とともに、それと重なりながらも別途、米ソ冷戦の文脈のなかで具現化し、それによっても枠づけられてきたのである。

そもそもヨーロッパ統合は、ヨーロッパ人がみずからの和解や平和のために主体的に実現した側面がないわけではないが、それ以上にむしろ、アメリカに後押しされて進んだ色彩が濃厚である。冷戦を戦うアメリカにとって、西欧諸国が一体化（つまり統合）することは、規模の経済を実現し、復興・成長を通じて各国内の共産勢力を抑えながら、域外の東側諸国に対抗できるようになることを意味し、国益に資するものだった。それゆえに、じっさいに一九四〇年代後半以降、フランスや西ドイツをはじめとした西欧諸国に対し、たびたび統合を促しつづけていたのである。

付言すれば、その一体化はまた、マーシャル・プランによって援助先となっている西欧諸国が、バラバラでなく統合体として効率的に援助資金を使うとすることで、アメリカの議会（と納税者）を説得しやすくする機能をも持ちあわせていた。

「ＥＵ＝ＮＡＴＯ体制」

この冷戦史の文脈において、軍事安全保障をつかさどる北大西洋条約機構（ＮＡＴＯ）とＥＣＳＣ―ＥＥＣ―ＥＣとつらなるヨーロッパ統合とは、東側への対抗上、なくてはならない双子のような存在だった。と同時に、それらは、復興する西ドイツを抑える装置でもあり、言ってみれば、独ソの「二重の封じ込め」を共同して実行していたのである。

したがって、ＥＣＳＣ―ＥＥＣ―ＥＣが、冷戦構造に枠づけられていたのは、不可避なことだった。その特徴は以下の二つの点で具体的に現れていた。まず第一に、加盟国が地理的に西側に限定されていた。六か国で始まり、その後加盟国の拡大を重ねたものの、冷戦期においては、西欧諸国しかメンバーになれなかったのである。そして第二に、それは機能的に、軍事安全保障をＮＡＴＯ（とアメリカ）に外部化し、主に経済分野に限定して進むことになる。

この二つが調和的に協働する戦後のシステムは、「ＥＵ＝ＮＡＴＯ体制」と括ることができよう（より詳細に検討したものとして、Endo 2002、遠藤二〇一三、第5章「鏡としてのヨーロッパ統合」参照）。

冷戦終結とその含意

言うまでもないことであるが、一九八九年から九一年にいたる冷戦終結とソ連消滅は、戦後ヨーロッパ統合が拠って立つ準拠枠組みを根底から揺るがすことになった。先にあげた二点に沿って言えば、まずそれは、メンバーシップの変更に現れた。冷戦中、一応「中立」の構えを見せていたスウェーデン、フィンランド、オーストリアが一九九五年に加盟したのを皮切りに、二〇〇四年、〇七年には旧東側諸国が計一二か国も加わり、「鉄のカーテン」を超えて、一二か国で出発した新生ＥＵ（一九九三年創設）は版図を大きく変えることになる。さらに、機能的にいっても、ＮＡＴＯとの棲《す》み分けが以前ほど明確でなくなり、ＥＵ自身が安全保障分野に乗り出していくようになる。

他方冷戦の終結は、東西分断の下にあったドイツの統一をも含意した。これについては、先述のように、統一し強大化するドイツを、新生ＥＵのなか、とりわけ単一通貨によって枠づけ、それによってヨーロッパにドイツをつなぎとめる一方で、統一ドイツをＮＡＴＯのメンバーとし、それによって大西洋共同体の枠組みのもとにおくことになった。つまり、ドイツ問題はここにまだ生き長らえており、ＥＵとＮＡＴＯの双子の装置によりそれを封じ込めたといえよう。

冷戦後のＥＵ

その後、冷戦後から二一世紀初頭にまたがるＥＵの歴史は、煎じつめると、①加盟国拡大とそのマネジメント（拡大がもたらす遠心力に対して、「憲法」シンボルで結束を試み、意思決定をスムーズにするなど）、および②単一通貨ユーロの創設と運営、という二軸を中心に展開した。そしてそれぞれ、拡大については、憲法条約のフランス、オランダ国民投票による否決を経て、リスボン条約が成立し、他方ユーロについては、ユーロ危機の末に財政条約・銀行同盟が成立するなど、両者ともに大きな危機を通じて、なんとか機能的な補塡を積み重ねるにいたっている。

問題は、そのようにして、ドイツ問題と東西冷戦という二大要因に歴史的に規定されたEUが、現在直面している課題にどう適合的であり、逆に不適合なのか、にある。次節では、その二つの規定要因の変容から探る。

3　現代における統合規定要因の変容

再燃するドイツ問題

まずドイツ問題（German question）について言えば、それは現代においてもなくなったわけでなく、陰に陽にヨーロッパ統合のあり方を規定している。それは、ユーロ危機を通じて、ドイツの力が突出したことにより、再燃したともいえよう。緊縮財政の旗振り役であり、実際に通常のEU予算からユーロ危機時の支出や信用供与にいたるまで、EU・ユーロ圏内で最も大きな貢献をするドイツの意向は、だれも無視できないものであり、資金・信用供与の際に緊縮財政等のコンディショナリティ（条件）を課される側からすると、同国が権力体そのものに映るのは当然である。

こうしたドイツが持つ権力性のイメージは、ウクライナ危機で同国、とりわけメルケル首相が見せた精力的なシャトル外交、難民危機に直面したのちの対トルコ外交などによっても強化された。現在では、ヨーロッパの運転席に座っているのはメルケルだという感覚が広く共有され、なかにはエマニュエル・トッド（二〇一五）のように、「ドイツ覇権の復活」といった言説を前面に押し出す論者も多い。

ドイツ問題の濃淡

ただし、ドイツ問題の切迫度は、時代によって相当上下することに留意してもよいだろう。たとえば、二一世紀の初頭、ドイツはまだ自身の統一のコストを吸収しきれておらず、軍備も古びて、対外的に力を投射する意思も能力も備えていなかったことから、「ドイツ問題外（German out-of-question）」などと揶揄《やゆ》されていた。さらに二〇一一年一一月、ユーロ危機のさなかにあっても、伝統的に対独猜疑心の強いポーランドの外相シコルスキーが、ドイツに対してより強力なリーダーシップの発揮を強く要請するなど、かつての脅威感は見る影もない。

さらに言うと、世界の政治経済において、EU諸国がプレゼンスや影響力を確保しようとするならば、域内における強大国ドイツの力が必要なこともまた確かである。また最後に、人口動態からすると、少子高齢化が進み、人口ボーナスの見込めないドイツが、たとえばそのような傾向の薄いフランスに対して、将来においても常に一極集中を保っていられるか、そう簡単に前提にしてよいものでもない。

したがって、現代において「ドイツ問題」といっても、二〇世紀までのそれと性格を異にしていることを念頭におかねばなるまい。そのうえで、いま現在そうであるように、ドイツの力が、他国の力や意志が弱体であるのも手伝って、突出している時代はある。そうであるから、EUは「危機」だとする議論が多いが、それはどの程度妥当な議論であろうか。というのも、逆に考えれば、EUは一面でそのために作られたわけであり、一種の「常態」かもしれないのである。

EUの存在事由

また、仮にドイツの覇権が復活し、ヨーロッパがドイツ色に染まりつつあることを認めたとしよう。その懸念を緩和するために、EU以外の何に依拠して、周辺国は生きていけばよいだろうか。歴史上そうしてきたように、バランサーとしてのイギリスに支援を求めるべきか。それでもだめなら、二つの世界大戦でも、冷戦中もそうしてきたように、アメリカに頼るべきか。そうした国々が、ますます内向きになり、ヨーロッパ大陸に背を向け、あるいは無関心になりつつあるとき、ＥＵの枠で共同してヨーロッパの秩序を整えていく以外にない。

これは、おそらくドイツから見てもそうである。自身の力に対する「不安（Angst）」は、ドイツ人のあいだにおいて、いまだ一般に見られるものである。その力を錨泊《びょうはく》させる先として、ＥＵは有用なのである。

つまり、ＥＵのなかでドイツが突出している程度に応じて、その力の緩和に役立つであろうＥＵの存在事由は消えていないことになる。

米ソ冷戦の二つの意味

他方、もう一つの規定要因である冷戦は、翻ってみると、イデオロギーと地政学という二つの要素を内包した全面的な闘争だったと言える。

それはもちろん、一面では、資本主義と社会主義のあいだのイデオロギー的な戦いであった。自由主義陣営と共産主義陣営の戦いは、それぞれの体系的な教義に基づいてなされ、それゆえに、米ソ首脳から追従国における大学の教室までの縦軸において、また世界各地における体制間競争として横面で広がりながら、全面化した。

しかしそれは同時に、アメリカとソ連という超大国のあいだに生起した、力に基づく地政学的な争いでもあった。この権力政治的な側面を徹頭徹尾注視していたのは、フランスのド・ゴール将軍かもしれない。もともと私的会話でソ連（人）をロシア（人）としか呼ばなかった彼は、とりわけ一九六〇年のＵ２事件（ソ連上空を飛行したアメリカのＵ２型偵察機が、ソ連のウラル上空で撃墜された事件）で米ソが手打ちをしたあたりから、米ソ間の（イデオロギー対立ゆえの）戦争不可避性など信じておらず、冷戦とは東西陣営のあいだとそれぞれの陣営内における勢力争いでしかないと見切っていた。

冷戦の地政学的要素

この二つの要素のうち、後者の地政学的な争いは、二〇一四年以降、ロシアがウクライナに対して発揮した攻撃性により、いまや復活した感がある。

第３章で詳しく見たが、冷戦終結時に東側に移行した東西の境目にあって、お互いの緩衝地帯として陣地取りの対象となるウクライナは、ロシアのプーチン大統領の目からすると、西側に属してはならない存在であろう。したがって西への傾斜を鮮明にしたポロシェンコ政権ができると、まずクリミア併合を強行し、東部ウクライナへの軍事介入を強め、いまもウクライナの不安定化を試みているのは、正否を度外視すれば理解はしうる。

これらは、冷戦後に積み上げた領土保全（やそれと関連する核兵器）に関する合意をないがしろにし、現状を暴力的に変更しようとすることから、東西対立は抜き差しならないものとなった。とりわけ、ロシアがそうしたウクライナに対して介入や併合に乗り出す際、ロシア系住民の保護を公的理由に掲げた点は、同様にロシア系住民を多く抱えるバルト三国を中心に、強烈な警戒心を惹起《じゃっき》した。これらの国では、伝統的な脅威が目覚めたのに合わせ、それに対する備えを急ぐ傾向が見られる。

イデオロギー的要素

ただし、伝統的な権力闘争、勢力圏争いの様相を呈するこの新しい東西・米ロ対立には、かつて冷戦が持ちあわせていたイデオロギー的な体系性が欠けている。現代におけるイデオロギー対立は、まったく別の次元から沸き起こってきているのである。

それは、多くのものにとって、西欧近代とジハード主義（人によってはイスラーム原理主義）とのあいだの基本的な差異に根ざしたものである。この差異は、理念体系としての共産主義が西欧近代の延長線上で出てきたものであることに照らすと、より大きいものに映るかもしれない。七世紀に書かれたコーランの言辞が神聖視されるジハード主義の教義において、個人主義、資本主義、自由民主主義といった価値は、概して普遍的なものではなく、西欧近代に特有のものとして認識される。さらにときに、そうした価値の浸透がムスリムへの攻撃と見なされ、「防衛」的な反応としてテロなどの暴力行使にいたることもある。

もちろん、そのような暴力的な行為にいたるまでには、パレスチナ紛争に対する「ダブル・スタンダード」からイラクやアフガニスタンにおける民間人の殺傷、あるいは預言者ムハンマドに対する「侮辱《ぶじょく》」まで、世界政治において「不正義」と見なされる多くの要因が介在することになり、その意味で政治的な対応が不可能なわけではない。イスラームの教義や実践において穏健なものが大部分を占めるという事実は、西欧近代とイスラームとのあいだの闘争がなんら不可避であるわけでないことを示していよう。と同時に、宗教上の寛容、表現の自由、男女の平等など、西欧近代が培ってきた多くの価値を、ムハンマドの教え（の一部）を絶対視することで、体系的に軽視するジハード主義的な勢力がなかにはいるのもまた事実である。

二〇〇一年九月一一日に同時多発テロを起こしたアル＝カーイダや、最近ではいわゆる「イスラーム国（以下IS）」を名乗り、シリアやイラクにおいて支配を拡大している勢力はその例だが、これらはそれ自体、テロや人質殺害などをつうじて脅威となりうるだけでなく、ヨーロッパに住む（多くの場合、移民二世三世の自国の）市民が共鳴する対象ともなっている。じっさい、二〇一五年一月や一一月のパリ、二〇一六年三月のブリュッセル、そして七月のニースで見られたように、自国育ちの国民が加わりテロを起こす（いわゆるホーム・グロウンの）事件も起きるようになってきている。

こうして、ジハード主義と西欧近代とは、価値観をめぐる争いから暴力行使を含む闘争まで、体系的な対立が見受けられる。これは、二一世紀に入って目に見えて激化したあたらしいイデオロギー対立でもある。

まとめると、戦後のヨーロッパ統合の規定要因のうち、ドイツ問題は、切迫度の上げ下げはあり、相当に相対化されつつあるものの残存している一方、東西冷戦の地政学的要素は、ロシアの攻撃性の復活によって再興したように映るのに対し、そのイデオロギー的な要素はジハード主義の興隆によりとってかわられたと言えよう。

4　歴史的経路依存と課題不適合

地政学的挑戦への構え

こうしてまとめると、それはそのまま、最現代の課題に対して、どの程度EUが適合的であるかを選りわける作業につながっていく。

まず、もともとEUはドイツ問題と東西冷戦に根深く規定されて成立したこともあり、変質しながら残存するドイツ問題と、冷戦時の対ソ政策に似た地政学的な色彩を帯びる対ロ政策に関しては、比較的構えができており、ノウハウの蓄積もある。もちろん特に後者のロシア対応については、対ロ依存度の高さにかんがみて、EUエネルギー同盟などの模索がはじまるものの、えてして加盟国間で脅威感にばらつきがあるので、EUだけで万全ということはありえず、NATOによる抑止や独仏などの各国による外交努力との共同歩調が必要となろう。

イデオロギー的挑戦への脆弱性

しかしながら、ジハード主義という新手かつ本格的なイデオロギーに対しては、EUのつくりがフィットしていない感は否めない。ＥＵ条約の根本には、自由民主主義の（「西欧近代的な」）理念があり、それは政教分離、表現の自由、男女平等など、ときに譲れない価値となって、多くの人にとって血肉化しているものもあれば、域内における人の自由移動のように、日々実践されているものもある。こうした価値や実践をジハード主義勢力が否定したり、濫用したりするとＥＵはうまく対処できない。

というのもＥＵは、公安や警察といった国家主権に深くかかわる領域での統合が浅く、域内の犯罪者を主体的に捕捉したり、域外から入ってくる不法移民・難民を排除する実力を十分には持ちあわせてはおらず、合法的に加盟国のどこかに入国した穏健なムスリムを、自由・平等の価値のもとで包摂し、その域内自由移動を保障することはできても、平時であれ危機であれ、過激化・ジハード主義化し、ときにテロに走るムスリムに体系的に対処する態勢にはなっていないからである。いわんや、域外でＩＳのような形で勃興する新手のジハード主義勢力ないし疑似国家に直接対抗するための手立てがＥＵにあるわけではない。

こうして見ると、元来ジハード主義とは無関係に成立し発展してきたＥＵは、それが提起する問題との齟齬《そご》を内部化してきていると言えよう。その現代的な問題に対処しようとすると、ＥＵの歴史的なつくりとミスマッチを起こし、なかでみずからに強い緊張を強いてしまうのである。

5　外交危機から社会・経済・政治危機へ

むろん、ＥＵが直面する課題はこれに尽きるものではない。第1章で詳しく見たように、二〇〇九年末以来この数年、世界じゅうの注目や懸念の対象となっていたヨーロッパの危機は、域内外のジハード主義の脅威というより、むしろＥＵの本丸とでもいうべき単一通貨ユーロの危機であった。

稀薄な民主的正統性

このユーロが問題なのは、端的に言うと、ＥＵの支配の正統性が問題として深刻化するからである。もちろん、緊縮財政がデフレを助長するという経済的な問題や、ＥＵが抱える各国バラバラの財政と単一通貨とのあいだの構造的な乖離《かいり》が是正されていないといった制度的な問題でもあるわけだが、政治的には、より深く正統性の問題とも絡むゆえに根本的なのである。

この問題は、次章で突っ込んで検討するため、詳細はそちらに譲る。ここでは、ＥＵはもとより民主的正統性に問題を抱えており、機能的正統性でそれを代替・補足してきたところ、両者ともに問題含みとなったという言い方で押さえておきたい。つまり一方で、ＥＵの権限が増強されてきたのに応じて、「みんなで決めたから」正しいとする民主的正統性を問わねばならなくなったが、これはかねてからEUではうまく調達できていない。他方で、ユーロその他の危機をつうじてEUがうまく作動していないことが如実に明らかになり、「うまく作動しているから」問わないというたぐいの機能的正統性もままならなくなったということである。

よく知られていることだが、EUは、欧州議会などの民主的機関を一応持ってはいる。しかし、低投票率など多くの問題を抱え、その民主的正統性は脆弱なままである。そうした状況では、なかなか必要とされる（銀行同盟や財政統合などの）高度な統合に踏み切れない。そのような権限がなぜEUに集中しなければならないのかという問いに対し、「みんなで決めたから」という支えがないからである。

機能的正統性への疑義

じっさいには、正統性の調達メカニズムはそうした民主的なものに限ったものではなく、古くからヴェーバーも伝統やカリスマなどに触れていた。それに加えて、「うまく作動しているから」（問わない）という消極的な機能的正統性も考えうるし、EUという存在は、おおむねその手の正統性によって、深刻には問われないできたのであった。しかしながら、ユーロ危機はまさにその機能不全によって、EUが拠って立つ正統性に重大な疑義を突きつけてしまったのである。もはや統合すれば作動し、うまくいくという神話は成立しない。

同様のことは、シェンゲン体制についてもいえよう。難民危機やテロ事件を受けて、その機能不全は火を見るよりも明らかである。本当は課題ごとに加盟国の主権に切り込むような、さらなる集権化が必要なのであるが、そこでも「みんなで決めた」という民主的正統性の欠如が邪魔をし、結果的に機能強化が進まず、ゆえに機能的正統性もまた脆弱になっていくのである。

危機はこのようにして深まりゆく。

EUの政策的な浸透

じつは、この正統性の問題の背後にある歴史的なEUの権限増強と並行して、関連するプロセスが進行してきている。それは、単純化していうと、EUはかつてに比べて身近になったゆえに無関係でいられず、問われる存在になった分、深い危機に陥りやすくなっているということである。

一九五〇年代や六〇年代に経験したEU（当時はECSCやEEC）の「危機」とは、基本的に、外交の舞台で主に政府と政府が繰り広げるドラマであり、一般市民は蚊帳《かや》の外であったのに対し、八〇年代以降の非関税障壁撤廃にともない、市場社会への介入の度合いを深めたあとのEUは、一般市民の生活に直接影響を与えるものになった。いまや通貨を共にし、域内の居住や旅行も自由になったわけで、文字どおりそれは生活の基盤をなしているのである。それにしたがいEU（の権力行使）は身近なものとなり、その危機はより深刻で重大になっていった。

たとえば、欧州防衛共同体（EDC）危機（一九五四年）などは、メディアも取り上げ、フランスをはじめ各国議会で議論された一大争点ではあったが、基本的に西欧の政府が交渉し、そこに深く市民がかかわることはなかった。もちろん、本当にEDC条約が成立していたら欧州軍ができていたわけだから、それは大きな影響を及ぼしただろうが、そうはならなかった。

同様に、フーシェ・プラン（一九六一～六三年）も、イギリス加盟交渉の二度にわたる破綻（一九六三、六七年）も、ド・ゴールによる空席危機（一九六五～六六年）も、ブラントの東方外交（一九六九年以降）も、外交エリートにとって一大事であったのは確かなことだが、ほとんど市井《しせい》の人びとにはかかわりのない話だったといってよい。

市民生活の規制主体へ

潮目が変わったのは、一九八八年ごろだった。当時のEC域内市場では統一が進み、EC予算も増え、教育や社会の分野における措置がヨーロッパ次元で試みられるようになり、域外からの対EC直接投資は大きく伸びていた。そのころ、欧州委員長のジャック・ドロールは、「一〇年後には、経済立法の、そしておそらく財政や社会立法ですらも、その八〇％までがEC起源のものになるだろう」と自信たっぷりに議会演説で述べた。

それに対して、サッチャー英首相が激怒し、二か月後にブリュージュ演説を行って、EC（委員会）の過剰規制体質に警鐘を鳴らしたのはよく知られた話である（第4章第2節参照）。注目すべきなのは、ここにきて議論になっていたのが、もはや国と国との外交ではなく、水質汚染の基準設定とか、女性登用の目標作りとか、農薬の使用制限とか、交換留学の推進といった、市民生活に直接かかわる事柄だということである。

こののち、一九九二年締結のマーストリヒト条約で、通貨統合の完成が遅くとも一九九九年までになされると規定され、国の財政に対する規制がかかってくるようになった。そうなると、税の総額や支出先にさまざまな制約が生じ、より密接に人びとの生活に影響を及ぼすようになる。これはのちに二〇一〇年代になって、ユーロ危機のさなかに財政条約のようなかたちでさらに発展し、お互いの予算を相互に監視するシステムまで成立することで、いっそう先鋭化する。

並行して、一九九〇年代以降、市場自由化の水準が上がるにしたがい、公営で行っていた水道、ガス、電気などの事業などのなかに民営化が企図され、各国のあいだで相互乗り入れが可能になるセクターも出てくる。ここで問題になるのは、雇用という生活に直結するテーマである。これこそが、二〇〇五年にフランス国民（とりわけ公営企業に勤める政治的穏健左派、女性など）が欧州憲法条約を敬遠した理由のひとつであり、批准拒否によって大きな危機が生じたのである。これもまた、EUがみずからの生活に響く存在として認識されたことを示す事件であった。

この「身近さ」は、人の自由移動を定めたシェンゲン協定において、より直截《ちょくせつ》的に実感できるものだったかもしれない。一方で、その協定のもと、一年あたり延べ二億人以上のEU市民が自国国境を越えて一泊以上の旅をしている時代にあって、その自由はすでに身体的なものとさえいえる。他方、その自由をテロリストさえもが享受するとき、テロによる打撃は実感のレベルを超え、痛感するものとなる。ここにいたり、危機はとうにエリートの専有物ではなくなっている。

こうして、身近になったＥＵ（の諸施策）に対しては、いきおい期待と反感が生まれる。仮に、身近なＥＵの施策が自己利益を増進するとき、そのような状況が続くことを「期待」するであろう。危機にもかかわらず、単一通貨ユーロはユーロ圏の大多数の市民に支持されている（***Debating Europe*** の二〇一六年一月一一日付記事 **'What does the future hold for the euro ?'** によれば、二〇〇八年から一二年までの間に一二％支持が減ったが、また盛り返して六九％の市民にユーロは支持されている）。その理由は容易に推察できる。為替の手間は省け、どの国に行っても一目で物価がわかるからである。

しかし逆に、自己利益を損なうものであったとき、損害を被る（と考える）人びとが「反感」を覚えることはままあろう。イギリスの漁民がＥＵによる総量規制を嫌うのは一つの例であり、ギリシャをはじめ南欧諸国が緊縮財政を強いられるとき、それへの反撥はもう一つの例となる。

あるいは、期待が裏切られて、反感に行きつくこともある。じっさいに、ＥＵが積極的に主導・関与することで、問題が解決しないまでも緩和するだろうという事例は多い。先にあげた例に従えば、EU全体で銀行を監督し、財政の一部を共有することで、ユーロはより円滑に機能するかもしれず、あるいは域外国境管理や内務情報共有により、自由なだけでなく安全な人の移動が実現するかもしれないという「期待」は当然存在する。けれども反面、そういう「期待」が、EUの能力不足によって実現しないとなれば、それは裏切られ、EUに対する「反感」に容易に転化しうる。

この最後の構図は、かつてC・ヒルが「期待＝能力間乖離」と呼んだものを想起させる（Hill 1993）。EUは獲得した身近さゆえに「期待」もされ、その「期待」水準にそぐわない能力に苦しむことになる。問題が生じ危機に陥ったとき、EUの「期待＝能力間乖離」は危機を深めてしまうのである。

以上のように、同じEUの「危機」でも、その歴史のなかで変質していることに留意が必要である。

6　折り重なり、連動し、多層的再編を迫る危機へ

さらに、近年におけるヨーロッパの危機は、いっそう複合性を帯びてきている。それは、三重のものとしてとらえられよう。

複数性

何よりそれは、ギリシャ・ユーロ危機、ウクライナ危機、シリア難民危機、パリとブリュッセルの同時テロ事件、そしてイギリス国民投票など、複数の危機がなにひとつ解決を見ないまま折り重なる「複数危機」である。これは単純に、複数の危機が重なるということだが、かつてのEUを襲った危機と比べると、ひとつの顕著な特性となっている。たとえば、欧州防衛共同体（EDC）条約批准の挫折は深い危機ではあったが、単発のものであった。それは、ブラントの東方外交についても言えよう。

もちろん、ド・ゴール将軍の引き起こした危機は、フーシェ・プランから空席危機、NATO軍事機構脱退、ドル危機など一連のものとして、ヨーロッパ統合と大西洋同盟を揺るがした。また、マーストリヒト条約の批准過程に重なった経済不況、通貨危機、GATT（関税と貿易に関する一般協定）ウルグアイラウンドの停滞、そしてデンマーク国民投票による批准拒否などもまた、危機が重なった例と言えるかもしれない。

連動性

ただし、複数性が新奇でないとしても、危機が危機を呼ぶ「連動危機」の側面は、現在進行形の危機を性格づける最大の要素としてあげられるだろう。シェンゲンの機能不全は、テロの蓋然《がいぜん》性を高めてしまった。ユーロ危機で最も脆弱な国家となったギリシャがシリア難民の入り口であることは、その流入を抑える手助けにはならなかった。またそのシリア難民危機は、ウクライナ危機から派生した対ロ関係の悪化とその打開を目指すプーチンのシリア軍事介入によって、いっそう悪化した面がある。難民危機を緩和できないまま、ケルンで連続婦女暴行事件が起きたのち、極右の排外勢力は著しく伸長した。今後、パリ、ブリュッセル、そしてニースに引きつづき、さらに大規模テロが起きれば、新たな国内政治危機につながりうる。

いまはEU＝トルコ間合意が難民流入を抑えているものの、それが決壊し、失敗国家寸前のギリシャをシェンゲンから追放するようなことになれば、ふたたび同国の政情不安と、ひいてはギリシャ発ユーロ危機につながるかもしれない。それではと、ユーロ圏やシェンゲンを強化しようとすると、先述の民主的正統性の問題に突きあたって、なかなかうまく進まない。そうこうしているうちに、EUが拠って立つ機能的正統性までもが危機にさらされる。

逆になんとかそれらの機能強化（すなわち統合）にたどりついたとしても、それに加わらないEU加盟国との溝が深まり、なかんずくイギリスを疎外することになる。まさに同国がEUの加盟・脱退を問う国民投票を実施するという局面で、その機能強化は、銀行監督であれ、域外国境管理であれ、実際に起きていた。ここには、EUがユーロ・シェンゲン参加国と非参加国のあいだで裂けゆくなか、後者の筆頭であるイギリスとEUとが一体であると主張しなければならなかった悲劇が準備されていたといえよう。

多層性

他方、緊縮財政を強いたユーロ圏では、徴税を強化しなければならない中央政府への集権化が進み、その課税対象となる豊かな地方・地域とのあいだで紛争が起きやすい。たとえば、スペイン随一の豊かなカタルーニャの独立運動が盛んになり、イタリアで同様に豊かな北部ミラノ等を拠点とする北部同盟が息を吹き返したのは偶然ではない。彼らは、中央政府に奪われ、より貧しい地方に足を引っぱられているという感覚をあらたにしており、それゆえに自立・独立志向を強めているのである。こうしてユーロの緊縮財政は、中央と地方・地域を、ひいては国民国家の枠を裂いてゆき、ＥＵ、加盟国（政府）、地域・地方といった多層にまたがる政治的再編を促している。

なお、ユーロ圏には入っていないにもかかわらず超緊縮財政をつづけたイギリスでも、全国平均よりは豊かで社民的なスコットランドの独立運動が盛り上がった。これは、緊縮で収奪されるなかで、自分たちが志向する福祉社会が壊されると考えた末のことでもあり、類似のメカニズムが作動していたと思われる。

こうして、先述の「連動危機」は、国と地域・地方の利益を分岐させ、結果的に多次元にまたがる「多層危機」の様相を呈する。

その射程を広げて考えれば、国際、ＥＵ、国家のあいだにも当てはまるだろう。シリアの内戦は、ＥＵが作り出したものとは言えない。しかし、難民の流入を通じて、それに影響を受けたEUは、自らの機能不全をさらけ出し、これがさらにテロや暴行事件を経て、加盟国の国内政治危機につながるとき、これらは一連の多層危機に他ならない。

「欧州複合危機」は、危機が複数性、連動性、多層性を帯び、重複し、合成されゆく状況を指す。それこそが、現在進行形の危機をあたらしく、また深刻なものにしているのである。

第6章　問題としてのEU

この章では、前章で見た危機の変容をふまえ、EU自体がどのような意味で問題となってきているのか、考察したい。まず、EUが問題の解決策としてみなされていた時代から、問題の一部になった時代への変化を見てとり、そのうえで、個々の危機ではなく危機横断的に、つまりテーマ別に、アイデンティティと連帯、デモクラシーと機能的統合、自由と寛容、国民国家の断片化と再強化の四点にわたって、中心的な問題を洗いなおすこととしよう。

1　《解決としてのEU》から《問題としてのEU》へ

大まかな見取り図としては、かつて問題解決の枠組みとして期待されたEUが、問題の一部になってしまったというのが、この間の大きな変化である。それを、《解決としてのEU》から《問題としてのＥＵ》へという流れでここではおさえておきたい。

問題解決枠組みとしてのヨーロッパ統合

歴史的には、ドイツ問題の緩和や東西冷戦下の西欧諸国の復権に、ＥＵの枠が役立てられてきたことは、前章でも触れた。たとえば、一九五〇年に提唱された欧州石炭鉄鋼共同体（ＥＣＳＣ）は、石炭と鉄鋼という二つの産業セクターにおける統合を推進することで、戦後復興から勢力均衡、東西冷戦から米議会対策までの複数の課題を一挙に片づける魔法のような解でもあった。

批准に失敗したとはいえ、一九五二年締結の欧州防衛共同体（ＥＤＣ）条約もまた、ドイツ軍の復活をヨーロッパ軍の創出のなかで吸収することで、ドイツ問題に対する解決策を提示していた。時代は飛ぶが、西独首相のブラントが推し進めた東方政策に対してもまた、ドイツの独自外交をヨーロッパ統合の深化によって包み込む試みが生まれ、一九七〇年代の統合アジェンダを押しだした六九年のハーグＥＣ首脳会議につながっていった。

新冷戦下で政治的無力感に打ちひしがれ、第二次石油危機から経済的に立ちなおれず、戦後みずからが依拠した社会モデルへの疑義のなかで迷走していた一九八〇年代前半のヨーロッパ諸国にとって、統合の深化は希望に満ちた解に見えた。そこから、八〇年代後半には、非関税障壁を撤廃することで単一市場の完成に向かい、あわせて各国の拒否権を突破して多数決を導入することで、経済的のみならず政治的にも統合を深めていった。

一九八九年のベルリンの壁の撤廃後、ドイツ問題が再燃したときもまた、マーストリヒト条約が当面の「解」とされた。それにより、現在のEUが設立され、単一通貨・欧州市民権への道を歩むことで、ドイツをヨーロッパの枠に包摂することになった。

こうして、ヨーロッパ統合は、課題が生起するたびに選ばれてきた解決法だったのである。

ユーロも問題解決策だった

いまではEUが抱える問題の象徴でもある単一通貨ユーロもまた、資本移動の自由化がなされるなか、当時のヨーロッパ諸国が選びとった解決策であった。前記の単一市場の完成には、国境を越えた財やサービスの自由化が含まれ、資本もまた、一九八〇年代後半、徐々に制限を解除し、自由に移動できるようになっていった。

ここで経済的には、開放経済のトリレンマという問題群が発生する。それは、①自由な資本移動、②固定相場制、③主権的（自由な）金融政策の三つは同時に並び立たないというものである。中国のように②③を取れば①は（実態はともかく公的には）諦め、日米のように①と③を取れば②はかなわずに変動相場制となる。新たに①を導入した当時のEC諸国は、（管理された）変動相場制をとっていたが、各国の主権的金融政策の③を維持するか、それとも②の固定相場制、つまり通貨統合に行くかの選択を迫られていたのである。

結局通貨統合を選ぶわけだが、それを後押しした背景には、域内においては、貿易の自由化が進むEC市場にあって、各国通貨のあいだの為替変動が、円滑な貿易――ひいては単一市場の発展――を阻害しているという問題があった。また域外に目を向けると、ドルの乱高下がヨーロッパ内の貿易に悪影響を及ぼすだけでなく、対ドル、対世界市場での交渉力は、単一通貨でまとまれば、各国バラバラで対処するより向上すると見込まれた。こうして、ここでも通貨統合が結果はともかく意図において解決の枠組みとして意識されていたのである。

統合という解の持続性

この手の発想は、「複合危機」の最中でもなくなっていない。

ユーロに引きつけていえば、多くの経済学者は、単一通貨を維持するのであれば、銀行同盟はもちろん、財政統合にいたることこそが「解」だと主張するであろう。じっさい、単一通貨のもとで競争力のある富裕地域・階層への集積効果が見込まれるなか、取り残される地域や階層には、なんらかの財の移転が必要なのは確かで、それがまるでないシステムは持続可能ではないに違いない。

日本という円の単一通貨システムでも、第一次産業の多い北海道は、放っておけば東京や名古屋近辺とのあいだで格差が開いてしまう。であるからこそ、年二兆円ほどの資金が中央政府経由で北海道には投下されているのであり、それがないならば、北海道も単一通貨を離れ、独自の「道円」でも発行し、通貨切り下げをしたほうが割にあうのかもしれない。

いずれにしても、ここで確認しておくべきは、共通の財政を確立するというさらなる統合が、現在EUが抱えている問題への「解」として、いまだに意識されているという事実である。

シェンゲン体制についても、同様のことがいえよう。域外からの難民を制御できないという問題に対して、まず提起されるのが、域外国境管理の強化、つまり統合である。あるいはまた、特定の加盟国に難民が集中してしまったなら、それをEU全体で再配置するというのも、従来乗り出さなかった分野で新たに統合を図ることになる。さらに、難民に紛れてテロリストが域内を自由移動するという問題に対しては、域内内務警察協力の強化が政治日程に上がる。具体的には、テロリストや犯罪情報の共有であり、対策のすり合わせである。これもまた、統合によって、問題を解決するという思考法である。

問題の一部となったEU

ところが、近年のEUはそれ自体が問題化し、解決枠として機能していない。その説明をする前に、問題化したEUとはどういうことであるのか、確認しておこう。

すでに触れたユーロについていえば、統合が解決でもあり問題でもあるという両面を理解する必要がある。

一方で、それは深刻な問題となっている。財政統合はドイツとオランダ、フィンランドなど同類の数か国が首を縦に振らず、政治日程にすら上らない。銀行同盟もまた、国境を越えた資金投下をともなう預金保険のヨーロッパ化にまではいたらず、機能不全が見込まれる。通貨統合が未完であることは、たび重なるギリシャの多重危機に見てとれよう。モラルハザードが他国に波及するのを恐れるドイツ主導の連合は、必要な債務削減を認めず、ギリシャの窮状を上向かせるのに必要な財政投下に後ろ向きでありつづけている。

その結果、ギリシャは、緊縮財政のもとで、年金から教育・医療費まで、国民生活に直結する支出の削減を余儀なくされ、ピーク時からGDPの四分の一を失い、若者の失業は五〇%に上って、多くが希望をもてずにいる。縮減する経済にとって、債務はさらに重くのしかかり、不満は間欠泉のように爆発し、政治不信、EU不信、エリート不信となって、断続的に債務返却の合意をむしばんでいる。

では他方で、単一通貨ユーロを解体し、各国通貨に戻れば、問題は解決するかというと、そう話は簡単でもない。というのも、そもそも、ユーロには、二つの狙いが込められていた。それはまず、対米（ドル）など、域外パワーに対する対抗である。相対的に豊かなヨーロッパの国々がブロックで通貨を共有することにより、通貨交渉など世界政治経済上のプレゼンスを強化するプロジェクトでもあった。これは、中小の国々がバラバラにもつ国別の通貨に戻れば、水の泡となってしまう。

もう一つは、グローバル市場に対する制御可能性を共同で引き上げることである。通貨統合を目標として掲げたマーストリヒト条約が締結されたころ、グローバル資本市場を飛び交う資金の量は、一日あたり一兆～一・五兆ドルであった。それはいまや五兆ドルに増えている。世界第三位のGDPを持つ日本の年間の国家予算が一〇〇兆円弱であるなか、日々五〇〇兆円を超えるお金が動いている時代だということである。そうした資本市場が、一方向的に一気に動けば、どんな国でも影響は免れない。

一九九七年のアジア通貨危機では、タイのバーツやインドネシアのルピアが狙い撃ちされ、大混乱に陥った。イタリアのリラやフランスのフランが単独で世界市場に抗してゆくのは、すでに一九九二～九三年の欧州通貨危機で困難だと判明している。もちろん、各国の通貨を統合すれば自動的に守られるわけでないことは二〇一〇年代のユーロ危機が実証済みであるが、ユーロは、各国通貨に比して、強大化する市場を前にますます難しくなっている制御を相対的に可能にする枠組みであり、そのガバナンスを強化しながら、各国経済の切り売りに対して一定の防波堤になる期待をいまだ担ってもいるのである。

シェンゲンの問題性

それに比べると、シェンゲン体制の問題性はより明らかである。なぜなら、統合したその体制の不備が、テロなどを通じて、EUの市民を傷つける局面をもたらしているからである。

それは、一九八五年の合意を発端として、九〇年に五か国（独、仏、ベネルクス）のあいだの実施協定として成立し、一九九七年締結のアムステルダム条約によって、EUの制度として組み込まれた。それ以来、域内の人の自由移動を推し進め、ヨーロッパ市民権を目に見える形で具現化してきた。

しかしながら、その施策は域内の自由移動に向けられ、域外の国境管理はおざなりとなった。第2章で触れたことだが、域外国境管理をつかさどる高官が発足以来「失われた一〇年を過ごした」と述べるほどであった。さらに、域内においても、国家主権の敏感な問題に触れることを避けるあまり、内務警察協力はあまり進展しなかった。機密になればなるほど、情報当局は共有したがらない。

第3章の主題であったパリやブリュッセルでのテロ事件は、まさにその文脈で起きたものである。もちろん、シェンゲン自体がテロを引き起こすわけではない。その惨劇はテロ実行犯その人がもたらすものである。けれども、そのテロリストが、シェンゲンの提供する域内自由移動をフルに使って闊歩するとき、その問題性は明らかになる。

マドリッド、パリ、ブリュッセル——テロリストの自由移動

さかのぼれば、二〇〇四年のマドリッド列車同時爆破テロ事件で、すでにその兆候が見られた。事件への関与により、一五年の刑を宣告されたハッサン・エル・ハスキは、モロッコ出身で、世紀転換期、一時モレンベークにいたとされ、パリやベルギーのマーサイクなどを移動し

ていた。また、兄弟であるラウシン・エル・ハスキは、ハッサンとともに「モロッコイスラム戦士グループ（GICM）」に所属していたとされ、そのために資金を集めたとして七年の刑を言い渡されている。彼もまた、偽造パスポートで、おそらくトルコからベルギーに入り、マーサイクに居を構えていた。もしそうだとすると、テロにかかわったものが、域外から不法に入国し、また域内を自由に移動するのを許していたことになる。

マドリッドのテロ事件に関しては、主犯格数人が自爆死したこともあり、不明な点が残っているが、二〇一五～一六年に起きたパリやブリュッセルでのテロ事件では、より明瞭に、シェンゲンのもとの自由移動の権利がテロリストに自在に利用されていたのがわかっている。

まず、二〇一五年一月七日に起きた『シャルリ・エブド』紙本社襲撃テロ事件の翌日、アメディ・クリバリは警官を殺害し、射殺されたのだが、その内縁の妻で事件に関与したアヤット・ブーメディエンヌは、年頭にマドリッド経由でトルコに向かい、その後八日にシリアに入ったとみられている。

一一月一三日のパリ同時多発テロの際、二名の実行犯が、中東シリアからの難民に紛れてパリに入り、郊外のスタッド・ド・フランス攻撃に加わったことは、すでに見たとおりである。

これらの経緯が示すのは、テロ実行犯が、かなり長いあいだにわたって域内外をほぼ自由に動き回り、警察・公安当局がその動きを追跡しきれなかったということに他ならない。こうして機能不全に陥ったシェンゲン体制は、反シェンゲンを標榜《ひょうぼう》する勢力からはテロリストの自由移動と同等視されてしまうのであるが、問題はイメージにとどまらない。じっさいにテロリストの域内外の自由移動を保障し、取り締まらないことで、テロという惨事にシェンゲンが寄与しているわけで、ここにおいてEUは決定的に逆機能している。

EUは問題の一部なのである。

2　アイデンティティと連帯

なぜ、そうなってしまったのか。以下では、いくつかのテーマに沿って考察してみたい。

アイデンティティ

一つの重要な要因は、EUの権限が増えていくのに対し、それを支えるヨーロッパ・アイデンティティが脆弱であるという点に求められよう。ここで言うアイデンティティとは、何に引きつけて自己認識するのかという問題にかかわり、EUの文脈では、加盟国に属するものとしてみずからを感じるナショナル・アイデンティティが優先するか、あるいはヨーロッパに帰属するものとしてヨーロッパ・アイデンティティを感ずるか、が分かれ道となる。

たとえば、シェンゲン体制を考えてみよう。それは、一言で言えば、異なる国のあいだで人の自由移動を可能にするものである。テロリストまでが域内の国境をまたぐのは困るので、その圏内における内務警察協力は必須《ひっす》だが、他方で、シェンゲン全体が一つの地域であるとするアイデンティティは弱く、したがって、他国の当局への猜疑心が強いままで、情報共有ひとつとってみても、円滑に進まない。ここでは、同じ民でないという意識が、必要とされる機能強化や協力をはばんでいる。

あるいは、単一通貨ユーロの例を取れば、より明確になろう。それは、端的に言えば、異なる国との通貨共有である。その当該国が自分の一部のように感ずる存在であれば、その程度に応じて、それはもはや「他」国ではなく、「自」地域の一部という位置づけになる。そうした共同体意識が優勢であるなら、何らかの理由で困難にある地域へ支援の手を差しのべる行為、つまり連帯は容易になるだろう。

先述の日本と北海道の例にしたがえば、日本の単一通貨「円」のもとで、北海道へ年間二兆円ものお金が投下されるのは、北海道が日本の一部であるという多くの日本人が共有する自画像、すなわちナショナル・アイデンティティがなせる業《わざ》に他ならない。もし同様に、ドイツやオランダが、ギリシャのことを自らが所属するヨーロッパの一部であり、みずからの身体の一部のような存在であると位置づけていれば、ユーロ圏におけるギリシャへの財政支援や債務帳消しは、ずっと容易だったに違いない。

ヨーロッパ・アイデンティティは存在するか

では、ヨーロッパ・アイデンティティはまったくないかというと、それも事実と異なる。それは、国ごとに相当開きがあるが、一般に稀薄《きはく》で、各国アイデンティティとは強度において劣るものの、それと重複するかたちで存在する。

図表6－1を見ればわかるように、自らをもっぱら「ヨーロッパ人」というアイデンティティで語るものは、全体の五%未満であり、ごく少数派である。また、自分をまず「ヨーロッパ人」として位置づけ、そのうえで出身国アイデンティティを感ずる人（「ヨーロッパ＋自国」の組み合わせ）もまた、せいぜい七%程度にとどまっている。しかしながら、多くの国で、また全体としてほぼ半数が、それぞれの国のアイデンティティとともにヨーロッパ・アイデンティティをもっている。この「自国＋ヨーロッパ」という組み合わせは、「自国のみ」のアイデンティティを持つものをおおむね比率で上回る。

また、二〇一五年の段階で、「自国のみ」のアイデンティティが最も強い加盟国は、イギリス（六四%）となっている。逆に、それが弱いのはルクセンブルク（一七%）やドイツ（二五%）などである。

そう確認したうえで言えば、この手の統計で、どこまでナショナル・アイデンティティの強度に迫れるのか、心もとない。それは、決して枯れない井戸のようなものである。むしろ、何かのきっかけでそこから湧《わ》き出るエネルギーは、途方もないものになりうる。

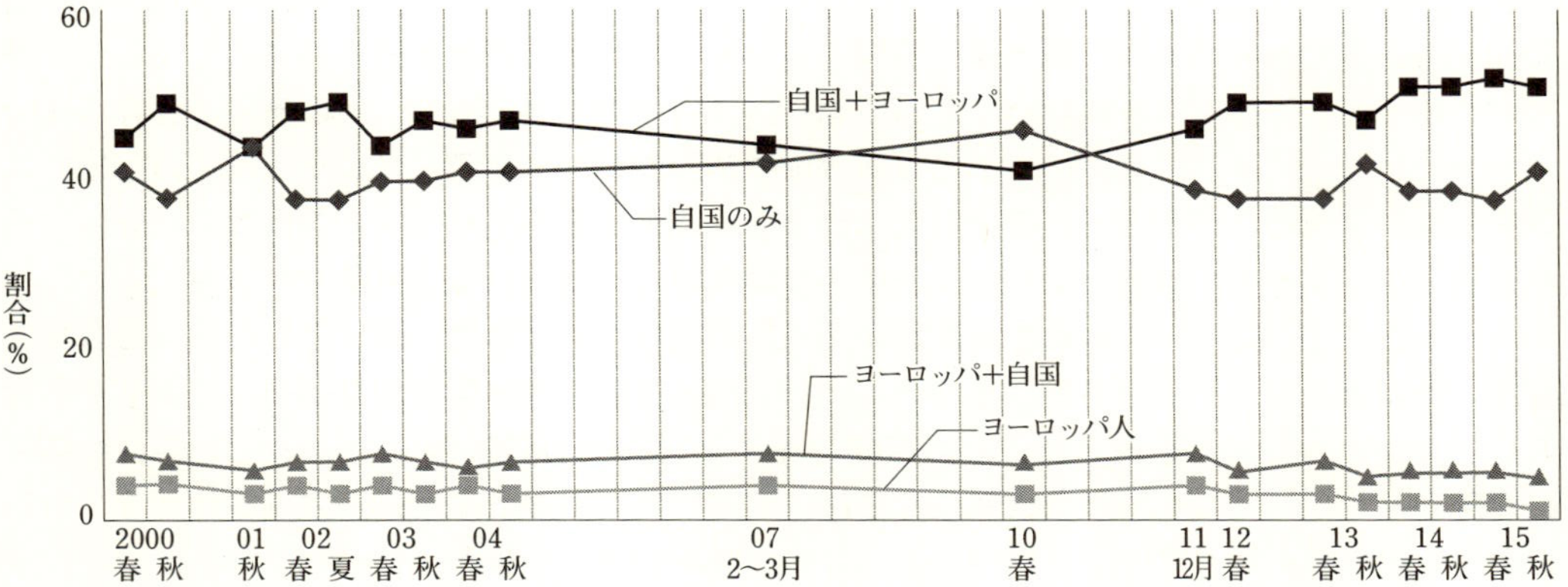

図表6－1　アイデンティティを感じる対象

出所：Standard Eurobarometer 53, 54, 56-62, 73, 77, 79-84, Special Eurobarometer 379.

備考：2004年春まで15加盟国，2004年秋は25加盟国，2010年春から13年春まで27加盟国，2013年秋以降28加盟国．なお2000年以降の Eurobarometer 55, 63-72, 74-76, 78では，EU 市民のアイデンティティを問う調査項目として異なる質問が設定されていたため，グラフには反映していない．

ナショナリズムの強靭性

自由主義とナショナリズムの観点から多民族国家を比較・研究した歴史家のハンス・コーンがナショナリズムの特徴としてあげた「過去における共通の栄光、現在における共通の利益、未来に対する共通の使命」の共有は、いまなおというより、ますます有効である。グローバル化のもとで、自らの生が他の誰かの生と交換可能な、ありきたりのものではないかという不安にさいなまれる現代人は、その意味づけに苦悩した挙句、原初的なアイデンティティの投射先を探しにゆく。ネーション（国家、国民）は、その格好の対象なのである。いまこの瞬間の自分の生が不安や不幸に取り囲まれたものであっても、自分が所属するネーションの栄光、利益、使命に連なるものであると想像できれば、意味づけは満たされる。

そして、そうした意味づけを下支えする構造をもちあわせているのが、ネーションの強みといえよう。これだけモノ・ヒト・カネ・情報その他が国境を越えて共有されるグローバル化時代にあって、ネーションで閉じている現象が存在するのである。

一つは教育であろう。言語・歴史観を次世代に継いでいくことにより、過去と未来をつなぐネーションの一体性が培われる。韓国やアメリカの言語や歴史観は日本では共有されず、その逆もまたしかりである。

もう一つは、広い意味でのメディアである。日々のニュースから小説のベストセラーまで、おおむねそれはネーションで閉じており、国境を越えては共有されない。ときに、革命やテロ、あるいは大地震などのニュースが世界を駆け巡ることもあろう。しかし、そのような世界的ニュースですら、土地的な文脈から解き放たれているわけではなく、その共有は特定ネーションのなかで強烈に繰り返される。インターネットで情報が越境し拡散しても、それはたいてい、特定言語によって特定国のなかでより濃密にやり取りされる。こうして、ナショナルな共同体は、日々みずからを再生産してゆくのである。

デモクラシーと国民国家

さらに、デモクラシーの特徴的な装置である選挙もまた、ネーションのなかで閉じている。自分たちの国のことは自分たちで決めるという自決の論理は、国境をまたがない。日本人は韓国やアメリカの大統領を選べず、逆に彼らは日本の指導者を選べない。自国の指導者を数年おきに選ぶたび、その領域的・政治的広がりの限界を刷り込まれることになる。

このようにみずからを再生産し、過去と未来をつなぐメカニズムを内在させているネーションは、危機の際、先鋭に喚び起こされる。ここにおいて、前記の「自国のみ」というアイデンティティを持つものに加え、「自国が最初で、次にヨーロッパ」というアイデンティティを持つものにとっても、最初に意識するのが「自国」であるということが、意味をもつようになる。「自国」以外のものがなんらかの属性を共有すると思われていたとしても、「他者」ないし「他国」として差異化され、とりわけ危機時には差別化されがちである。

危機時に噴出するステレオタイプ

図表6－2に掲げるナショナルなステレオタイプ（先入観）は、その文脈で理解されねばならない。ふだんは、冗談のレベルで済まされている偏見は、危機の際に政治的な意味をなしてしまう。ユーロ危機はまさにそうした局面であった。

ピュー研究所の調査によれば、ドイツは多くの国によって勤勉で信用できると認識されるのに対し、ギリシャを勤勉で信用できるとしたのはギリシャ人自身以外おらず、そこでドイツはまるで信用されていない。

言うまでもなく、これは実態とは無関係で、じっさいにはギリシャ人の労働時間はドイツと同等か同等以上に長いのであるが、いったん危機が起きるとそのようなことにはお構いなしに、「ギリシャ人が昼寝をしているあいだに、ドイツ人が汗水たらして働いて得たお金を、どうしてギリシャに渡さねばならないのだ」というたぐいの根拠なき差別（意識）が横行する。

それは、危機の最中に公共政策に反映する。ギリシャ政府が、ユーロ圏に入る段階とリーマン・ショック後の二度にわたって財政上の統計を虚偽報告していたという事実からすると理解できなくもないが、ドイツの大衆紙『ビルト』は、ユーロ危機が始まった直後の二〇一〇年に、「破産したギリシャ人よ、島を売れ、アクロポリスもだ」と「論陣」を張るにいたる。

	最も勤勉	最も怠惰	最も信頼できる	最も信頼できず
イギリス	独	ギリシャ	独	仏
イタリア	独	ルーマニア	独	伊
ギリシャ	ギリシャ	伊	ギリシャ	独
スペイン	独	ギリシャ	独	伊
チェコ	独	ギリシャ	独	ギリシャ
ドイツ	独	ギリシャ	独	ギリシャ，伊
フランス	独	伊	独	ギリシャ
ポーランド	独	ギリシャ	独	独

図表6－2　欧州各国のステレオタイプ（先入観）
出所：ピュー研究所グローバル意識調査2012，2013.

二〇〇八年から七年にわたり、ギリシャのGDPが四分の一も縮小した後の二〇一五年初頭になっても、ドイツ国民の六八%がギリシャの債務削減に反対しており、六一%は、それまでの国際公約を破るのならばギリシャはユーロ圏から出ていくべきと考えていた。ショイブレ独財務相が、ギリシャのユーロ離脱に向けて二〇一五年半ばに実際に動いたのは、こうした硬化する世論、各国間分断、連帯の欠如を背景としていたのである（*Financial Times*, 23 January 2015）。

こうして、ナショナル・アイデンティティは再生産するメカニズムを内在させ、危機や外部の刺激によりいつでも再活性化するしろものである。逆に、EUのように、七〇年にわたり統合を続けてきた地域においても、越境的なアイデンティティや連帯感は薄弱なままと言わざるをえない。

ではEUやドイツは何もしなかったのか

ただし、その薄弱性を強調したうえで、では何もないのかというと、それも事実と異なる。たしかにヨーロッパ・アイデンティティの稀薄さは多国にまたがる財政統合への大いなる足かせとなるのだが、他方でじっさいに危機のさなかにドイツが供出した金額や信用、さらにそれに付随する行動を見れば、そこそこの越境的連帯が成立していた可能性がある。この点を理解しないと、ただドイツを非難し、EUをお払い箱にして終わってしまう。

あまり知られていないことだが、ドイツはギリシャ一国に対し、最大八四〇億ユーロ（約九兆七〇〇〇億円）の持ち出しがあり、後者が破産すれば、それは返ってこないというリスクを抱えている（**Spiegel Online, 30 June 2015**）。

さらに、ユーロの決済システムであるTARGET2へのドイツのエクスポージャー（リスクにさらされている投融資や保証の総額）は、最大値に達した二〇一二年八月の時点で、ほぼ七五一五億ユーロに上った。これは、八六・五兆円もの巨額であった。このTARGET2は、実質的にはユーロ圏の「隠れた救済システム」として作動しており、欧州中央銀行（ECB）経由で決済の滞る債務国の支援をしているのに他ならない。逆に言えば、ユーロが立ち行かなくなったときには、その数字は（ECBへの出資比率に応じて）財政負担として跳ね返りうるものであり、債権国は潜在的なリスクを抱えているといってよい。

もちろん、ドイツはそのシステムを通じて、債務国とのビジネスをする自国企業をも救っているのであり、大いに自己利益の絡むことではあるが、にもかかわらず、日本の年間予算に迫る額を背負って、債務国もろともユーロ圏を支えていた事実は残るわけである（***New York***

Times, 26 June 2012)。

ドイツのデモクラシーとEU

さらにいえば、メルケル政権が進めた巨額の資金・信用の供与は、いかにドイツ本国の利益にも資するものとはいえ、二〇一三年秋の同国の総選挙でさしたる争点とならなかった。そればかりか、当時の野党社会民主党（SPD）は、欧州版マーシャル・プランを唱え、より大規模にユーロ圏諸国を援助するよう訴えた。自国民が苦労して手にしたものを自国政府が他国に供与するとき、それは純粋な選挙戦術からすると、野党として攻撃材料にしてもおかしくないのに、逆にもっとやれと運動したわけである。

加えて、EU年間予算はいまや一七兆円近くに上り、そのうちおよそ四分の三は農業や地方などに使われ、再分配の要素を併せもつ。このうちの五分の一超を負担しているのも、ドイツである。

もちろん、先にも述べてきた難民危機などが今後どのように作用するかは注視しなければならないのは確かであるが、他方で、ここにEUやユーロ圏の不安定性や、ヨーロッパ大の連帯・アイデンティティの欠如のみを見てとるのに無理があることがわかるだろう。そうした越境的な連帯を、民主的な選挙を通じて、積極的に是認しないまでも、争点化せずに支える程度の成熟が危機のさなかに存在していたのであって、これは、たび重なる危機のなかで、EUやユーロ圏が簡単には瓦解しないボトムラインをなしている。

シェンゲンの既得権益

同様に、シェンゲン体制もまた、問題のみを見てとると、それに対する根強い支持と、背景にある共通利益感覚を見落とすことになる。

ドイツのベルテルスマン財団の見積もりによると、もし仮にシェンゲン体制が崩壊した場合、EUは二〇一六～二五年までの一〇年間に、最大一・四兆ユーロ（一六〇兆円超）を失いうるという（*Reuter*, 22 February 2016）。これは、最悪の想定に基づいており、本当にそうなるかどうか別としても、どのくらいの既得権益がそこにかかっているのかは想像できよう。

国境を自由に越えられるということに関しては、金額で表せない満足感もあろう。ブリューゲルという在ベルギーの経済シンクタンクによると、二〇一三年の段階で、EU二八か国の市民が一泊以上の旅を他の加盟国にした延べ数は二億一八〇〇万回に上り、そのうちの一一%（約二五〇〇万件）が業務上の出張とのことである。これに加え、一七〇万のシェンゲン住民が日々他の加盟国に通勤している事実もあり、他にも、トラックや貨物列車・航空機での輸送などがすべて国境でストップすれば、大変な混乱が起きるのは確実である。

こうした事実の重みと、それにともなう共通利益感覚もまた、問題の根深さとともに、理解しておく必要がある。

3　デモクラシーと機能的統合

機能的統合を支える民主的正統性の不足

問題はアイデンティティにとどまらない。それに深く関連するデモクラシーの稀薄さが「問題としてのEU」にかかわってくる。

ユーロにしても、シェンゲンにしても、あるいはテロ対策にしても、機能的にEUを強化しないとうまく課題に対処できないのだが、それを支えるほどの民主的正統性がEUに備わっていないため、機能強化（つまり統合や集権）が進まない。つまり、ここで論じたいデモクラシーと「問題としてのEU」との関係は、〈集権は必要なのに民主的正統性が追いつかない〉というジレンマとして括ることができよう。

正統性とは

ここで議論している「正統性」とは、政治権力を基礎づける重要なメカニズムである。マックス・ヴェーバーの言を借りれば、「どんな権力も自らを妥当なものだと弁証する必要性」がある。その正しさ（感覚）が稀薄なとき、政治権力による支配は脆弱になり、命令がうまく通用しなくなる。したがって、「正統性の弁証は、理論的・哲学的な思索の対象をはるかに越えて、むしろ実際の支配構造において非常にリアルな相違をもたらす基盤を構成する」わけである（Weber 1978, chaps. III, IX-X.）。

支配が安定するとき、この正統性のメカニズムが作用し、権力が権威に転化している。言い換えれば、力でいつも押さえつけなくても、その命令がただ単に命令であるという理由で受容される状況になる。そのメカニズムの内実は、悪名高いほど把握しにくいものだが、たとえば、ある人格がカリスマ性を帯び、その人格から発するすべてを「正しい」と思えるような状況が到来すれば、支配は安定するに違いない。あるいは、伝統に基づくということで命令（を発する者の）の「正しさ」が演出できれば、それもまた、支配の安定に資するだろう。

じっさいには、連戦連勝が止まり、失政や失言がつづいたとき、カリスマはあっという間に転落しうる。伝統もまた、変わりゆく現状や枝分かれした解釈から挑戦を受け、通用力を失っていくかもしれない。

民主的正統性

現代の先進国において、正統性は、かなりの程度、デモクラシーによってもたらされる。少なくとも、そのように観念される傾向にあるとまでは言えるだろう。

もちろん、他の調達方法がないわけではない。非民主国は、その点、苦労して「正しさ」を演出する。東アジアには、そうした例の枚挙にいとまがない。共産党による一党独裁のもとにある中国は、歴史的な反ファシズム闘争をもとに、自らの正統性を主張する。じっさいには、日本の軍国主義にもっとも効果的に戦っていたのは、共産党というよりもむしろ国民党だったのだが、演出される「正しさ」は事実と同一であるとは限らない。教育やプロパガンダをつうじて再生産されるその歴史的正統性も、世代を経るにしたがい次第に稀薄になると、経済成長をつうじた利得の配当で補強されていく。それは、低成長時に逆機能しうるあやういものとなる。

民主的な体制においては、「正しさ」は「みんなで決めた」ことに由来する。その決定内容自体が合理的で妥当なものであるかどうかは、二義的な重要性しかもたない。選挙によって信任された政府はもちろん何をやってもよいというわけではないが、有権者にとって、政権や政策が気に入らなくても、次の選挙でまた「みんなで決める」ことができ、政権交代や政策転換のチャンスがある限り、根底的な「正しさ」感覚は残る。裏返せば、当面政策の成果が出ていなくとも、体制の「正しさ」は別のところで確保されているから、独裁制に比べれば、その成果は根本的な疑義にさらされにくいといえよう。

一国を超える民主的正統性は可能か

問題は、その民主的正統性を確保するメカニズムが一国のなかでしか作動しないことだ。政治哲学者ユルゲン・ハーバーマスは以下のように述べた。

「国民国家が問題なのは、それが超克不能な主権を有していると自惚《うぬぼ》れているからというよりも、むしろさまざまな民主的プロセスがその国境のなかでしか機能しないためである。一言でいうならば、公共空間はいままでのところ国民国家のレベルで分断されたままである」(Habermas 1992)

民主的な正統化をしようにも、ともに決めていこうという空間が国境を越えないのである。

ここで、先ほど検討したアイデンティティの問題と交錯する。国民国家の場合、政策やイデオロギーで対立していても、どこかで同胞感覚が残っている。そうであるからこそ、その程度に応じて、次に「みんなで決める」局面を待ちうるのである。しかし、国境を越えるとどうだろうか。

たとえば、日中韓の三国で共同のデモクラシーが立ち上がるというような荒唐無稽《こうとうむけい》な反実仮想を試みるとしよう。頭割りで多数決をして、「民主的」に「みんなで決め」たとする政府や法案に対して、「正しさ」感覚は確保されるだろうか。中国(+韓国)が形成する異国の人たちの多数派にいつも支配され、政権交代や政策転換の芽はもともとありえず、「自分たちで決めている」感覚がないと考えること必至である。

これは、原理的には、国内でも起こりうることである。たとえば、沖縄から見たとき、本土における圧倒的な人口でもって多数決で決められたら、もともと分が悪い。米軍基地問題を介して、徐々に怪しくなってきてはいるが、同じ日本人で「みんなで決めた」政権や政策であるという感覚が残っている限りは、体制への疑義は先鋭化しにくい。逆に、あまりに不公平なことが続くと、「同じ日本人」という前提が崩れ、「日本」という民主的な公共空間自体が掘り崩される可能性がある。

EUにおける民主的正統性

EUにおける民主的正統性が弱含みなのは、アイデンティティもまちまちなまま、民主的なプロセスや公共空間がEU大で成立しにくいためである。

現在EUは二八か国で構成されるが、その多くは、フランス、イタリア、オランダなど、自国における民主的伝統に強い誇りをもつ国々でもある。そうした国（の人びと）にとって、EUでの決定（EUからの命令）に「正しさ」を感ずるかどうか。とくに、その決定が、「みんなで決めた」とみなしうるものかどうか。これがEUにおける民主的正統性の問題である。

この問題は、EUにおける多数決の導入によって、先鋭化した。多数決は、一九八六年締結の単一欧州議定書によって、市場統合にかかわる分野においてだけという限定つきで導入され、その後のマーストリヒト条約（一九九二年締結）、アムステルダム条約（九七年）、ニース条約（二〇〇一年）、リスボン条約（二〇〇七年）と、条約改正のたびに適用される政策分野が拡張した。いままでは、基本的に外交政策分野以外のすべての政策領域で、多数決が可能となっている（「多数決」と述べたが、正確には、過半で決める単純多数決と異なり、特定多数決という。それは、ながらく人口や経済などの加盟国の規模に応じて加重した票数に基づき、三分の二など一定票を集めたときに決定とするものであった。現行のリスボン条約は、新たに賛成国の人口がEU人口の六五％を超え（「人口基準」）、賛成国の国数がEU全体の国数の五五％以上あって、なおかつ一五国以上でなければならない（「構成国基準」）との二重基準による決定を導入した）。

これが、民主的正統性とどうかかわるかというと、各国の視点に立ったとき、それぞれの国の拒否権がなくなったことを意味する。これによって、民主的に選ばれた各国の政府がその声を押し通すことができなくなり、どの国の代表も投票で敗れる可能性がでてくる。けれども同時に、その決定は、投票に敗れた国（の国民）を含めて、EU全体を縛ることになる。その決定は、自分たち「みんなで決めた」ことになるかどうか。それが問われる。

たとえば、デンマークやギリシャのような小国（群）からすると、ドイツやフランスなどの大国が合意（談合）し、多勢に無勢で票決で敗れ（続け）て決定にいたり、それをひっくり返す見込みが将来において稀薄だとすると、その決定、決定方法、ひいては体制に「正しさ」を感ずるかどうか。

デモクラシーや公共空間が国境を越えないというハーバーマスの提起した問題は、こうして具体的にEUで問われてきたのである。

欧州議会での民主的正統化は可能か

これに対し、EUには民選の欧州議会があるではないか。そんな声が聞こえてくる。この唯一無比ともいえる国際・民際的な議会が——イギリスのウェストミンスター議会が同国のデモクラシーを担保しているように——EUの民主的正統化を保証すれば、たしかに問題はないのかもしれない。EUが権限や予算を増やしても、それを民衆の代表である欧州議会議員がチェックすればよく、それでも不満なら次にまた「みんなで決める」選挙時に、気に入らない議員（と首班）をすげ替えることになる。

たしかに、制度的には、一九七九年に初めて直接選挙で選ばれるようになって以来、着実に権限増強を積み重ねた結果、外交（という各国議会でも制御可能かどうか論争的な分野）を除けば、全予算のチェックを含め、ほぼ完全な議会となっている。議員の質も向上しており、議会権限の利用においても習熟してきていて、国ごとの違いを超えて党派ごとに投票する形も確固たるものとなってきている。

また、リスボン条約の発効により、欧州委員長の選出への関与が深まった。なんとなれば、現在のユンケル委員長は、院内最大勢力の欧州民衆党の支持を得、その支持を当時の欧州理事会の常任議長（大統領）ファン・ロンパイが尊重し、イギリスのキャメロン首相の反対を押し切るかたちで、欧州理事会の特定多数決で選出されたのだった。

しかし、残念ながら、EUでは、通常の政体で想像しうる理念型の議会制デモクラシーがうまく作動しない。

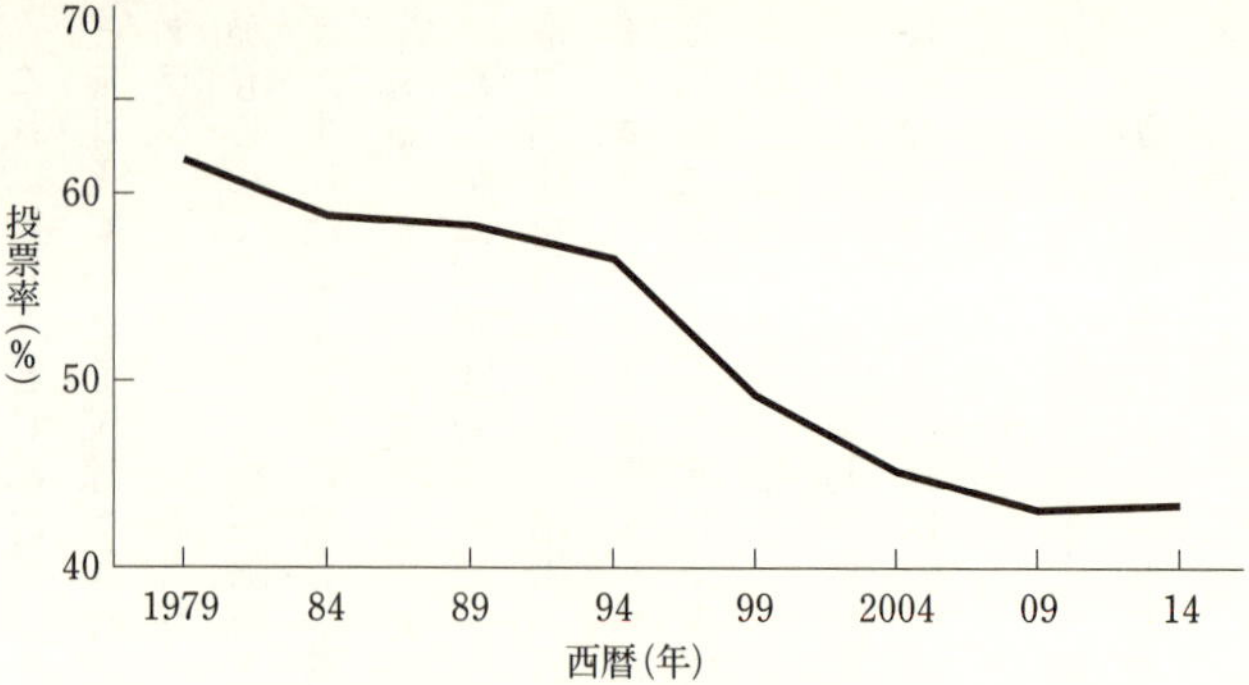

図表6－3　欧州議会選挙の投票率の推移

その最大の理由は、欧州議会と民衆の距離が遠いこと、言い換えれば民衆にとってそれが「自分たちの議会」だと認識しづらいことにある。議会権限が未成熟だったころは、権限を増強し、普通の議会のようになれば、民衆はこの議会に対して真剣になり、この問題は解決すると考えられていた。しかし、権限を増強しても、それに反比例するかのように、投票率は下がってきた。図表6－3を見ればわかるように、初回一九七九年の六一％超から約四三％まで下がってきている。もっとも主要民主国のほとんどで投票率は低下してきているが、欧州議会の場合、権限を増やしても熱が入らず、ながらく「二流の総選挙」（Reif and Schmitt 1980）と揶揄され、その状況に著しい改善は見られない。

結局それは、外部注入的に埋め込まれた人工心臓のようである。まだ移植されて時間が短く、自律的に鼓動を始めるまでには時間がかかりそうである。問題は、それまでのあいだ、EUの発する命令に対する違和感がどのような形で緩和されるのか、あるいはされない場合、どのような形や強度でそれが表出するのかにある。ナショナルな自決意識が、体制全体に向けられる可能性は残っており、それはじっさいにイギリス国民投票で発露した。

こうした観点からすると、「問題としてのEU」とは、銀行同盟の完遂であれ、財政統合に乗り出すのであれ、シェンゲンの強化を内外に図るのであれ、機能的な統合を推し進める必要がEUにはあるのだが、その統合を支える民主的な正統性が稀薄であるゆえに、それがかなわない問題として、まとめることができる。

4　自由と寛容

消える寛容、稀薄な連帯、落日の理念

「問題としてのEU」はここで終わらない。難民危機のさなか、EU諸国の多くは寛容さを失い、国境は復活してしまい、域内の連帯もむしばまれ、EUの理念は崩壊したと伝えられる。

たしかに、急増した難民を前に、ハンガリーからオーストリア、スウェーデンまで多くの国で国境管理を復活させ、デンマーク議会では難民から金品を没収するという国際規範に反する法律が成立した（国境の復活については、第2章、とくに図表2-2参照）。域内自由移動が後退する逆統合（dis-integration）の局面である。

並行して、域内対立が深まった。ハンガリーを筆頭に国ごとの対処に走る国々と、ＥＵ／シェンゲン規模で協調して問題にあたるべきとするドイツなどとの関係は悪化した。

さらに、これらは国内対立や暴力事件に転化されている。反難民・欧州懐疑主義を標榜する極右勢力が各地で伸長している。

難民に対する襲撃事件も頻発しており、二〇一五年のドイツでは、極右の政治的動機に基づく犯罪が三五％増加し、二〇〇一年の調査開始以来最高の二万三〇〇〇件に達し、難民の一時受け入れ施設への攻撃は、前年の一九九件から一〇三一件に急増し、そのうち九二三件に極右勢力が絡んでいた。二〇一六年の最初の三か月で、同様の事件がすでに三四七件も起きている（*Reuter*, 23 May 2016）。

最後にダメ押しのように、トルコからの難民流入を押しとどめるために成立を見たＥＵ＝トルコ間合意（二〇一六年三月一八日）の非人道性が指摘される。その主内容は、トルコはギリシャに入った難民をすべて引きとる代わりに、ＥＵ諸国がシリア難民については、一定数（二〇一六年の場合、七万二〇〇〇人）をトルコから引き受けなおし、二七〇万に上る在トルコ難民の厚生のために六〇億ユーロを支払うというもので、加えて、トルコのＥＵ加盟交渉を加速し、（エルドアン大統領が最も望んだ）トルコ国民のＥＵビザなし渡航実現に向け、トルコは人権状況の改善などを含む七二の条件を満たすことが定められた。

EU「規範力」の名折れ

これは、難民問題の専門家アレクサンダー・ベッツが力説するように、二重の意味で問題である（ベッツ二〇一六）。

まず、この合意は国際規範に反する。国連難民高等弁務官事務所（UNHCR）やアムネスティ・インターナショナルが強く批判するように、トルコは難民の人権保護において国際的な水準に達しておらず、「安全な国」ではないと多くの（ヨーロッパ諸国を含む）国に受け取られており、そうした国に難民を送還するのは、追放および送還の禁止を定めたノン・ルフールマン（non-refoulement）の原則の遵守を定めた一九五一年の難民条約（ジュネーブ議定書）に反することになる。

第二に、それは、ヨーロッパの内的規範にも反する。EUのリスボン条約では、欧州人権規約を人権関係のルールとしてひろく通用するものと認めているが、その規約は、集団的な外国人追放を禁じている。

より具体的にいうと、EU指令二〇一三／三二「国際保護認知・撤回に関する共通手続」（二〇一三年六月二六日、L 180/60 Official Journal of the European Union 29.6.2013）の三三条では、すでに「安全な第三国」を通過してきている場合には難民認定をしなくて済むとし、三八条（C）でその「安全な第三国」を「（そこでは）難民の地位を要請する可能性が存在し、難民と認定された場合には、ジュネーブ議定書に従い保護を受けることが可能」として定義した。

問題は、たとえばシリアの難民が第三国であるトルコをつうじてギリシャなどのEU諸国にたどり着く場合、トルコがその「安全な第三国」であるかどうかだが、トルコはジュネーブ議定書の完全な締約国ではなく、シリア難民を含め、自身が「安全でない第三国」に難民を送還した歴史をもつ国であった。にもかかわらず、ギリシャに対して、トルコを「安全な第三国」に認定させ、それをてこに、送還を可能にしたのである。

こうして、内外における理念に反し、「規範力」(Manners 2002、臼井編二〇一五)で鳴らしてきたEUの名折れというわけである。

さらに付け加えれば、トルコからギリシャへとエーゲ海を渡る難民を封じ込めたとしても、それは移動圧力をリビアからイタリア等に抜けるルートにずらすだけで、貧弱な装備でより危険な地中海を渡る渡航、ひいては溺死者を増やす結果に終わることも十分予想しうることであった。

EUの終焉?

総じて、主権を超えた統合・連帯が台なしとなり、かつての寛容・人権意識が後退し、ここにきてEUは偽善と自己矛盾をあらわにしたと括ることができる。その意味のおいては、EUは機構として崩落する前にすでに道徳的に自壊しているとささえささやかれる。

ここでは、その点について考察しておきたい。前もって断っておけば、以下に述べることは、

EUの道徳的な弁護ではない。理想的には、すべての難民が救われ、各国間対立もなくなり、排外主義的な極右勢力が霧散するのが望ましかろう。ヨーロッパ自身が規範として認め、その規範を掲げる勢力であると自負するのならば、この間の施策には恥ずべきことが含まれるとまでは言えよう。たとえば、突如、トルコを難民にとり「安全な第三国」とみなすようになるのは機会主義的だとのそしりを免れない。

そのうえで、いくつかのことを指摘したい。そうしないと、どうしてこうした事態に陥るのかという理解にいたらず、一方的な断罪で終わってしまうだろう。

例外状況における主権の復活？

まず、今回の難民の殺到は例外的で重大な事態であった。難民や移民といった人の移動というのは、他の危機と異なり、言葉から生活習慣において「異質」に映る人びとが直接に目に入り、自らのアイデンティティや安心感を揺さぶる極めて情緒的な争点となりうる。それは、人間がもつ基本的な感情である恐れ（fear）に訴えかける。

そうした難民や移民が、短期間に一〇〇万という単位で大量に押し寄せた。第二次世界大戦後、ここまで大規模な人口移動は見られなかった。しかも、その動きは、特に二〇一五年夏から秋にかけて、とどまるところを知らないかのようだった。歓迎の動きがある一方、テロや暴動・暴行につながるのではないかという懸念は、パリとブリュッセルの同時多発テロやケルンでの暴行事件が起きる以前から表明されていた。そのような状況はルーティン（日常）と乖離する。

政治哲学者ハンナ・アーレント（一九七二）が、国際法学者の発言を引用しながら指摘したのは、「国家主権は、移民、帰化、国籍、そして追放といった事柄においてこそ最も絶対的となる」ということである。周知のことだが、この主権の冷徹な側面は、彼女自身が、ナチスの支配から逃れ、国籍を奪われながらアメリカにたどり着くという非日常的な経験に裏打ちされ、そこから見て取ったものであった。

以前から指摘していることであるが、EUの統治機構が強固に根づいた後でも、加盟国に残る国家主権は「居眠り」を決め込んでいるだけかもしれない。統合が深化しても、主権という いつか目覚めるかもしれない例外的な絶対権力との綱引きが続くのだ（Endo 2001、遠藤二〇一三、第10章「ようこそ「多元にして可分な政治体」へ」参照）。

国境の一時的な復活という劇的な主権的行為やトルコとの倫理的に疑わしい合意は、短期間で生起した重大で例外的な状況の出現という文脈のもとでとらえられるべき現象である。

「難民」危機か、「移民」危機か

英国公共放送BBCがウェブサイトで日本でいう「難民」危機を報じるとき、長らくニュースの末尾に以下の留保がつけられていた。

「BBCが移動民（migrant）というとき、それは庇護要請の法的手続きを完遂していない移動中のすべての人を指す。このグループには、たとえばシリアのように戦争で引き裂かれた国から逃れてきて、難民（refugee）の地位を認められそうな人が含まれるが、同様に、職やマシな生活を求め、各国政府が経済的移民（economic migrants）として認定しそうな人も含まれる」

じっさいには、「難民」と「移民」という二つの法的カテゴリーの分別は困難である。移動(民の困難)の原因は、戦乱から貧困まで、それ自体複合的なものである場合が多い。この分別自体、第二次世界大戦後に生起した巨大な人口移動圧力を前に、アメリカが経済移民にあたる者を受け入れずに済む方途として作り出していった可能性が高い（これについては、柄谷二〇〇四参照）。

そのうえでいえば、ヨーロッパに押し寄せている人びとが「難民」なのか、「移民」なのか、区別しようのない状況のなかで、それを「難民」危機として（だけ）括ることには、もう少し慎重であってよい。そうすることが、「移民」色の強い人びとの困窮度を値引きするものではないとしても、すべてが戦火に追われた「難民」でないことには一定の留意が必要である。

ヨーロッパの理想、あるいはそのインフレ

さらに言えば、ヨーロッパはもともと寛容だったのに非寛容に転じたという言説が散見される。異なる国を束ね、戦争の惨禍《さんか》に対する反省のもと、統合と和解を重ねてきたのに、いった

いどうしたんだろう。そうした声も聞かれる。じっさいはどうなのだろうか。

たしかに、リスボン条約の前文には美辞麗句が並ぶ。そこでは、ヨーロッパの文化的、宗教的、人間主義的な遺産から、人間的人格の持つ不可侵の権利、自由、民主主義、平等、自由、法の支配といった普遍的価値が出てきたことを強調し、それらの原則を尊重することが高らかに謳われている。

他方、ヨーロッパ統合は、そのようなレトリックのもとで、もともと自地域の平和（Peace）、繁栄（Prosperity）、権力（Power）を確保するため、つまり自己利益のためにしてきたことだという言い方もできる（遠藤二〇一三、序論参照）。そうだとすると、前提となる問いが異なってこよう。すなわち、美しい理想を掲げていたのになぜ、という問いから、そもそも域外からの人の移動に関して、EUはどのような立場だったのだろうか、という問いである。

この後者の観点からすると、一九九九年のタンペレ欧州首脳理事会で採択された「タンペレ計画」が検討の俎上《そじょう》に上るだろう。そこには以下のようにある。

「第三国《ママ》の国民の法的地位は、加盟国民のそれに近似しているべきである。のちに定める一定期間のあいだ加盟国に合法的に居住し、長期滞在の許可証を持つものは、その加盟国においてヨーロッパ市民が享受するのと可能な限り近い一連の統一的な権利を認められるべきである」

(Presidency Conclusions, Tampere European Council, 16–17 October 1999, Bulletin of the European Union, 10-1999, point I-6-21)

こうして、すでに域内に入っている人びとに関しては、できるだけヨーロッパ市民に近い扱いを志向している。しかしその一方で、EU域外からの流入は可能な限り制限していくことは、一種の前提でもあったのである。

すなわち、外からのあらたな人口流入について、今回の「難民」危機のはるか前から、EUは慎重だったのであり、その流入が急激で大量になるにつれ、まだ残っていたかもしれない歓迎の気配は薄れていった。同時に留意すべきは、一度域内に入った人間については、できるだけヨーロッパ市民並みの権利を認めようとする原則をもっていたということである。これは、当然トルコとの合意文において、ギリシャに入った人を一度はトルコに送還することになっている点で、捻じ曲げられたともいえるが、他方で、一定数のシリア難民をトルコから受け入れ直したのちには、シェンゲン圏内で適用されつづける原則でもある。

リベラルな価値に基づく包摂とそれゆえの排除

近年のヨーロッパにおいては、域内にすでにいる外国人の包摂方法に微妙な変化がみられる。この包摂のあり方は、タンペレ原則で見たようにEUで一定の枠をはめるものの、各国ごとに模索されるのが建前である。

ただし、その包摂法、すなわちシティズンシップ（市民権）の中身を見ると、判を押したように酷似したリベラルな反差別の方向を指し示しているといえよう。

もう少し具体的に言おう。ポスト・ナチスの人権時代にあって移民に直面する国家のほとんどは、それがリベラルでありつづける以上、アイデンティティのありかを自由と平等を重んずるリベラリズムに求めざるをえないという一見奇妙な状況が現出しつつある。たとえば、ジハード主義的な価値観と対峙《たいじ》する際、ドイツであればドイツらしさ、オランダであればオランダ特有の、といった表現で、当該国のナショナルな価値として持ち出されるのは、ジェンダーの平等や同性愛の認知といった、いたって普遍的なリベラルな価値である。

そうした傾向は、シティズンシップ獲得の際に課される市民的価値に関するテスト（シティズンシップ・テストと呼ばれる）の中身を規定し、ひるがえってテストを課す当該国のアイデンティティをリベラルに再定位するのである。

この現象を分析した社会学者クリスチャン・ヨプケは、シティズンシップの将来像として《軽いシティズンシップ》という構図を提示する。「コカコーラ・ライト」ならぬ「シティズンシップ・ライト」というわけである。それは、①国外から来る移民にとってシティズンシップの地位取得が容易となり、②異邦人と市民とのあいだを権利上は峻別《しゅんべつ》せず、③稀薄（かつリベラルな）アイデンティティをもつものとして性格づけられる。その反面、リベラルな色に染まらない外国人については、排除の傾向を示してもいる。EUシティズンシップはその典型とされ、ヨーロッパ諸国はその方向で収斂《しゅうれん》していると説く（ヨプケ二〇一三）。

これは、タンペレ後のEUのイデオロギー的な中身を学術的に定位したものととらえることができる。つまり、域外民の流入に対して、いったん内に入ってしまえば自由・平等な扱いを志向するが、リベラルな価値を受容しないものには否定的に応対するわけである。

デモクラシーのメンバーシップの臨界

デモクラシーは、原理的にも歴史的にも一定の領域と構成員を前提としている（遠藤二〇一三、第11章「国際政治における自由」参照）。裏返すと、領域やメンバーシップが根っこから流動的になると、デモクラシーは拠ってたつ基盤が揺らぎ、不安定化する。どこの誰の自決か不明になるからである。そして、その流動化をもたらした戦犯探しがはじまる。その過程で、外の異邦人、内の内通者が糾弾されがちである。

つまり、寛容なデモクラシーは、それ自体領域とメンバーシップの安定を要請する。とくにメンバーシップが移民の時代にあって領域より流動化しやすいなか、それは自身の寛容さを守るため、メンバーシップを管理する（つまり一定の不寛容さを示す）という倒錯した必要が生ずることになる。

これは、民主国のレベルで言えることであるが、EUのように民主国から成り立つリベラルな広域体についても当てはまる。世界が主権国家システムのもとにある以上、EUにも加盟国の外縁が織りなす境界があり、域「外」が想定されるのである。その外からの異邦人に対してリベラルな原則に沿って寛容であるためには、じつに倒錯したことに、何らかの形のメンバーシップ制限は不可避ということになる。

まとめると、今回の危機においてＥＵの理念が落日の憂き目にあるとする言説は、それが例外状況に近いなかで起きており、リベラルなどんな政治体もメンバーの制限を図らざるをえないのであり、もともとＥＵは外からの不法移民流入に警戒的で、ただし一度入境したものにはできるだけＥＵ市民に近いリベラルな扱いを心がけていたことを軽視する傾向にあると言えよう。

5　国民国家の断片化／再強化——重層的政治空間のきしみ

国民国家の再編

話を「問題としてのＥＵ」に戻すと、統合は、ときに国民国家内の関係、とりわけ中央地方関係に影響することがある。市場・通貨統合の結果、豊かな都市や地域への集積効果が働き、一部の地域が発展などから取り残されることもある反面、比較的豊かな地域が当該国家からの自立・独立を希求するケースもある。本節では後者のケースに焦点をあわせ、近年のグローバル化、ユーロ危機、緊縮財政、そして中央地方関係の関係をさぐり、〈ＥＵ—国家—地方〉の重層的な政治空間の変動について考えてみよう。

政治学者Ｓ・バルトリーニにならえば、グローバル化やヨーロッパ統合は、一国をまとめてきた境界がほどけ、地方と地方の利害が裂けることを意味する。国家が資源配分を独占していた時代が終わり、統治機能が重層的にばらけるなか、中央と地方のあいだの関係が緩み、領域体がお互いに競合し、国内外で政治的な再編がはじまる。

具体的には、一国における豊かな地方が、ますますグローバル化する資本市場へのアクセスに目を向ける。それにしたがって、自らの高い信用力が、同じ国の貧しい地方によって足を引っ張られるのに耐えられなくなる。

そこに介在するのが、ムーディーズなどの格付け会社である。たとえば、ミラノとナポリ、フィレンツェとシラクサのあいだに信用上のランク付けがなされる結果、資金調達のコストに大きな格差が出る。その格差は、もちろん伝統的には、国民国家（この場合在ローマの中央政府）による再分配をつうじて緩和されていた。しかし、豊かな地方がその国民国家の枠における再分配自体に反対し、北部同盟などの政治的動員を介して独立や分離を志向するにしたがい、国家の能力も意思も弱まってゆく。

EUもまた、構造基金などの支出をつうじて、ときに地方における領域体を（再）創出し、またあるときは国民国家の政府をバイパスして、それらとの関係を構築しはじめる。こうして、一国における統治と領域の一対一対応が崩され、多層にまたがって複数の領域体が競合・連携するようになるのである（要約的に述べたので、Bartolini 2005、邦語ではバルトリーニ二〇〇三を参照されたい）。

このいわば緩んだ地盤から、エスニシティ（民族性）やナショナリティの岩盤がむき出しになることがある。近年におけるカタルーニャやスコットランドの独立運動の興隆は、一面では、バルトリーニが描こうとしていた大規模な政治的再編の新しい現れ方でもあったのである。ただし、国家統合を脅かすこの手の危機が頭をもたげるには、ユーロ危機と緊縮財政という要因が介在することになる（この点については、横田二〇一五にヒントを得た）。

周知のように、ユーロ危機が勃発した二〇〇九年末以降、ユーロ圏参加国の財政規律はさらに厳格に監督されるようになった。二〇一〇年と一二年に合意されたギリシャをはじめとする諸国への支援は、厳しい緊縮を条件として認められたものであった。二〇一二年三月締結の財政条約は、その規律を明文化し、さらに各国法・憲法典に書き込むよう要請していた。これらが、おそらく必要以上にデフレの悪循環をもたらしていくことになる。

そうした緊縮財政は、もちろん全国に影響が及ぶものだが、同時に、中央政府への集権化をもたらす。財政のひもを固く締める主体に配分などの権力が集まるからである。それと同時に、中央政府は財政赤字を埋めるために、国内の豊かな地方からより多くを奪うことになる。これが、豊かな地方の不満に火をつける。とりわけ、その豊かな地方がエスニシティやナショナリティの色彩を帯びている場合、その不満は激化する。バルトリーニ風にいえば、地方の領域政治が再活性化するのである。

カタルーニャの独立運動はそのようにして興隆した。マドリッドにおけるスペイン中央政府は、EUによる支援と引き換えに緊縮財政を推しすすめ、その際スペインで最も豊かな地方であるカタルーニャから、集権的に多くの税を取りたてていった。もとより言葉もアイデンティティも多数派を占めるカスティリャに圧倒されてきたカタルーニャでは、相対的な被剝奪感がいっそう募ることになる。

二〇一四年一一月には、独立を問う非公式の住民投票があり、独立派が多数を占めたが、一五年三月に憲法裁判所により投票は違憲との判決が下った。同年九月の自治区議会選挙では独立派の政党（連合）が多数派を占めている。

スコットランドでも類似のメカニズムが働くが、独立志向はいささか異なる現れ方をする。その一人あたりのGDPは、イギリス全体の平均よりやや多いが（二〇一三年の段階で、イギリス全体の二万二三三六ポンドに対して二万六四二四ポンド）、北海原油上がりの歳入を除くとそうは変わらない。違いは、公的支出の比率にある。スコットランドは、イングランドなどより北欧に近い社会哲学を持ち、教育や医療などに手厚く支出する傾向にある（一人あたりの公的支出は、スコットランドの一万二三〇〇ポンドに対し、全英平均は一万一〇〇〇ポンド）。

その社会民主主義的ともいえる支出に、当時のキャメロン政権のオズボーン財務相が主導した極めて厳しい緊縮財政のメスが入ったとき、スコットランドの不満とナショナル・アイデンティティに（ふたたび）火がついた格好となったのである。結果的に、二〇一四年に行われた住民投票では、事前の世論調査からすると予想以上の大差である四五対五五で独立が否定されたが、半数近くの住民が独立を支持したのもまた、衝撃的な事実である。この独立志向が、イギリスのEU国民投票の結果を受け、さらに新しい局面を迎えているのは、言うまでもないことである。

もちろん、これらの地域のエスニックやナショナルなアイデンティティはいまにはじまった話でもなく、逆にすべての豊かなエスニック集団がユーロ危機と緊縮財政で覚醒《かくせい》しているわけでもない（たとえば、ベルギーのフランデルン〔フランドル〕）。そもそも、アイルランド、ポーランドのように、国全体のナショナリズムが強く、少数民族をほとんど抱えていないような国には、露出するエスニックな岩盤がもともとない（換言すれば、支配的なエスニシティがそのまま国を覆うナショナリズムの担い手であり、少数派は政治的に無力である）。

このことが意味するのは、構造的にバルトリーニの言うような変容は起きていて、重層的な政治空間のなかで、統治と領域がばらけ、領域体同士が競合しやすくなってきているものの、それがじっさいに独立（投票）といった劇的な展開に結びつくには、また別の――たとえば、エスニシティやナショナリティの配置から政治指導のあり方や全国的な政党政治まで――多くの要因が介在するということになろう。

本書で論じている「欧州複合危機」との関連で言えば、ここでは、ユーロ危機とそのもとでの緊縮財政が、スペインやイギリスといったいくつかの加盟国において、中央政府への集権化を経由し、豊かな地方の分離主義を刺激してきたことが重要である。それが、国家内部の中央地方関係、ひいては国家統一にかかわる別の次元の危機をもたらし、結果として、危機が〈EU＝加盟国＝地方〉の多層にまたがることになる。これが「問題としてのEU」の最後の側面に他ならない。

第7章　なぜEUはしぶとく生き残るのか

危機が立ち上げる神話

EUはなかば神話とともに生きている。それによれば、骨肉の争いを繰りひろげた独仏が和解し、かつて戦争の原因となった主権とナショナリズムを克服することで、加盟国のあいだに平和と安定、繁栄と連帯をもたらしてきた、とされる。

それがじっさいに起きていたことなのか、自問する人は驚くほど少ない。戦後のヨーロッパに平和をもたらしたのはEUなのか、NATOなのか。ヨーロッパ人自身なのか、アメリカなのか。平和の物語は一部でしかなく、EUは同時に権力を加盟国（民）にもたらす装置ではなかったのか。主権とナショナリズムは本当にEUのもとで克服されたのか。そのようなことを問えば、とたんに異端視される（遠藤二〇一三参照）。

他方で、神話は繰り返し語られ、広く信じられる。正確に言うと、それは危機のたびに立ち上がる。ユーロであれ、難民であれ、EUが危機に陥れば、かってはそうでなかったのに、いまはどうしてこのように落ちぶれてしまったのか、という嘆き（ないし冷笑）がはじまる。その瞬間、理想化された過去が前景にせり出してくる。EUがかつて本当に現在と対比されるような理想郷であったのかどうかという問いは、事実の検証のないまま、脇にのけられる。

ユーロ危機の場合、かつて連帯していたEUは、冷血なドイツがギリシャの年金受給者や若者を見捨てたのにともない、いまや変質してしまったという物語に回収される。もちろん理想を言えば、頑ななドイツは自己・全体双方の利益に照らしてギリシャの債務をいっそう削減すべきだろう。しかし、すでに述べたようなユーロの課題をいまここでふたたび問うているのではない。問題は、過去では連帯していたEUが、いまは劣化したのかどうかにある。事実からいえば、EU諸国間の連帯は、国民国家内に比べれば今も昔も稀薄なのであり、ユーロ危機の最中に、条約で予定されていなかった他国債務の削減や欧州中央銀行による国債購入などをつうじた実質的な財政支援のかたちで、ある程度強化されてきてもいる。しかし、理想解に沿って動かないEUは、かつての理想を失ったものと観念されてしまう。

難民危機の場合では、ヨーロッパが突然に普遍主義を諦めた、その格好すらつけなくなったとされる。いつEUが万人に自由・平等・友愛を約したのか、筆者にはわからないままだが、シリア難民を受け入れるとメルケル独首相が歓迎の意を示し、それに対して内外から批判が集まり、やがてトルコの人権抑圧に目をつぶりながらシリア難民の送還（と部分受け入れ）プログラムに合意した経緯をもって、かつての理想をかなぐり捨てたのだと認識される。

第6章で触れたとおり、事実としては、ＥＵはほぼ一貫して、域外からの不法移民には冷たく、他方で一度入ってきてしまった域内の「第三国人」にはできるだけヨーロッパ市民に近い扱いを志向していた。その観点からすると、シリア難民へのメルケルの（二〇一五年八月末から九月初めの）表明のほうが例外的だったと考えられるが、ここでもかつて存在したとされる普遍主義と理想の追求をやめたかのように語られる。そもそも、どの政治体が無限に域外の人びとを域内に引き入れられるのかという原理的な考察もなく、ＥＵは「堕ちた天使」の役回りを演じることになる。

この構図はどこか、主権が介入のたびに立ち上がるというシンシア・ヴェーバーの観察によく似ている（Weber 1994）。彼女は、主権に関する著作のなかで、ふだん実体の稀薄な国家主権は、外からの政治的・軍事的介入が生起するたびに、あってもらわないと困る、ないし存在しているのに蹂躙《じゅうりん》されたのだから再建されねば、というかたちで立ち上がると主張し、歴史的に検証した。

ＥＵへ投射されるロマンティックな見解もまた、危機のたびに立ち上がり、語りつがれる。ユーロ危機や難民危機で十分に連帯が示されず、危機が深まったその瞬間、理想のＥＵ像があたかも以前実在したかのように想起され、再生産されるのである。

他方、神話化した挙句に奈落に落とす作業の繰り返しからだけでは、なぜＥＵが当面しぶとく生き残るのか、説明がつかない。すでに第6章で折りに触れ、ユーロやシェンゲンに残る積極的な意味を指摘してきており、ほかにもドイツ問題の再興ゆえにEUが必要とされ、またユーロ危機のさなかに一定の連帯が示され、受け入れられてきた点を強調したのではあるが、以下ではこれらに重複しないように、なぜEUが多くの論者の言うように簡単に崩落しないのか、考察したい。

EUの存在事由――平和・繁栄・権力

まず、このEUのしぶとさを、いまなお残る存在事由（レゾン・デートル）の観点から、三つの大文字のPで言い換えてみよう。すなわち、一つは、よく言われるPeace（平和）要因。これによれば、不倶戴天《ふぐたいてん》の敵として七〇年の間に三度も戦火を交えた独仏がついに和解し、域内に平和が訪れたとなる。本来は、アメリカの主導する軍事同盟のNATOが、東のソ連と域内の（西）ドイツを二重に抑え込んでいたために平和が訪れた面があるのだが、もちろんEUが支えたところがないわけではない。それはなにより、冷戦の開始や終結といった死活的に重要な局面でそうであったように、大陸の中央にあって不安定な存在であるドイツに対して安心できる投錨先を提供してきたのである。

二つ目は、Prosperity（繁栄）である。五億人の豊かな一大市場をもとに、障壁を取り除くことで貿易を活性化させ、投資を引きつける。これが、いまユーロ危機やイギリス離脱で揺れているわけだが、その規模がもたらすメリット自体が消えたわけでもない。

しかし、日本でもなかなか語られない第三の側面こそ、ＥＵを存続させている最大の要因かもしれない。それは、Power（権力）である。つまりＥＵは、加盟国が単独では確保しきれない影響力を共同で保全する権力装置なのだ。これがあるから、加盟国はＥＵを手放せない。

このような権力的観点から見たとき、大陸規模の「地域」というのは、仲間作りを近隣地域において展開し、貿易、通貨、環境など多くの交渉分野で影響力を保全し、世界的に投射する有力なメカニズムということができよう。ＥＵは、このメカニズムの実践においていまだに最も優れている事例なのである。

よく引く一例をあげよう。一九九〇年代前半、ＥＵ加盟前のフィンランドは、当時主力輸出セクターであったパルプ産業をアメリカに狙い撃ちされていたのだが、それはＥＵ加盟への一つの大きな要因となった。というのも、フィンランド一国でアメリカに貿易制限の脅しをかけてもアメリカにとって痛くも痒《かゆ》くもないが、ＥＵに加盟したのちの輸出入管理は関税同盟を掌《つかさど》るブリュッセルが主導権を握り、アメリカにとって重大事となりうるからである。つまりフィンランドは、一国ではとうてい望めない影響力をＥＵに入ることで手にするのである。

これに加えて、ＥＵは国際組織・フォーラムにおける代表性（representation）を巧みに確保し、それをつうじて加盟国は間接的に影響力を増進させている。たとえば、ＩＭＦの専務理事人事では、スキャンダルがつづいても同じＥＵ加盟国から後継が出る結果に終わる。ここでは、

国名	支持	不支持	不明
ルクセンブルク	82	16	2
アイルランド	80	13	7
スロヴェニア	80	15	5
ラトヴィア	78	16	6
エストニア	78	15	7
スロヴァキア	78	17	5
オランダ	77	21	2
ベルギー	77	20	3
フィンランド	76	20	4
マルタ	75	19	6
ドイツ	73	22	5
フランス	70	24	6
オーストリア	69	25	6
ポルトガル	69	26	5
スペイン	68	27	5
リトアニア	65	28	7
ギリシャ	62	34	4
ルーマニア	57	33	10
EU28か国平均	55	38	7
クロアチア	54	38	8
イタリア	54	35	11
キプロス	53	44	3
ハンガリー	51	41	8
ブルガリア	42	46	12
ポーランド	35	55	10
デンマーク	29	65	6
スウェーデン	25	71	4
チェコ	21	75	4
イギリス	17	76	7

図表7－1　ユーロをもつ通貨統合への支持／不支持（%）

出所：Europe Electsによる2016年7月30日発表の図を一部改めた.

歴史的にヨーロッパ諸国の影響力が強いのであるが、新興国が力をつけている現代においてもEUはその集合的なプレゼンスゆえに影響力を保持し、加盟国一つ一つを無視しえぬよう仕向けているのである。

そして最後に、このEUの影響力は、経済分野に限定されるものではない。市場と直接には関係のない平和構築や入国管理などの多くの分野でEU基準の浸透が見受けられる。逆に言うと、こうした共同メカニズムをもたぬ国や地域は世界的な影響力の保全に後れをとるのである。

国名	支持	不支持	不明
ラトヴィア	95	2	3
リトアニア	93	3	4
エストニア	91	5	4
スペイン	90	6	4
ブルガリア	89	5	6
フィンランド	88	9	3
キプロス	88	9	3
スロヴァキア	87	9	4
ルクセンブルク	87	9	4
アイルランド	86	10	4
ポルトガル	86	9	5
ドイツ	86	11	3
クロアチア	84	12	4
スロヴェニア	84	11	5
チェコ	84	13	3
ギリシャ	83	16	1
フランス	82	13	5
スウェーデン	82	14	4
ハンガリー	82	13	5
マルタ	81	10	9
ルーマニア	80	14	6
EU28か国平均	79	16	5
オランダ	77	20	3
ベルギー	76	21	3
ポーランド	76	15	9
オーストリア	70	24	6
デンマーク	69	25	6
イタリア	68	22	10
イギリス	63	30	7

図表７－２　EU市民の域内自由移動への支持／不支持（%）
出所：同前.

そろそろ、ＥＵの権力的な側面について正面から考えるべき時に来ているのではないだろうか（その検討例として、遠藤・鈴木編二〇一二参照）。それは、平和が当たり前になり、ユーロ危機などで繁栄が揺れても、ＥＵが存続する一つの背景をなしている。ヨーロッパ大陸の多くのエリートたちにとって、ＥＵ抜きで影響力を保全するめどは立てられず、それなしの世界など考えられないのである。

もちろん、第４章でも第６章でも議論してきたように、このエリートにとってのＥＵのメリ

暦年		EU	各国政府	各国議会
2004	下期	50	34	38
2005	上期	44	31	35
	下期	45	31	35
2006	上期	48	35	38
	下期	45	30	33
2007	上期	57	41	43
	下期	48	34	35
2008	上期	50	32	34
	下期	47	34	34
2009	上期	47	32	32
	下期	48	29	30
2010	上期	42	29	31
	下期	43	28	31
2011	上期	41	32	33
	下期	34	24	27
2012	上期	31	28	28
	下期	33	27	28
2013	上期	31	25	26
	下期	31	23	25
2014	上期	31	27	28
	下期	37	29	30
2015	上期	40	31	31
	下期	32	27	28
2016	上期	33	27	28

図7－3　EU，各国政府，各国議会への信頼度（%）
出所：同前.

ットが、デモス（民衆）にとって見えず、後者によるしっぺ返しの対象になっているのが現状である。ここで指摘しているのは、そのしっぺ返しゆえに、メリットまで消えているわけではないという反対の側面である。

そのしっぺ返しも全面的なものかどうか、留保が必要である。図表7－1に見てとれるように、単一通貨ユーロ（と経済通貨同盟）に対する支持率は、ＥＵ二八か国平均で五五％と過半、ユーロ圏では軒並み七割ほどに達している。また、ＥＵ市民の域内自由移動にいたっては、ＥＵ平均で八割近くあり、ほとんどの国で八割を超えている。さらに、ＥＵへの不信も特別なものかどうか議論の余地がある。図表７－３で見られるように、ＥＵへの信頼は、低落傾向にあるうえ三割強しかないものの、各国政府や議会への信頼をわずかに上回っており、低落傾向は各国政府・議会も同様である。つまり、不信に苦慮しているのはＥＵだけとも限らないということである。

デモクラシーとテクノクラシー

関連して、もう一つ考えておきたいことがある。それは、デモクラシーにおけるエリートの役割やテクノクラシーの位置づけについてである。ここでいうテクノクラシーとは、専門的な知識をもとにエリートが政策形成する統治のあり方を指す。あらかじめ断っておけば、デモス（民衆）が自らの選好について自由に表明でき、選挙を通じて政治指導者の首をすげ替えることができるデモクラシーは価値のあるものだという前提のうえでの話である。

じっさいに存在するふつうの民主的政治体（really existing democracies）を素のままに見ると、そこにはデモスによる直接的な制御の効かない、ないし効きにくい組織や機能が散見されるはずである。日本の場合だと、法的安定性を図る内閣法制局、競争政策を執行する公正取引委員会、予算策定をつかさどる財務省主計局、ひいては（政府からは外れるが）通貨政策に責任をもつ日本銀行など、参加民主主義が貫徹すれば、大混乱が起こることが確実な組織や機能が存在する。つまり、これらにおいては、その時々の民意によって、財政・金利・競争政策が過度に歪《ゆが》められないよう設計されているわけである。外交政策のように、拉致《らち》や領土に関して、断固として毅然《きぜん》と対応すべしという声高な主張に一つ一つ寄り添っていたら、成立しにくいものもある。

EUは一面で、そうした機能をつかさどる組織なのである。もちろん、究極的にはデモクラシーの制御を受けねばならないのは当然なのだが、この観点からすると、EUはデモクラシーの直接的な制御を受けてはならない面を持ちあわせているということである。

たとえば、各国の政治家が自国の選挙民の要望を受け、自国企業のみを国家財政・税制を使って優遇し、他の加盟国の企業を結果的に差別すれば、単一市場における競争が歪み、その成立が危ぶまれる。同様に、選挙前で特定層の票がほしい加盟国指導者たちから圧力を受け、中央銀行の政策金利を動かすとなると、中長期的な金融政策の健全性が失われる可能性がある。これらの競争・通貨当局は、もちろん政策の対象となる有権者への説明責任を負うが、他方でデモクラシーからある程度隔離していないと、それに求められる機能を果たしえないのである。

EUの場合ややこしいのは、その政策資源が例であげたような規制を中心とした手法にとどまらず、財政の側面を持ちあわせることである。年間一七兆円ほどの予算を使うEUは、国際機関としては稀な存在である。その分、加盟国経由であれ、有権者のポケットからお金を徴収しているわけで、この規模の財政に、民主的な説明責任が不要だとする議論は成り立たないであろう。したがって、欧州議会などの制度枠が用意され、欧州委員長は議会多数派が支援する候補を選ぶところまでは来ているのだが、これが、デモスとのつながりの弱さからなかなか機能しないということは第6章でみたとおりである。

いずれにしても、EU自体がデモクラシーでない、あるいは稀薄なデモクラシーしか持ちあわせていないという問題は現在のEUを占ううえで非常に重いとしても、話はそれだけでは済まず、デモクラシーが貫徹しさえすればうまくいくという性質のものでもない。デモクラシーとテクノクラシーは相互に緊張関係に立つが、持続可能であるためにはお互いを必要とするのである（早い段階からこの関係を検討したものとして、遠藤一九九七参照）。

ドイツの政党政治

じっさいのところ、EUやヨーロッパの将来にとってEU自体のデモクラシーよりはるかに重大なかかわりがあるのが、ドイツの政党政治、デモクラシーである。EUのデモクラシーがやや抽象的な課題なのに対して、ドイツのそれは、戦後じっさいに機能しつづけ、EUを支えつづけてきたにもかかわらず、現在難民危機やテロ・暴行事件を経て動揺している分、具体的かつ逼迫《ひっぱく》した問題といえる。

ドイツはヨーロッパの中央に位置し、それを平和的につなぎ留めておくことが当地の近代史の主要課題であった。戦後のヨーロッパ統合は、第5章でも触れたように、NATOとともにソ連（圏）と西ドイツの双方を抑制する枠組みで（も）あった。冷戦が終結してソ連が消滅したのちも、統一ドイツを抑える制度枠として、EUとNATOは陰に陽に期待されてきたといえよう。そのもとで、ドイツがヨーロッパ化され、自由で民主的な体制の一員であることが、大陸の平和の基本だったのである。

言い換えると、このドイツのデモクラシーが壊れると、EUとヨーロッパ秩序の底は抜けてしまうことになる。具体的には、かの国を排外的なナショナリズムが覆い、「ドイツのための選択肢（AfD）」のような反EUの右派政党が伸長することで、その支持がなければ政権や予算が成立しないという状況になったとき、EUは真に内破の危機に陥る。

けれども、そうした内破シナリオが現前にあるわけではない。歴史的に、戦後（西）ドイツの政党政治は、キリスト教民主主義党（CDU）と社会民主党（SPD）を軸に極めて安定して推移してきた。たしかに、近年の難民危機を受けて、二〇一六年三月の州選挙では、ザクセン＝アンハルト州でAfDが二四％もの票を取り、バーデン＝ヴュルテンベルク州で一五％、ラインラント＝プファルツ州で一二・五％と躍進を見せた。また、同年九月のメクレンブルク・フォアポンメルン州議会やベルリン市議会の選挙でも、それぞれ二〇・八％、一四・二％まで伸長してきた。その延長線上で、二〇一七年九月の総選挙では一定の伸長が確実視されるが、キリスト教民主主義政党を軸とした主要政党の連立によってその事態を乗り切るのではないかと予想されている。

のみならず、よく見ると、この最近の州選挙も、AfDの伸長とだけ括れない様相を呈しているのがわかる。AfDが躍進したザクセン＝アンハルト州では、メルケルのCDUは三ポイントしか減らさなかった。さらに言えば、バーデン＝ヴュルテンベルク州では、メルケルの開放的な難民政策と距離をおいたCDUの候補が敗れ、むしろそれを支持した緑の党の候補が州首相の座を射止めた。AfDの勢力はあなどれず、SPDの低落は懸念材料ではあるものの、ドイツ政党政治の底が抜けるほどの大動転は、いまのところ起きていない。

つまり、この枢要国における政党政治が極右によって乗っ取られ、EUを標的にしたとき、EUの崩壊は現実味を帯びるだろうが、その域にはまだおよばないのである。

複合危機の「複合性」

これまで見てきたように、二〇一〇年代のEUは危機だらけだ。

ユーロ危機、ウクライナ危機、難民危機、テロ事件、そして、イギリス離脱劇である。これは、複数の危機が同時進行し、お互いに連動し、EUのみならず国内の統合をも脅かす「複合危機」と言えよう。間違いなく、戦後の欧州政治史・国際政治史のなかで第一級の変動期にある。

ただし、それらの個別危機があらわにした断層・対立は、必ずしもぴたりと重なり合っているわけではない。ユーロ危機では南北間、とりわけドイツとギリシャの間の対立が激しかった。それは、いまとなっては懐かしいほど、シンプルな対立図式であった。もちろんその対立はいまでも続いているが、他方で、難民危機では、どちらかというと東西間、たとえばドイツとハンガリーのあいだの対立にとってかわられた。そこでは、ドイツの利害はギリシャのそれと重複し、難民がトルコからギリシャに流れないよう、そしてギリシャの北辺で難民の流れをせき止め、難民をギリシャにとどめおこうとする勢力に対して、両国は一部共闘してもいたのである。

ウクライナ危機やテロ事件では、むしろEUの結束が、個別利害の違いにもかかわらず全体として高められる方向に作用し、イギリスの離脱劇は、他の加盟国を一時的にであれ団結させたところもある。

仮にこれらの複数の危機における対立軸や断層が重なっていたら、EU内の分断は耐えがたいほど深くなっていた可能性が高い。けれども、その軸はズレており、それぞれの対立は重い課題を示しつつも、分散している分、当面、政治的に対処可能なものとなっている。

問題は、その対処に乗り出す際のEUの政治指導のあり方である。現在の欧州委員会の執行部は、EUの危機の根っこにある社会的な側面に敏感とはいいがたい。次章でより詳しく分析するが、グローバル化やヨーロッパ統合の過程のなかで、いわば置き去りにされた中間層や労働者が、長期にわたる実質賃金の伸びの低迷も手伝って、それらの過程に背を向けているにもかかわらず、である。独仏などの中心国で二〇一七年に待ち構えている国政選挙は、その政治指導に直結し、複合危機への対応、ひいてはＥＵの再編を左右するだろう。次の数年を率いるヨーロッパの指導層がどのように構成されるのか、問題の根源に迫ることができるのか否か、注視すべきはそこである。

第Ⅲ部　欧州と世界のゆくえ

第Ⅲ部では、これまでに見たＥＵの複合危機がヨーロッパや世界にどのような影響を与えるのか、考えてみよう。とりわけイギリスのＥＵ離脱は、ＥＵと世界に多くの課題を投げかけた。第8章では、それらを一つ一つ取り上げ検討する。終章ではいま一度複合危機がＥＵに対してもつ意味を振りかえり、リベラリズムのゆくえと関連づけて考察する。

第8章　イギリス離脱後の欧州と世界

ユーロ、ウクライナ、難民、テロ、そしてイギリスの離脱と、立て続けに危機に見舞われたEUは今後どうなるのか、日本を含めた世界にとってそれはどういう意味があるのか。本章では、特に直近のイギリス国民投票の過程と結果にひきつけながら、この問いに取り組みたい。

EUのダメージを推しはかる

二〇一六年六月のイギリス国民投票は、EU史上初めて、一国家が脱退することを意味する。大げさに言えば、それは世界史的な事件である。EUは間違いなく、すでにダメージを受けたし、これからも受ける。その先、ダメージを過不足なく推しはかることが大事なのだが、それは簡単な作業ではない。直後の反応も見事に割れている。一方で、欧州議会議長シュルツは（BBCラジオに対して）「これはEUの危機ではない」とし、危機はイギリスのものであるという認識を示した。他方で、投資家のジョージ・ソロスは「EU解体は事実上不可逆」という(Garton Ash 2016; Soros 2016)。そういうときは、事実から入り、そののち徐々に目に見えない影響を考察するのがよい。なお、イギリス自身が被る影響については第4章で述べたので、ここではEUや世界への含意に焦点をあわせたい。

まず経済から入ろう。イギリスは世界第五位のGDPをもち、EU域内ではドイツに次ぐ第二位の経済体である。のみならず、世界じゅうから資金を集め、金融ネットワークを張りめぐらす大国である。その力がEUから抜けていくとき、相応のダメージは避けられない。今後英欧間でどのような貿易投資体制が組まれるのかまだ見通せないが、その行方によっては、EU二七か国の一〇〇〇億ユーロほどに上る対英黒字が損なわれる可能性がある。

ただし、EUの対英貿易はEU・GDP全体の三%ほどにとどまるので、アイルランドなどへの局所的ダメージを除き、それだけで全体に深刻な影響が出るとは思えない(後述のように、イタリアを発火点にユーロ危機と連動すると厄介であるが)。いずれ英欧間で自由貿易圏の形成がなされる可能性が高く、その場合には影響は軽微だろう(逆にイギリスの対EU貿易はGDPの一三%を占めており、得意とする金融サービスなどが自由貿易から除外される可能性もあり、その場合イギリスへの影響はより大きいと思われる)。

次にEU予算から見ると、イギリスという主要な醵出国を失い、影響は避けられない。同国は、払戻金を引いた純醵出額で、二〇〇七年から一五年にかけて年平均で約一一九億ユーロを担っていた。これはＥＵ総予算からすると、約九％の穴があくことを意味し、軽視しえない規模である。なお、ドイツのＩＦＯ研究所は、そのうちの二五億ユーロほどをドイツが担うことになると計算している（*Reuter*, 14 April 2016）。

社会的にも、ＥＵは影響を受ける。二〇一五年末の数字で、約一二〇万人の東欧移民をはじめ、約三〇〇万人のＥＵ市民がイギリスに住んでいる。最多はポーランドで約八五万人、ルーマニアから一七万五〇〇〇人、リトアニアから一五万五〇〇〇人ほどとなっている（他方、ＥＵ在住のイギリス人も一二〇万人ほどいる）。これらの人びとの法的地位、母国への送金（額）、他のＥＵ諸国に迂回する移民（数）などのあり方によっては、影響を受けるＥＵ加盟国が出てこよう。

さらに、外交・軍事について言えば、ＥＵ共通外交安全保障政策におけるイギリスの存在感は加盟国のなかで頭一つ抜けていた。常に先頭に立ち積極的に主導したわけでなくとも、「ＥＵ戦闘群」の展開、「アテネ・メカニズム」に基づくボスニアやソマリアでの作戦、その他テロ・薬物対策や対外諜報《ちょうほう》・内務情報などでも、それなりに頼れる存在であった。旧帝国時代からのネットワークやアメリカとの「特別な関係」が、ＥＵ諸国にとって必ずや資するものだったとは言えないが、同国が培ったそうした外交資源や経験は、目に見えない財産でもあったのである。それは、世界的に物事を考え、自由で開放的な経済を維持するという気質をＥＵにもたらし、ＮＡＴＯなどとの橋渡しをよりスムーズにしていた。これらのプラス面は、イギリスがEU加盟国でなくなることで目減りし、EUを変質させていく可能性がある。

EUはドイツ色に染まるのか

これとは別に、イギリスがEUから離れると、ドイツの覇権が強まると多くの論者が言う（たとえば、Todd 2016 ; Wagstyl 2016）。一面でその通りであるが、おそらくそう括るだけでは、現状をつかみきれない。

まず、ドイツ支配の強化について考えてみよう。ヨーロッパ統合史をひもとくと、そもそもド・ゴール大統領のもと、一九六〇年代に二度もイギリス加盟をブロックしたフランスが、跡を襲ったポンピドゥー大統領の時代にそれに向け積極姿勢に転じた背景には、西ドイツのブラント政権が「鉄のカーテン」を超えて東方外交に乗り出したことへの対抗があった。つまり、一方的外交を始めた西ドイツを前にフランスがイギリスを利用しようとしたわけで、一九七三年のイギリス加盟は、大陸の勢力均衡のなせる業でもあったのである。

今回の文脈で重要なのは、その重石《おもし》としてのイギリスが離脱を決め、しかもそのタイミングがドイツの興隆期と重なっている点である。周知のように、ドイツ経済は好調で、経常収支、失業率、産業競争力などのマクロ経済指標で群を抜いている。イギリスなきあと、ドイツの向こうを張れる唯一の国であるはずのフランスは、比較相対的に低成長や高失業に悩み、停滞している（その点ではイタリアも同様）。のみならず、フランス社会党出身のオランド大統領は国内政治基盤が脆弱で、極右の国民戦線が反ＥＵ姿勢を鮮明にするなかで国論は割れ、相対的に安定しているメルケル首相下のドイツと好対照をなしている。

もともとオランドは、ドイツ主導の緊縮財政を打破するという選挙公約に基づいて選出されたのだが、それを守れず、同じ志をもつイタリアのレンツィ首相と連携しても、オランダやフィンランドと組むドイツ主導の態勢を崩せずにいる。ウクライナ問題の解決に向けたシャトル外交では、主導するメルケルについていくのが精いっぱいだった。パリ同時多発テロのあと、シリアへの空爆を実施した一時、オランドの支持率が上がり、難民危機で揺れたドイツでメルケルの権力基盤が緩んだ時期があったが、それぞれの問題が落ちつくに従い、元のさやに納まってしまった。

非力なフランスが単独で構造的に優位にあるドイツに対抗するのは、当面困難だろう。他の諸国を頼みにしようにも、ドイツを支持する国もあり、オランドが対ドイツ連合を主導できるわけもなく、かつて頼みにしたイギリスはすでにもうそこにいない。せいぜい彼にできるのは、なるべくメルケルのそばに立ち、ヨーロッパの権力中枢に位置してみせるだけである。

ただし、ヨーロッパの国際政治を強大なドイツのくびきの下にあると描けば済むかというと、そう簡単ではない。というのも、ナチスを経験したドイツは、伝統的に自身への不安（Angst）を育《はぐく》んできているからである。かつてヘルムート・シュミット元首相は、「ドイツ人は恐れる傾向にある。ナチス期と戦争以来、それは意識の一端を占めてきた」と述べた（*Guardian*, 5

February 2015)。この不安ゆえに、みずからの権力性にスポットライトが当たるのを嫌がるのである。

もちろん、ドイツ人は自信を取り戻し、ときに傲慢《ごうまん》に振るまうようにもなった。しかし、この不安は簡単にはぬぐえず、厄介な現れ方をする。先に述べた緊縮財政も、みずからが権力的に課したというより、規律やルールの陰に隠れ、それが経済的合理性をもつという観念のもとで実行される。その合理性神話が、自身に関するもう一つの神話、つまり勤勉家・節約家であるという自意識や両独統一後の成功体験と結びつき、手に負えないほど硬い国民的なコンセンサスをなしている。

このドイツに、みずからの図体が大きくなり、その一挙動が権力性を帯びてしまっているという自覚は薄く、それに見合う責任意識はなかなか生まれない。したがって、緊縮を緩め、投資を促し、場合によっては債務を軽減することで成長を呼び込み、そのことでヨーロッパじゅうの中間層の厚みを増すという、客観的にEUを円滑かつ持続可能なかたちで運営していくための措置は取られないままである。

言ってみれば、いまのドイツは戦間期のアメリカに近く、自身の権力と責任（意識）とが乖離した状況にある。じつは、いまヨーロッパで必要とされるのは、責任に応じたよりいっそうのドイツの権力行使であり、正しい権力の使い方なのだが、「ドイツの覇権が復活した（ので警戒せねばならない）」とだけ述べる多くの言説は、その必要を覆い隠してしまうのである。

EUの近未来像——どこで底が抜けるのか

こうして中途半端なドイツの権力と責任感のもとで、ヨーロッパ経済社会は窒息する。そのなかで、不満分子は当然増え、反EU機運が盛り上がる。それを担うのは、イギリス同様、グローバル化＝EU統合でないがしろにされてきたと感ずる中流以下の層である。

そうした反EUの勢力が目をつけるのが、国民投票という手法であろう。すでに去る二〇一六年二月の段階で、難民問題についてハンガリー首相オルバンは国民投票にかけると示唆していた（日取りは一〇月二日とイギリス投票後に表明）。また四月六日、オランダではウクライナとEUとの間の連合協定という枢要とはいいがたい争点を国民投票にかけ、結果は批准の拒否であった（約三二％の低投票率のもとで六一％が反対）。こうした流れのなかで起きたのが、イギリスの国民投票である。この先、大陸諸国の右派が、ときの政府権力を揺さぶり、EUの加盟や中心的な政策を問うため、国民投票という手法に訴えかけるよう動くに違いない。フランスのマリーヌ・ルペン国民戦線（FN）党首やオランダのウィルダース自由党党首は、離脱を問う国民投票への意欲をあらわにしている。

そこここで残留・脱退や政策が問われ、ときにそれが成功するとなると、EUは立ち行かなくなる。そのたびに麻痺し、シェンゲンやユーロ圏を守るための必要な措置を採れず、ますますEUは信頼を失うことになろう。

では、EUは崩壊するのかというと、それもそう簡単ではない。第7章で見たばかりであるが、戦後ずっとヨーロッパ統合に投入してきた政治的資本は莫大で、いまだに一国で保全しきれない平和・繁栄・権力を共同で確保する枠組みとして、EUはエリートのみならず多くの人のあいだで不可欠なものと認識されてもいる。

そのうえで、それが崩壊・瓦解するときのシナリオを確認しておくと、それは、独仏のような中枢国で、民主政が排外的なナショナリズムによって劣化し、たとえばFNや「ドイツのための選択肢（AfD）」のような反EUの右派政党が伸長した挙句、その支持がなければ政権や予算が成立しないという状況に仮になったとき、EUは真に内破の危機に陥る。それ以外の国々でも、イタリアやオランダなど原加盟国を含めた大多数の国でそのような状況になれば、やはり流れ解散のような状況になりうる。

けれども、そうした内破シナリオが優勢というわけではない。フランス大統領選は、第一回目で過半数が取れなければ二回目の投票がある仕組みで、通常、たとえ極右勢力が第二回目の投票に勝ち進んでも、左右の穏健中道勢力が多数で上回る。二〇〇二年選挙では、二回目で中道右派のシラク大統領とジャン・マリ・ルペンFN党首（マリーヌの父）が戦い、シラクが勝利した。マリーヌの支持率は二五〜二八％であることが多く、二〇一七年春の大統領選では二回目に進む可能性が高いものの、多くがそこで敗退すると見込んでいる。ドイツでも、州レベルでAfDが票の四分の一近くを取った例はあり、二〇一七年九月の総選挙でその躍進は確実視され、社民党の弱体化が懸念材料であるけれども、主要政党の連立によってその事態を乗り切る可能性が高い。

また、最も欧州懐疑的な国の一つであるデンマークでも、イギリス国民投票をはさんで、EU加盟の支持率が五九・八％から六九％へと目に見えて増加した（フィンランドでは五六％から六八％へ）。オランダにおいても、ウィルダース率いる反EU・排外主義的な自由党が興隆しているが、過半（五三％）が国民投票に反対しており、一五〇人の国会でイギリス投票後に出された国民投票動議を支持したのはたった一四人だった。

その他、ハンガリーやポーランドなど東欧諸国における反EU勢力には留意が必要だが、これらの国は概してEUという社会インフラの消費者であり、消費財としてのEUを倒壊させる方向に動く可能性は低い。仮にそうなったとしてもそうした勢力の伸長が同地域にとどまり、中枢にその影響が直接及ばない限り、そう大きな事態にはならない。

独仏に続いて重要度が高いのは、イタリアであろう。ここでは、欧州懐疑主義的な要素を含む「五つ星運動」が二〇一三年総選挙で単独政党としては第一党となり、その後も勢力を保ちつづけている。これが、二〇一六年末に予定されている上院改革に関する国民投票などを機に、さらに勢いづき、EUやユーロのメンバーシップに関する国民投票を仕掛けてくるような事態は考えられる。またその際、ユーロ危機がイタリアの銀行危機に連動しているというシナリオも排除できない。

崩壊ではなく再編

こうして、特に独仏における政党政治が底抜けするとEUが内破するというのがボトムラインであり、それがありそうにないとすると、今回のイギリス国民投票はEU崩壊・瓦解でなく、再編をもたらすものとなろう。えてして、もうEUは終わったという言説が氾濫《はんらん》する時代である。そのことはここで確認しておきたい。

問題はその再編がどういうかたちを取るかである。基本を確認しておくと、EUは機能強化、集権化、つまり統合を必要としている。ユーロ圏においては銀行同盟が不完全で、財政統合にいたっては、各国財政の相互監視を体系化しただけで、共通予算や財務省（大臣）、財政移転などは共通通貨を中長期的に円滑に運営するのに必要なのに、実現のめどはたっていない。域内で人の移動の自由を可能にするシェンゲン体制についても同様である。外から来る人を制御しないとそれは成り立たないが、域外国境管理の強化はまだ緒に就いたばかりである。また、域内で犯罪者やテロリストが自由移動するのを追跡・捕捉するのに、各国政府間の内務警察協力が不可欠だが、不十分なままである。

これらが進まない理由は、それぞれドイツの反対や各国警察当局の猜疑心などさまざまだが、他方で、必要とされる集権化は、別の論理でも構造的に制約される。すなわち民主主義＝デモクラシーの論理である。第6章で述べたように、EUは直接選挙による欧州議会を持つが、それと人びととのつながりは弱く、民主的正統性は稀薄なままである。そもそもヨーロッパ次元の民主的政体を支える「欧州人」はほぼ存在しないといってよい。政治的公共空間は各国ごとに分断され、そのナショナルな空間でのみ民主主義が機能している。したがって、イギリスが国民投票をすると、それに対抗できるヨーロッパ大の正統性は創り出しえないのである。「みんなで決めた」という正しさ感覚が欠如したなかで集権化をすると、どういう根拠でEU（あるいはよく表象される言い方だと、EUの首都「ブリュッセル」）がその権限を行使しうるのか、すぐに異議申し立ての対象となる。だから、EUは前に進めない。

さらに、もう一つの深刻な問題が現在のEUには忍び寄っている。それは、人権や法の支配といった基本的な価値が深く共有されておらず、各国ごとにまだらなことである。周知のことだが、現在のポーランドにおける「法と正義」党政権は、反自由主義的な政策を打ち出し、裁判所やメディアの独立を脅かしている。ハンガリーのオルバン大統領は、風見鶏《かざみどり》のようなところはあるものの、傾きとして権威主義的であり、難民流入時においてみせたように、ときに排外主義的でもある。オーストリアでは、二〇一六年五月の大統領選挙の決選投票で僅差で極右自由党の候補を緑の党の候補が退けたが、のちにその結果は破棄され、同年末やり直しの選挙が行われる予定である。EUがみずから立脚すると、ありとあらゆる公式文書に書き入れてきた基本的な価値が、このようにむしばまれるとき、それは理念的な危機を迎えているということを意味する。

同心円的なEU像へ——インナーとそれ以外

EUはこうして構造的に行き詰まっている。EUがよき指導者を得、民意をうまくいざないながら、全体として前に進むことができるというシナリオはないわけではないが、たやすい道ではない。

ここから先は推測の領域だが、もし前述の民主的正統性の稀薄さや周辺国における反自由主義の興隆という事情が変わらないとすると、集権化の意思を持つ中核的な加盟国が再結集し、EUの枠内でいっそうの統合を推し進める可能性がある。その場合、現在のEUを構成する二八加盟国より狭いサークルで、独仏などの原六加盟国を核とし、そこから現在一九か国のユーロ圏までの幅で、理念と意思を確認しあい、必要とされる措置を先行的に取っていくことになろう。たとえば、ドイツ財務相のショイブレは、この二〇年ほど中核ヨーロッパの形成を説いており、ときにそれを「カロリング朝欧州」と表現する。カール大帝のヨーロッパには、ギリシャはもちろん、イギリスやスペイン、ポーランドもないが、独仏(伊)を中心に、意思、能力、そして民主的正統性を備えた中核ヨーロッパへの志向がうかがえる。

この手のものが目指すのは、EUの同心円的な再編である。言ってみれば、一部リーグが原加盟国に数か国を加えた「インナー」により形成され、二部リーグにそれ以外のEU加盟国が残る。一部と二部を分ける論理は、いくつか考えられるし、相互に排他的でもなかろうが、たとえば人権や法の支配など規範面で劣後すると考えられる国は二部落ちを余儀なくされよう。他にも、能力面で通貨統合への持続的参加が危ぶまれる国も二部落ちの可能性がある。さらにその外縁に、非ＥＵ加盟国からなる三部リーグが形成され、シェンゲンの加盟国だがＥＵの枠外にいるノルウェーなどはそこに位置しよう。

イギリスは、たとえ国民投票で残留を選んでいたとしても、二部リーグ落ちをみずから選択していたともいえる。というのも、第4章で振り返ったように、キャメロン政権が国民投票に向けてＥＵと交わした妥協案により、同国は「特別の地位」を得、「絶えず緊密化する連合」からの適用除外を勝ちとっていたからである。さらなる統合への意思を持たない国として、自他ともに認めていたことになる。結果として離脱を選んだとき、イギリスは二部でなく三部かそれより外縁のポジションを得ることにしたのであるが、いずれにしても再編は避けられなかったように映る（ヨーロッパ同心円的秩序の例として、図表8－1を参照）。

このようなインナー形成の例として、イギリス国民投票直後に開催された原加盟六か国（独、仏、伊、ベネルクス三国）外相によるベルリン会合があげられよう。外された形の東欧の加盟国からは直ちに批判が浴びせられたが、これは六か国の本家本元意識の現れであり、危機の時に浮上したということ自体が興味深い。また、従来よりルクセンブルク出身のユンケル欧州委員長は、東欧諸国を念頭に、都合の良い時だけＥＵ枠を消費する「パートタイム欧州人」がいると批判し（BBC News, 6 May 2016）、ドイツを中心に原加盟国に偏ったＥＵ運営をすることで逆に批判を浴びる存在であった。

今後も六か国会合があるかどうかわからない。独首相メルケルはその枠に批判的であるとも伝えられる。法的にも、EU諸条約によって、そうした集団形成には枷《かせ》がはめられてもいる。その場合、ユーロ圏の首脳会合や財務省会合は以前から頻繁に開かれており、こちらがベースになる可能性もある。仮にギリシャで再度政変が起き、債務不履行の危機になれば、そのときにギリシャをユーロ圏から切り離し、二部リーグ落ちを余儀なくする可能性もないわけではない。

イギリスの離脱は、こういった再編パンドラの箱を開けてしまった。その再編は、おそらくリーグ分別の方向を示しているように思うが、繰り返しになるけれども、その前提は、独仏など中心国の民主政が排外主義・反EUの方向に変質しないことである。

〈グローバル化＝国家主権＝民主主義〉のトリレンマ

イギリスのEU離脱の事例は、世界を揺さぶった。それは、これまで述べてきたようなEU再編の話、ましてや株価や為替の数字上の話にとどまらない。先進国が抱えるグローバル化、国家主権、民主主義のあいだの緊張関係を、劇的な形で「見える化」してしまったのである。

ダニ・ロドリックは主著『グローバリゼーション・パラドックス』(原著二〇一一年)で、〈グローバル化＝国家主権＝民主主義〉はトリレンマ状態にあり、同時に三つは並びえないと

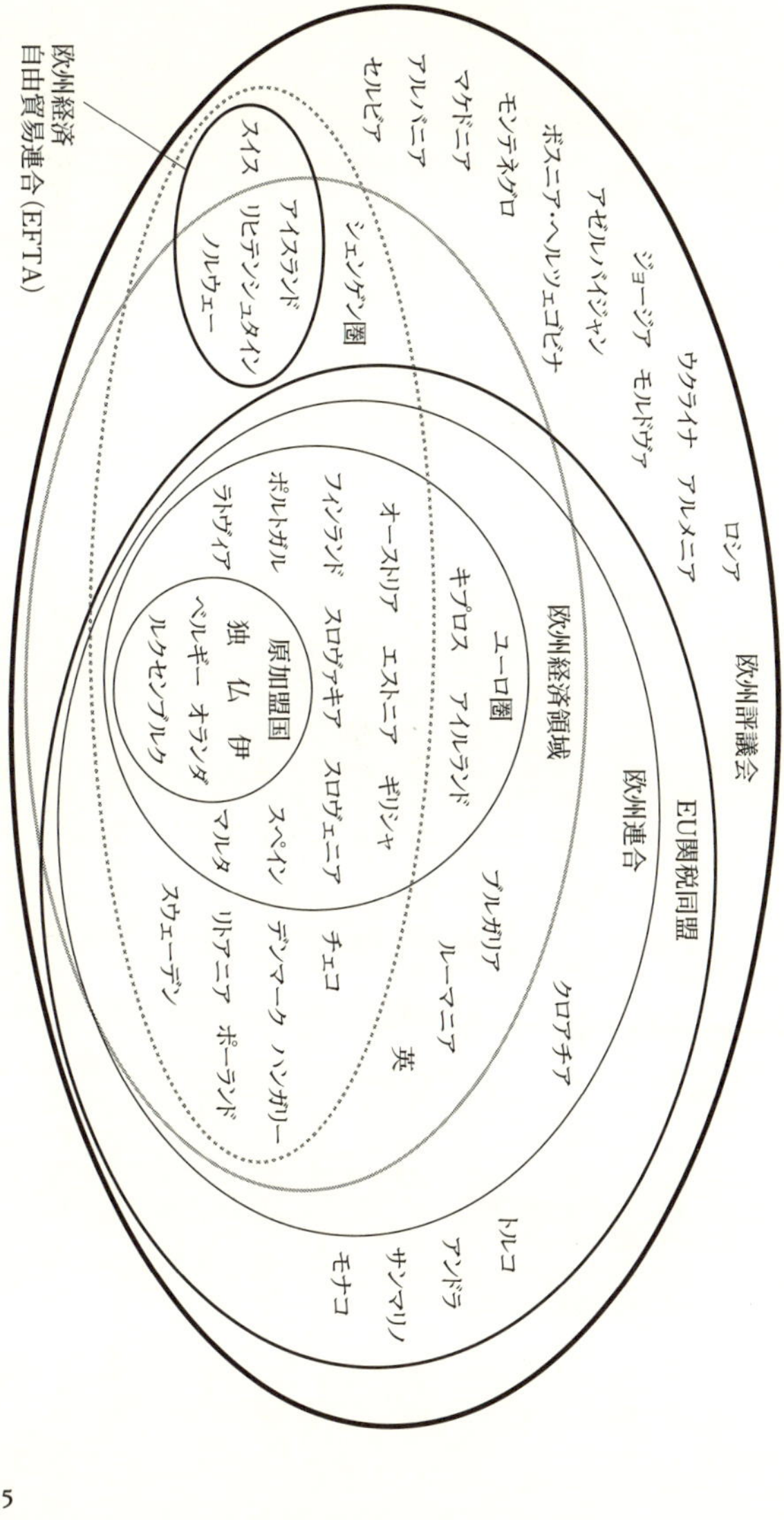
欧州評議会
EU関税同盟
欧州連合
欧州経済領域
ユーロ圏
原加盟国
独　仏　伊
ベルギー　オランダ
ルクセンブルク
シェンゲン圏
ロシア
ウクライナ　アルメニア
ジョージア　モルドヴァ
アゼルバイジャン
ボスニア・ヘルツェゴビナ
モンテネグロ
マケドニア
アルバニア
セルビア
欧州経済自由貿易連合(EFTA)
アイスランド
リヒテンシュタイン
ノルウェー
スイス
キプロス　アイルランド
オーストリア　エストニア　ギリシャ
フィンランド　スロヴァキア　スロヴェニア
ポルトガル　スペイン
ラトヴィア　マルタ
ブルガリア
ルーマニア
クロアチア
英
チェコ
デンマーク　ハンガリー
リトアニア　ポーランド
スウェーデン
トルコ
アンドラ
サンマリノ
モナコ

図表8－1　ヨーロッパの同心円的秩序像

論じた。たとえば国家主権と民主主義の連結により、労働や金融など選択的に市場を閉めると決め、グローバル化に背を向けることはできる。また、国家主権がグローバル化と結びつき、民主主義を犠牲にすることも可能だ。あるいは、国家主権はこのさい犠牲にして、グローバル・ガバナンスと世界民主主義の組み合わせを構想することもできる。けれども、三つを同時に成立させることはできないというのである。

ロドリックの議論は、現代における先進国リスクを暗示している点で優れている。それは、じっさいのところ、国家主権と民主主義の相性が抜群で、グローバル民主主義など恐ろしく困難であることから、この三つが正三角形の関係に立たず、並べた段階で論点を先取りしている観もあるのだが、ほぼ例外なく民主主義的である先進国の悩みを言いあてているのである。つまり、中国のような一党独裁国やシンガポールのような権威主義国は、主権とグローバル化の組み合わせで前進できるのに対し、先進国は、自国の民主主義に敏感にならざるをえない分、グローバル化がいっそう深化すると、トリレンマに陥る。

規制緩和と自由化を軸とする単純なグローバル化主義者は、統治権力＝国家主権と結び、この民主主義的側面、ならびにそれを行使する中間層以下の人びとを、えてして「非合理」と軽視してきた。ＥＵもまた、複数の統治権力＝国家主権を束ねるところまではよかったが、民衆と民主主義を軽んじた。今起きているのは、やせ細る中間層以下からのしっぺ返しである。

イギリスの事例が世界に問いかける

この点に照らすと、イギリスのEU離脱は、同国やEUの再編を超えたより大きな問題を世界に提起している。

第4章で詳しく分析したとおり、勝利した離脱派は三つの主張の合成であった。一つ目は主権的な自決意識。さまざまな決定がEUの首都ブリュッセルでなされることに対して「自国のことは自国で決める」という民主主義的な精神の発露である。国民投票という装置はそれに格好の枠を与え、離脱派の指導者は巧みに人びとをその枠にいざなった。

二つ目は移民とそれを可能にするEUへの反感である。二〇〇八年のリーマン・ショック後、特に二〇一三年ごろから急増した東欧移民は、緊縮財政下の英国の医療・教育・住宅インフラを逼迫させた。移民が集中したイングランド東部などで、それはリアルな脅威と受け取られ、主権意識に火をつけた。

三つ目はグローバル化やヨーロッパ統合に置き去りにされ、実質所得が伸び悩み、雇用が脅かされたという労働者の意識である。移民はふたたびそのシンボルとされた。本来は、移民はイギリス国民と競合しない産業で働き、経済はそれで潤っていたのだが、そうした数字は反エリート主義とも結びつき、もはや意味をなさない。

この点で興味深いエピソードがある。あるイングランド北部での集会で、離脱・残留の色をつけずに「客観的」なデータや「中立的」な意見をバランスよく提供する「専門家」として出席したあるロンドン大学教授が、EU加盟や移民流入はGDPにとってプラスとする経済学者の意見が多いと紹介したところ、聴衆から「それはお前のGDPだ、俺たちのではない」という野次が飛んだという（Menon 2016）。

根っこにはこうした階層意識があり、それはグローバル・EUエリートに忘れ去られてきたという疎外感と密接に絡み、「専門家」の職業的な分析すらをも吹き飛ばしてしまう。この根本的な不満や不安に切り込んでいかなければ、〈国家主権＝民主主義〉の組み合わせがグローバル化（およびEU）に向けられ、いつでも暴発する（見方によっては開放される）可能性がある。

単純化のそしりを覚悟で整理すると、これら三つの主張はそれぞれ主に保守党、英国独立党、労働党の支持者にアピールし、うねりとなった。

サッチャー元首相が典型だが、かつて親欧だった保守党は、一九九二年締結のマーストリヒト条約のころから主権意識を強め、EUをめぐり内部分裂を深めていった。東欧移民が増えるにしたがい、イギリス独立党は勢いを増した。離脱のダメを押したのは労働党支持者だ。党としてEU残留支持を表明しながら、支持者の四割はその指導に従わなかった。今回の国民投票は、党指導層にもヨーロッパ統合にもグローバル化にも忘れ去られた反EUの労働者票を掘り起こしてしまった。

『グローバルな不平等』を著したブランコ・ミラノヴィッチによると、産業革命以来最大の所得構造変動が起きている。図表8-2で示したように、グローバル化で途上国・新興国の労働者（正確にはグローバルな所得分布の中央値付近の人＝Ａ）と先進国の上位所得者一％（Ｃ）が潤う一方、先進国の労働者（ＯＥＣＤ各国の平均所得以下の人＝Ｂ）が相対的に沈む（Milanovic 2016）。

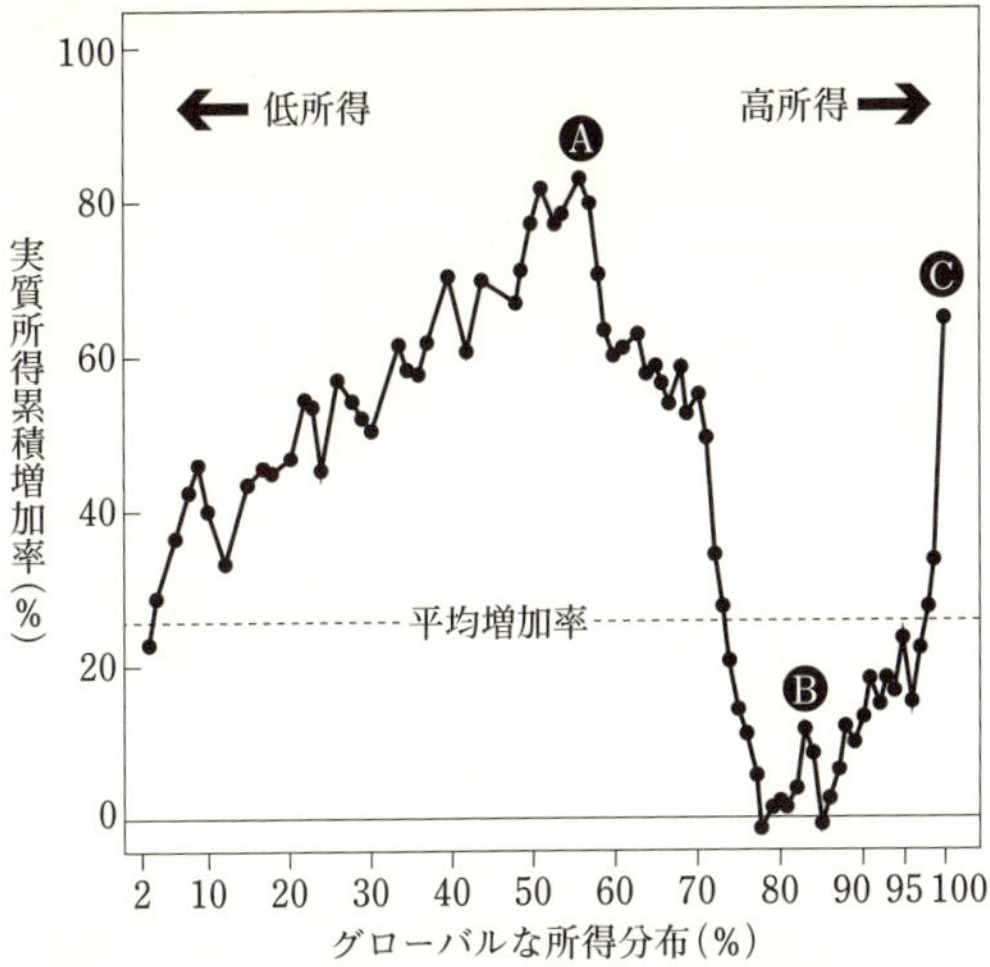

図表８－２　グローバルな所得分布ごとの実質所得累積増加率（1988〜2008年）
出所：ブランコ・ミラノヴィッチのデータをもとに作成.

近年の政治的動乱の震源地は、この先進国の労働者だ。穏健中道政党は、グローバル化に連なるエリートとみなされ、この層をすくいとれない。それを左右両極から挟撃するのが新興政治勢力である。

典型的なのが、二〇一六年四月のオーストリア大統領選第一回投票だ。戦後政治を担ってきたキリスト教民主主義政党と社会民主主義政党の両中道候補は合計二〇％強しか得票できず、極右自由党のホーファー候補、左派の緑の党の候補ファン・デア・ベレンがそれぞれ約三五％、二一％の票を得た。近年の総選挙でも両中道政党の得票率は計五割を切らなかったのだから、驚くべき現象だ。

アメリカで共和党を右から乗っ取った「トランプ現象」、左からクリントン候補を追撃した「サンダース現象」もその変種といえる。仏社会党も支持者を極右の国民戦線に奪われている。EUにそっぽを向いた英労働党支持者は、いまやイギリス独立党の草刈り場となった。みなグローバル化やヨーロッパ統合により相対的に所得が落ち込んだ層からの叛乱である。

こうした現象を政治的情動として片づけるのは簡単だ。しかし問題はトランプであれ、ルペンであれ、今回の英国のEU離脱劇であれ、それがリアルな力を持っているのが明らかなのに、「非合理で愚か」という言葉を投げつける以外、何の処方箋《しょほうせん》も持たない側にある。

「ホブソン・モーメント」の到来

他方で、一国が国民主権の発露の結果グローバル化に背を向けても、グローバル化自体をキャンセルできるわけではない。その意味で、〈国家主権＝民主主義〉に引きこもるのが理想解でないこともまた事実である。

トリレンマの解消に魔法の杖《つえ》はない。現在必要とされることを端的に言えば、グローバル化により置き去りにされた先進国の中流以下の階層に対して実質的な価値を付与し、支援インフラを構築する国内的改良と、放縦のままであるグローバル化をマネージする国際的組織化とを組み合わせることだろう。

かつて『帝国主義論』を著し、のちにレーニンやケインズに多大な影響を与えたJ・A・ホブソンは、過剰貯蓄の末に膨張し、海外に投射されてゆく資本を、過少消費に陥る国内に逆流させ、労働者に価値付与する構想を披露した。これは、世界にまたがる帝国的な政治経済権力の改革と、国内の社会民主主義的な改良とをつなげる稀《まれ》なアイディアだった（ホブスン一九五一、中村一九九四、二〇〇三）。

現代にそのまま適用できるわけではないが、求められているのは、国際と国内、資本と労働とを橋渡し、先の〈グローバル化＝国家主権＝民主主義〉のトリレンマを緩和するこの手の包括的構想である。逆に、それを示さないと、中間層はじっさいにやせ細り、グローバル化によって見捨てられたと感じ、〈国家主権＝民主主義〉の組み合わせをつうじて、いつでもグローバル化に刃《やいば》を向けることになる。

具体的には、日に五〇〇兆円に上る資本取引へのトービン税的な動きからタックス・ヘイブンのような税逃れの世界的規制まで、法人税の「底辺への競争」の協調的回避から労働や安全基準の国際的なすり合わせにいたるまで、グローバルな協力・再編を多方面・包括的に進めなければならない。その一方で、国内においても中間層以下への支援を全面的に推し進める必要があるだろう。その関連で、企業が過剰に溜《た》め込む内部留保は当然検討課題にあがるにちがいない。移民が主要争点ならば、送り出し国、受け入れ国、そして（EUをはじめとした）国際機関が共同で「移民基金」のような支援枠を設け、移民が集中する地方を中心に、住宅・教育・医療へのインフラ整備を図らねばならない。

これらは必要なことの包括的なリストではないが、必要とされるのは、この類の国際＝国内改革の包括的な組み合わせである。そうしたパッケージを提示しなければ、グローバル化の利益が、先進国の所得上位一％と新興国の労働者だけでなく、忘れ去られた先進国の中間層以下の層にとっても還元されうるのだと彼ら自身が実感することは難しかろう。そうなれば、グローバル化の肯定的な側面までも否定することになりかねない。

二一世紀はふたたび「ホブソン・モーメント」を迎えている。無限膨張の資本が国内の労働者に還元され、そのことで改編された世界と改良された国内にあって、中間層とそれ以下の層が健全な民主主義を実践しつづける構図が追求されねばならない。

そうした論理を誰が紡ぎ、どの政治的人格が引き受けていくのか。イギリスの事例は、EUの再編をも超えて、世界じゅうの先進民主国に課題を突きつけている。今回の出来事が真に世界史的な事件であった所以である。

終章　危機の先にあるもの

複合危機の先になにが待ちかまえているのか。ヨーロッパや世界はどう変わるのだろうか。

理念から組織へ

「ヨーロッパ」は二〇世紀初頭、かたちをなしていなかった。それは観念であり、ときに憧れであり、まだ見ぬ理想郷だった。制度的なかたちを与えられたのは、第二次世界大戦後、ナチスと戦争の記憶がまだ生々しいころのことである。すでに米ソ冷戦がはじまっており、「ヨーロッパ」はその枠のなかでいわば捻じ曲げられ、東側を切り捨てて西欧という地域に限定され、軍事安全保障をアメリカにゆだねて経済的な機能にほぼ特化したかたちで出発したのである。

「ヨーロッパ」はいまや、EUという明瞭なかたちをもっている。冷戦後はメンバーを東欧に拡大し、安全保障にも手を伸ばして、通貨や市民権をも共通のものとした。欧州委員会のような執政府があり、理事会や議会などの意思決定機関が整備され、裁判所も統治体制（ガバナンス）の風景の一部として確立している。他方でそれは、理想とは程遠く、漂流している。歴史家マーク・マゾワーのことばを借りれば、それは二〇世紀初頭には「原則であり組織ではなかった」が、二一世紀になって「組織ではあるが原則をさがしている」何物かになってしまった（Mazower 2015）。平和は当たり前になり、繁栄は遠のくなか、庶民に関係のない権力装置として、そこにあるにはある。けれども、かつての理念的な訴求力に欠け、海図も目的地も手にしていないように映る。「危機（crisis）」が「分かれ道」であるとして、どの道をゆくのか、まだ見えない。

世界・国内インフラの動揺

「統合」が曲がりなりにもうまくいっていたころは、世界的にも国内的にも、さまざまな条件が作動していたということだろう。世界的には、東西冷戦期にあって、ソ連という敵がはっきりしていただけでなく、それにもましてアメリカがグローバルな勢力としてしっかりと前面に張りだし、ヨーロッパ統合を後押ししてきたことが要因として大きかった。これはいまや露と消えてしまった。

今世紀に入り、EUがイラク戦争に反対するフランス・ドイツとそれを支持するイギリス・ポーランドなどとのあいだで真っ二つに割れたとき、当時のラムスフェルド米国防長官が後者を新興のダイナミックな集団として支持したのは象徴的だった。それにより結果的にヨーロッパは新旧に「分別」されたのだが、これは戦後ながらく「統一」ヨーロッパを推し進めてきたアメリカの変容を雄弁に物語っていた。それに対し、当時のシュレーダー独首相もまた、NATOは米欧関係を調整する中心的フォーラムとは見なしえないと応じたのである。ここですでに、ヨーロッパとアメリカ、EUとNATO、ヨーロッパ統合と大西洋共同体とのあいだの調和的な体制という戦後史の柱がぐらついていたのが見てとれよう。

その後、シリアのアサド政権が化学兵器を使い、オバマ大統領のいう「レッドライン（最後の一線）」を超えてもアメリカが介入をしないのを見たとき、米欧関係はいっそう希薄化した。その意味自体が後景に退いたといってもよい。ウクライナをめぐって、メルケルなどヨーロッパの指導者は、アメリカと結びつつ、みずからロシアと手打ちに向かった。ISなどに対するテロ対策において地道な米欧間協力はつづいているが、かつての冷戦時のような体系性は見込めず、中東政策を包括的にすり合わせる気配はない。大統領の交代時期にあたって、グローバルなパワーとしてのアメリカがどうなっていくのか、まだ見極めが必要だが、米欧関係の希薄化はもはや構造的な特徴になりつつある。結果として、自由民主主義の推進役がだれなのか、ぼやけてしまい、さまざまな世界的な社会インフラがほころびを見せている。これは、ヨーロッパだけでなく、日本を含めた世界に対して、相応の含意をもつことになろう。

国内においても、経済成長ははるか昔の物語となり、労使のあいだの協調も壊れてひさしい。

前章で見たように、この四半世紀のグローバル化は一段と深く国内に浸透するものとなり、それに対する防波堤として期待されたEU――あるいは「社会的ヨーロッパ」――もまた、うまく機能していない。かつての欧州委員長ドロールが主導した路線（ドロール・コンセンサス）は、ヨーロッパ大の市場や通貨というかたちで、アメリカや世界市場への対抗資源を構築したのち、その枠組みのもと、EU加盟国の市民や労働者のあいだで連帯を創りだすというものだった。これが、社会民主主義勢力とそのすそ野の中間層をヨーロッパ統合の旗印になんとか結集させていた面があるのだが、シュトレーク（二〇一六）を持ちだすまでもなく、しだいに彼らは「ヨーロッパ」や「EU」を仮面をかぶったグローバル化の先兵（「自由化マシーン」）と見なすようになってしまった。

こうして、国内から世界まで、EUを支えるインフラがむしばまれていくなか、組織が残ったというのが現状である。

先進民主国のトリレンマと政治指導者

別の観点からいえば、グローバル化（この文脈では「資本主義」と言い換えてもよい）が深化し、先進国の労働者から相対的に価値を奪っていくのにしたがい、それと国家主権や民主主義とのあいだに構成されていた三者関係は――宮台真司のことばを借りれば――トリアーデからトリレンマに転化してしまった。すなわち、この間、三者のあいだの調和的な関係（トリアーデ）

を可能にしていた世界的・国内的インフラが揺らぐなか、それらのあいだにもともと存在していた緊張がせりだしてきて、三つ同時には並びえないトリレンマの関係にとってかわられたということである。この土台が緩んだ結果、深化するグローバル化に対応した「統合」や広域統治体の形成に対する合意が取りつけにくくなっている。EUを基底でむしばんでいるのもまた、この問題である。

これらの三者をつなげる奇跡の政治家はいるのだろうか。ひるがえってみると、アメリカの大統領選挙に向けた民主党予備選の最中、ヒラリー・クリントン元国務長官が、以前の立場からUターンし、環太平洋経済連携協定（TPP）への反対を表明していたのは象徴的である。あれだけの経験と知性をもつ政治家でも、グローバル化の果実の行きわたらない有権者を前に、それらをつなげてみせることはかなわなかった。

日本でもTPPをめぐって国論が二分したのは記憶にあたらしい。それは、二〇一六年参議院選挙の際、東北や北海道といった農業地域で政権与党が劣勢だったことからすると、おそらくまだ尾を引いているといえよう。この国には、移民流入といえるほどの現象はなく、移民労働者がいてもそうは呼ばないので、グローバル化の浸透度合いは欧米とは異なろうが、それでも決して止まぬグローバル化と、実質所得の伸び悩みを経由して有権者にマグマがたまりゆく現象とは、並行して進んでいる可能性が高い。

トリレンマが先鋭化するなかで、もともと民主主義に難を抱えるEUは、加盟国の主権を束ねるところまではできても、それら三つを調和させることはできないでいる。いきおい、加盟国のナショナルな民主政が主権的にグローバル化とEUに牙《きば》をむくことになる。ハンガリーからイタリアまで現に進行中の出来事であるが、そうした事態が、民主主義＝国家主権を結合させる究極の装置である国民投票をつうじて、（イギリス離脱後の）加盟二七か国のあちこちで続発すれば、EUは先に言及した分岐点で選択を試みる手前で立ち枯れるというシナリオもないわけではない。

支える理念に乏しく、加盟国の主権的民意が噴出するなか、それでもEUには法体系と組織があり、共通の利益（感覚）までは残っている。そもそも、主権的な国民国家の強靭性を前にして、国際的な組織化を存続させるのがいかに困難かは、強調するまでもないだろう。国際連盟はなくなり、後継の国際連合もまた、政治的な争点になればなるほど影が薄い。生き生きとしている国際機関、広域統治の試みを思い浮かべるのに苦労するほどである。

その割には、という言い方をするならば、EUはそれなりにやってきた。考えてみてほしい。どの国際組織が、年間一七兆円もの予算を使い、多数決で物事を決め、直接選挙の議会をもち、通貨や市民権を共にしているのか。ただし、EUが成功すればするほど抱えてきた根本的なむずかしさがあるとすると、それは民主主義の問題であろう。イギリスの歴史的な決定をうけ、もはや広域統治とナショナルな民主政のあいだの矛盾は覆い隠しようがない。他方で日々進行するグローバル化をキャンセルできない以上、越境的なガバナンスはますます必要になっている。この矛盾は解けていない。

政治の縮減

「政治」には、ギリシャの古《いにしえ》より、「自然」のなすがままでなく「人為」でより良き秩序を創造するという理念が内在していた。けれども、国家主権と民主主義の組み合わせに賭《か》け、背を向けたあとのグローバル化は、日々流れる五〇〇兆円の資本移動に典型的に現れるように、ますます手つかずの「自然」の様相を呈する。そこにおいて、「人為」で改良を加えるという構えは後退するだろう。それは、本来的に「政治」という営みの縮減を意味するにちがいない。主権的に民意を露わにしても、それはまるで、外からボンボン物を投げ込まれる井戸のなかで、自分たちが決めているのだと叫ぶようなものである。その立ち位置からは、井戸の外のグローバル化を制御することはできない。

EUは、一面では、このグローバル化を管理する政治的な試みであった。一大市場を形成し、戦略的に投資を呼び込んできた。いまもその一大市場をバックに、世界的な環境基準や安全規制の形成にコミットし、グローバル化の下で流入する安かろう悪かろうの商品やサービスでヨーロッパが不利をこうむらないように仕向けてもいる。構造的な欠陥を露呈したが、単一通貨にもまた、巨大なグローバル市場に対する制御の向上を図るという意図が込められていた。各国通貨に回帰しても、膨れあがった投機の潜在力に見合う力を得るとは考えにくい。とするならば、加盟国とのあいだでEUがウィンウィンの関係、すなわち互恵的で両者がともに勝者になるような関係に立つことは、あるいはまだ可能かもしれない。しかし、緊縮のルールで縛り、多くの国にデフレないし低成長を押しつけ、各国の民主政を抑圧してゆくとき、それは単一通貨ユーロの下の勝者と敗者とを分け、そのあいだの乖離を固定化することにつながる。これはこれで、ルール自体が絶対化し、「黄金の拘束衣」——多くのひとにとってドイツのあつらえたものに映る——に拘泥するなかで、「可能性の技術」としての「政治」が無意味化することになる。このままいけば、池本（二〇一六）がいうように、緊縮のもとで各国の成長と民主政に負荷をかけたすえに崩壊した、二〇世紀初頭の金本位制と同じ道を歩むことになるかもしれない。そのアナロジーが効くのならば、ユーロはやはり分解するかどうか、「政治」を取り戻せるかどうかの「危機（分かれ道）」にある。

つまるところ、EUは、そもそも弱含みな国際組織のなかで一大成功例の高みに上りながら、近年の緊縮財政によって中間層を締めあげ、愚かな自壊の道を歩んでいるように見える。今後、そこから抜け出し、雇用や生活の安定をつうじて市井の人たちに役立つ方向に一歩でも二歩でも踏み出すのか、当地で問われているのはその点である。後者の方向に向かうには、ドイツが責任あるリーダーシップ（政治指導）を発揮し、弱含みのフランスがきちんとフォローワーシップ（追従・補佐の精神）を示すことが必要なのだが、両者の呼吸が合うかどうか、はなはだ心もとない。

リベラリズムのゆくえ

もっとも、ほのかな希望がないわけではない。それは、EUがいまだリベラルな価値観をもつ人びとに支持される傾向があることだろう。今一度頁をめくり、第4章の図表4－2を見てほしい。アッシュクロフト卿の調査によれば、イギリス国民投票で票を投じた人のうち、社会観において、いわゆる進歩的な価値を奉じる人ほど、EUへの残留に投票していることがわかる。たとえば、外国からの移民、多文化主義、フェミニズムを積極的に評価する人のうち、それぞれ八割近く、七割強、六割が残留に投票した。

つまり、開放、寛容、平等といった価値とEUとの結びつきは、まだ残っているのである。逆に、勝利した離脱派の中核にはイングランドのナショナリズムがあり、そこに閉鎖性、排外主義、そして（大陸・移民）蔑視の要素がまとわりついていたのは事実である。なかには、離脱の決定を「民主主義の勝利」として華々しく喧伝したい向きもあるようだが、それはこの価値的な後退の側面を軽視している。同時にそれは、「デマクラシー」とも呼ばれた民主的決定過程の劣化をも見逃している可能性が高い。

こうしてみると、イギリスのEU離脱から排外的なポピュリズムの興隆まで、欧州複合危機は、より大きなものに打撃を加えている可能性があろう。それは、おそらく、国や世界の秩序を、人為により理性的に改編できるとするリベラルな政治（理念）である。

ＥＵは見てきたとおり、問題含みの存在である。それ自体にどのような改善が求められているかは、行論のなかである程度明らかになったかと思われる。それにもかかわらず、長い目で見たとき、ＥＵが一国では保全しえない平和、繁栄、権力を、国際関係や地域秩序の大幅な改編をともなう広域体の形成のなかで可能にしてきたのもまた事実である。二〇世紀前半のヨーロッパが戦争と全体主義で血塗られた『暗黒の大陸』（マゾワー）であったことにかんがみれば、その反転に寄与した一要素として、それなりの評価がなされてしかるべきだろう。

一口に「改編」といっても、それは並大抵のことではなかった。国を超えた規模の市場をセクターごとに少しずつ広げ、関税障壁を一つ一つ取り払うのには、大きな困難がともなった。その後は次から次へと現れゆく非関税障壁をつぶしてゆく力作業であった。その延長線上で、各国がもつ拒否権に手を入れようものなら、それには大きな突破力を必要とした。通貨も、市民権も同様である。この過程を、フランス人は「ヨーロッパの建設（construction de l'Europe）」とよび、故ミッテラン仏大統領は何十年、何百年もかけて創るカテドラル（大聖堂）の建築になぞらえたのである。

国から世界まで、社会秩序が肯定的な価値にしたがって改編可能とする層を根太いものにできるのか否か。ＥＵはまごうことなく岐路に立っている。あわせてそこで問われているのは、この見立てでいけば、リベラリズムのゆくえに他ならない。

あとがき

稀な瞬間を目撃しているのかなと思う。

戦後のヨーロッパや世界が前提としていたことが、ガラガラと崩れつつある。海外の友人とのあいさつも、「世界がどんどん狂気に満ちていくね」などと暗いものになりがちだ。

本書の主題であるEUも深刻な危機のただなかにいる。もはや目を覆い隠すことなどできない。その何が壊れ、何が残っているのか。どう揺れて、どこまで行くのか。おそらくこの危機は、EUの存在にとどまらず、国や世界のあり方をも問うている。こういう時代だからこそ、冷徹に危機を正視し、その射程をリアルに見極めなければならない。

一般に、現象を前にして圧倒され、うろたえるのも、逆に大して驚くに値しない、以前からわかっていたことだと、いわば「知ったかぶり」をするのもいただけない。分析的な眼を維持する前提は、事態に向きあい、正しく驚くことだと考えている。

足かけ一〇年ほど住み、感じ、自分なりに血肉化したはずのヨーロッパ。しかし、それはもはや過去のものかもしれない。今回の危機に際しては、個々に分け入らねば、全体は見えないと考えた。その際、できるだけ先入観を外し、アンテナを立てて感度をあげ、あらためて旅をしながら、まず事物を追いかけた。

分け入るだけでは見えない全体もまた、負けず劣らず重要である。それは政治学というディシプリンで補って把握し、意味づけるように心がけた。この学問体系は、人間観に根ざし、秩序や自由、正義のあり方を問うものと教えられた。そのディシプリン的な隠し味は、あちこちで使っている。それによって筋や構図に見通しがつきやすくなっていることを、ただただ願う。

取材や執筆にあたってお世話になった方は数多い。学恩にいたっては、無数に負うている。ここでは、こころのなかで感謝の鈴を鳴らすにとどめたい。この本を書くことで、逆に不義理をため込んでしまったところもある。先約から一つずつ応えていきたいと考えているので、もう少し時間をいただければと思う。出来はともかく、そうしてまで書かなければならなかった本だと信じている。

記して謝意を表明したいのは、それぞれに多忙を極めているなか、図表や年表づくりに手を貸してくれた北海道大学大学院法学研究科の大学院生の津田久美子氏(日本学術振興会研究員)と宮井健志氏(欧州大学院大学博士候補)である。また、成蹊大学教授・板橋拓己氏、および関西大学准教授・五十嵐元道氏には、前作に引き続き草稿に目を通していただき、いくつもの有益なコメントを頂戴した。最後になるが、中央公論新社の木佐貫治彦氏と小野一雄氏には、本書の誕生に際し、一方ならぬお世話になった。とくに編集を担ってくださった小野氏のプロフェッショナリズムに、衷心より感謝申し上げたい。

言うまでもなく、本書に残るミスの責任はすべて筆者にある。

秋色日毎に深まる北大のキャンパスを眺めながら

遠藤　乾

能不全」『外交』第38号，72～77頁.
遠藤乾編（2008）『グローバル・ガバナンスの最前線——現在と過去のあいだ』東信堂.
遠藤乾（2009）「主権とヨーロッパ統合」大芝亮・古城佳子・石田淳編『日本の国際政治2　国境なき国際政治』有斐閣，157～175頁.
遠藤乾編（2010）『グローバル・ガバナンスの歴史と思想』有斐閣.
遠藤乾（2013）「グローバル化2.0——TPP賛否両極論を排す」『中央公論』第128巻3号，3月，72～82頁.
遠藤乾編（2015）『シリーズ　日本の安全保障8　グローバル・コモンズ』岩波書店.
遠藤乾（2015）「グローバル化と日本」外務省「20年後の世界秩序及びアジア太平洋地域秩序と日本の役割」外務省総合政策局政策企画室報告書，3月，第6節.
遠藤乾（2016）「英国EU離脱で「欧州と世界」はどう変わるのか」『東洋経済オンライン』7月16日.
ギデンズ，アンソニー（2015）『揺れる大欧州——未来への変革の時』脇阪紀行訳，岩波書店.
シュトレーク，ヴォルフガング（2016）『時間かせぎの資本主義——いつまで危機を先送りできるか』鈴木直訳，みすず書房.
ハーバーマス，ユルゲン（2010）『ああ、ヨーロッパ』三島憲一・鈴木直・大貫敦子訳，岩波書店.
ハーバーマス，ユルゲン（2016）「デモクラシーか資本主義か？」三島憲一訳，『世界』第886号，9月，176～191頁.
ブートル，ロジャー（2015）『欧州解体——ドイツ一極支配の恐怖』町田敦夫訳，東洋経済新報社.
ブレイディみかこ（2016）『ヨーロッパ・コーリング——地べたからのポリティカル・レポート』岩波書店.
マゾワー，マーク（2015）『暗黒の大陸——ヨーロッパの20世紀』中田瑞穂・網谷龍介訳，未來社，2015年.
マゾワー，マーク（2015）『国際協調の先駆者たち——理想と現実の200年』依田卓巳訳，NTT出版.
宮台真司・神保哲生・遠藤乾（2016）「イギリスのEU離脱で世界はこう変わる」マル激トーク・オン・ディマンド第795回，7月2日.
Mazower, Mark（2015）‘Europe in Crisis: Looking Ahead from a Historical Perspective,’ WRR- Lecture 2015, Theater Diligentia, The Hague, 3 December.
Mazower, Mark（2015）‘Berlin’s devotion to rules harms EU,’ *The Financial Times*, 3 August.

Symbolic Exchange, Cambridge: Cambridge University Press.

【第８章】
遠藤乾（2012）「トレンド2012　ユーロ危機下のヨーロッパ――変調する独仏枢軸」『外交』第11号，107～114頁.
遠藤乾（2016）「EU の危機　支えあう各国の民主主義」『毎日新聞』３月22日朝刊.
遠藤乾（2016）「英国 EU 離脱で「欧州と世界」はどう変わるのか」『東洋経済オンライン』７月16日.
トッド，エマニュエル（2015）『「ドイツ帝国」が世界を破滅させる――日本人への警告』堀茂樹訳，文春新書.
中村研一（1994）「帝国と民主主義」坂本義和編『世界政治の構造変動１　世界秩序』岩波書店.
中村研一（2003）「帝国主義政治理論の誕生――ホブスンの戦争批判と自由主義批判」『思想』第945号，１月.
ベルガー，イエンス（2016）『ドイツ帝国の正体――ユーロ圏最悪の格差社会』岡本朋子訳，早川書房.
ホブスン（1951）『帝国主義論（上・下）』矢内原忠雄訳，岩波文庫.
ロドリック，ダニ（2014）『グローバリゼーション・パラドクス――世界経済の未来を決める三つの道』柴山桂太・大川良文訳，白水社.
BBC News（2016）'EU has 'too many part-time Europeans' - Juncker,' 6 May.
Borger, Julian, et al.,（2015）'What are Europeans afraid of most?' *The Guardian*, 5 February.
Garton Ash, Timothy（2016）'As an English European, this is the biggest defeat of my political life,' *The Guardian*, 24 June.
Menon, Anand（2016）'Uniting the United Kingdom After Brexit,' *The Foreign Affairs*, 7 July.
Milanovic, Branko（2016）*Global Inequality: A New Approach for the Age of Globalization*, Cambridge: Harvard University Press.
Reuter（2016）'From budget to banks: how Brexit could impact the EU economy,' 14 April.
Soros, George（2016）'Brexit and the Future of Europe,' Project Syndicate, 25 June.
Todd, Emanuel（2016）'L'étape numéro 4, après le réveil de l'Allemagne, de la Russie, et du Royaume-Uni, doit être le réveil de la France. Suivre les Anglais est conforme à notre tradition révolutionnaire,' atlantico. fr, 3 juillet.
Wagstyl, Stefan（2016）'Germany frets about its EU dominance if Britain votes to leave,' *The Financial Times*, 16 June.

【終章】
池本大輔（2016）「トレンド2016　BREXIT の深層　露呈した英国政治の機

Diekmann, Florian (2015) 'The Bill: Germany Faces Billions in Losses If Greece Goes Bust,' Der Spiegel Online, 30 June.
Endo, Ken (2001) 'Subsidiarity and Its Enemies: To What Extent Is Sovereignty Contested in the Mixed Commonwealth of Europe?,' *EUI Working Paper*, RSC 2001/24, July.
Habermas, Jürgen (1992) 'Citoyenneté et identité nationale: Réflexions sur l'avenir de l'Europe,' Jacques Lenoble et Nicole Dewandre dir., *L'Europe au soir du siècle : identité et démocratie*, Paris: Esprit.
Kohn, Hans (1944) *The Idea of Nationalism: A Study in its Origins and Background*, New York: Macmillan.
Manners, Ian (2002) 'Normative Power Europe: A Contradiction in Terms?,' *Journal of Common Market Studies*, 40/2, pp. 235-258.
Nienaber, Michael (2016) 'Germany registers surge in crimes by right-wing radicals,' *Reuter*, 23 May.
Reif, Karlheinz and Hermann Schmitt (1980) 'Nine Second Order National Elections: A Conceptual Framework for the Analysis of European Election Results,' *European Journal of Political Research*, 8/1, pp. 3-44.
Reuter (2016) 'Schengen collapse could cost EU up to 1.4 trillion euros over decade,' 22 February.
Smith, Anthony D. (1995) *Nations and Nationalism in a Global Era*. Polity.
Traub, James (2016) 'If the Refugee Deal Crumbles, There Will Be Hell to Pay,' *Foreign Policy*, 7 June.
Wagstyl, Stefan and Chris Bryant (2015) 'German public resists debt cut for Greece,' *The Financial Times*, 23 January.
Weber, Max (1978) *Economy and Society: An Outline of Interpretative Sociology*, Berkeley: University of California Press.

【第7章】

遠藤乾（1997）「さまよえる欧州統合」『世界』第642号，11月，308～318頁.
遠藤乾（2005）「日本におけるヨーロッパ連合研究のあり方――方法論的ナショナリズムを超えて」中村民雄編『EU 研究の新地平――前例なき政体への接近』ミネルヴァ書房，1～27頁.
遠藤乾（2013）「グローバル化2.0――TPP 賛否両極論を排す」『中央公論』第128巻3号，3月，72～82頁.
遠藤乾（2015）「危機を生きる――ギリシャの国民投票後の EU」『學士會会報』第914号，9月，26～33頁.
遠藤乾・鈴木一人編（2012）『EU の規制力』日本経済評論社.
Standard Eurobarometer (2016) 85 First Results- Wave EB85.2 - TNS opinion & social, European Commission, Spring.
Standard Eurobarometer (2016) 85 Annex - Wave EB85.2 - TNS opinion & social, European Commission, Spring.
Weber, Cynthia (1994) *Simulating Sovereignty: Intervention, the State, and*

本の国際政治学2　国境なき国際政治』有斐閣，157〜175頁.
遠藤乾（2009）「ポスト・ナショナルな社会統合——多元な自由の語り口のために」齋藤純一編『自由への問い1　社会統合——自由の相互承認に向けて』岩波書店，155〜181頁.
遠藤乾（2010）「国境を超える市民／社会？——欧州連合（EU）を事例として」日本法哲学会編『法哲学年報2010　市民／社会の役割と国家の責任』87〜99頁.
遠藤乾（2011）「試されるリベラリズム——グローバルとナショナルのあいだの市民権（シティズンシップ）」『アステイオン』第74号，159〜167頁.
柄谷利恵子（2004）「「移民」と「難民」の境界——作られなかった「移民」レジームの制度的起源」『広島平和科学』第26号，47〜74頁.
柄谷利恵子（2016）『移動と生存——国境を越える人々の政治学』岩波書店.
シュミット，カール（1971）『政治神学』田中浩・原田武雄訳，未來社.
シュワーブ，ジョージ（1980）『例外の挑戦——カール・シュミットの政治思想1921-1936』宮本盛太郎・初宿正典・服部平治・片山裕訳，みすず書房.
高橋進・石田徹編（2016）『「再国民化」に揺らぐヨーロッパ——新たなナショナリズムの隆盛と移民排斥のゆくえ』法律文化社.
バルトリーニ，ステファノ（2003）「中央－周辺関係の転換——グローバル時代の新しい領域政治」小川有美訳，山口二郎・山崎幹根・遠藤乾編『グローバル化時代の地方ガバナンス』岩波書店.
ベッツ，アレクサンダー（2016）「ヨーロッパの価値を救うには——イスラム系難民とヨーロッパ的価値の危機」『フォーリン・アフェアーズ・リポート』3月号，90〜94頁.
ベンハビブ，セイラ（2006）『他者の権利——外国人・居留民・市民』向山恭一訳，法政大学出版局.
真木悠介（1981）『時間の比較社会学』岩波書店.
水島治郎編（2016）『保守の比較政治学——欧州・日本の保守政党とポピュリズム』岩波書店.
山口二郎・山崎幹根・遠藤乾編（2003）『グローバル化時代の地方ガバナンス』岩波書店.
横田正顕（2015）「南欧政治における代表と統合の背理——欧州債務危機とデモクラシーの縮退」日本政治学会編『年報政治学2015Ⅱ　代表と統合の政治変容』木鐸社，100〜129頁.
ヨプケ，クリスチャン（2013）『軽いシティズンシップ——市民，外国人，リベラリズムのゆくえ』遠藤乾・佐藤崇子・井口保宏・宮井健志訳，岩波書店.
Bartolini, Stefano（2005）*Restructuring Europe: Centre formation, system building and political structuring between the nation-state and the European Union*, Oxford: Oxford University Press.
Beck, Gunnar（2012）'Germany the Euro Winner? Hardly,' *The New York Times*, 26 June.

フィーの構築に向けて」遠藤乾・板橋拓己編『複数のヨーロッパ――欧州統合史のフロンティア』北海道大学出版会，第1章.
遠藤乾（2015）「EU の歴史と将来――ヨーロッパはどこに向かうのか」『国際問題』第641号，5月，5～15頁.
遠藤乾・板橋拓己編（2011）『複数のヨーロッパ――欧州統合史のフロンティア』北海道大学出版会.
川嶋周一（2007）『独仏関係と戦後ヨーロッパ国際秩序――ドゴール外交とヨーロッパの構築1958-1969』創文社.
佐々木隆生・中村研一編（1994）『ヨーロッパ統合の脱神話化――ポスト・マーストリヒトの政治経済学』ミネルヴァ書房.
妹尾哲志（2011）『戦後西ドイツ外交の分水嶺――東方政策と分断克服の戦略，1963～1975年』晃洋書房.
トッド，エマニュエル（2015）『「ドイツ帝国」が世界を破滅させる――日本人への警告』堀茂樹訳，文春新書.
Endo, Ken（2002）'Security Foundations of Economic Integration: A Comparison between East Asia and Western Europe,' Christopher Dent and David Huang eds., *Northeast Asian Regionalism: Learning from the European Experience*, London: Routledge Curzon, pp. 226-242.
Hill, Christopher（1993）'The capability-expectations gap or conceptualising Europe's international role,' *Journal of Common Market Studies*, 31/3, pp. 305-328.
Kohl, Helmut（1996）*Ich wollte Deutschlands Einheit*, Berlin: Propyläen Verlag.
Milward, Alan S.（1992）*The European Rescue of the Nation-State*, Berkeley and Los Angeles: University of California Press.

【第6章】
アーレント，ハナ（1972）『全体主義の起原2――帝国主義』大島通義・大島かおり訳，みすず書房.
ウェーバー，マックス（1960）『支配の社会学I――経済と社会』世良晃志郎訳，創文社.
臼井陽一郎編（2015）『EU の規範政治――グローバルヨーロッパの理想と現実』ナカニシヤ出版.
遠藤乾（1999）「重層化する政治空間――ポスト通貨統合の欧州像」『世界』第658号，2月，96～107頁.
遠藤乾（2002）「ポスト・ナショナリズムにおける正統化の諸問題――ヨーロッパ連合を事例として」日本政治学会編『年報政治学2001――三つのデモクラシー』岩波書店，123～142頁.
遠藤乾（2008）「地域統合――EU のケース」辻康夫・松浦正孝・宮本太郎編『政治学のエッセンシャルズ――視点と争点』北海道大学出版会，246～256頁.
遠藤乾（2009）「主権とヨーロッパ統合」大芝亮・古城佳子・石田淳編『日

大学出版会.
細谷雄一編（2009）『イギリスとヨーロッパ――孤立と統合の二百年』勁草書房.
山崎幹根（2011）『「領域」をめぐる分権と統合――スコットランドから考える』岩波書店.
山崎幹根（2016）「世界の潮　躍進を続けるスコットランドの地域政党 SNP と EU 国民投票のゆくえ」『世界』第884号，7月，25～28頁.
吉武信彦（2005）『国民投票と欧州統合――デンマーク・EU 関係史』勁草書房.
吉田美智子（2016）「社会に亀裂，支持分極化　遠藤教授と歩く」『朝日新聞』6月23日.
若松邦弘（2015）「支持の地域的拡大と多様化――地方議会における連合王国独立党（UKIP）の伸長」『国際関係論叢』第4巻2号，三一～六〇頁.
BBC News（2016）'EU vote: Where the cabinet and other MPs stand,' 22 June.
Bogdanor, Vernon（2016）'Europe and the Sovereignty of the People,' *The Political Quarterly*, 87/3, July-September, pp. 348-351.
Butler, David and Uwe Kitzinger（1976）*The 1975 referendum*, London: Macmillan.
George, Stephen（1990）*An Awkward Partner: Britain in the European Community*, New York: Oxford University Press.
Goodwin, Matthew and Oliver Heath（2016）'The 2016 Referendum, Brexit and the Left Behind: An Aggregate-level Analysis of the Result,' *The Political Quarterly*, 87/3, July-September, pp. 323-332.
Goodwin, Matthew and Caitlin Milazzo（2015）'Britain, the European Union and the Referendum: What drives the Euroscepticism?' *Chatham House Briefing Paper*, Chatham House, 9 December.
Reed, Jamie（2016）'The Labour leadership did not give the Remain campaign the resources or energy it required,' *The Daily Telegraph*, 25 June.
Ross, Tim and Ben Riley-Smith（2016）'Jeremy Corbyn under pressure, with Labour staff reduced to tears over Brexit,' *The Daily Telegraph*, 11 June.

【第5章】

板橋拓己（2010）『中欧の模索――ドイツ・ナショナリズムの一系譜』創文社.
岩間陽子（1993）『ドイツ再軍備』中央公論社.
遠藤乾（2009）「帝国を抱きしめて――「ヨーロッパ統合の父」＝ジャン・モネのアメリカン・コネクション」『思想』第1020号，4月，152～170頁.
遠藤乾（2010）「ジャン・モネ――グローバル・ガバナンスの歴史的源流」遠藤乾編『グローバル・ガバナンスの歴史と思想』有斐閣，47～80頁.
遠藤乾（2011）「ヨーロッパ統合史のフロンティア――EU ヒストリオグラ

Rogers, Paul (2015) 'The Paris atrocity, and after,' *Open Democracy*, 15 November.
Sakwa, Richard (2015) *Frontline Ukraine: Crisis in the Borderlands*, London: I. B. Tauris.
Le Soir (2016) 'Jan Jambon et Koen Geens ont présenté leur démission, Charles Michel les refuse,' 25 mars.
Van Ostaeyen, Pieter (2016) 'April 2016: A new statistical update on Belgian fighters in Syria and Iraq,' Pietervanostaeyen, Musings on Arabism, Islamicism, History and current affairs.
Van Vlierden, Guy (2016) 'Molenbeek and Beyond. The Brussels-Antwerp Axis as Hotbed of Belgian Jihad,' Varvelli ed., *Jihadist Hotbeds*, chap. 3.
Varvelli, Arturo ed. (2016) *Jihadist Hotbeds. Understanding Local Radicalization Processes*, ISPI REPORT.
Wilson, Andrew (2014) *Ukraine Crisis. What it Means for the West*, New Haven, NJ: Yale University Press.

【第4章】
アーレント，ハナ（1972〜74）『全体主義の起原1〜3』大久保和郎・大島通義・大島かおり訳，みすず書房.
池本大輔（2016）「トレンド2016　BREXITの深層　露呈した英国政治の機能不全」『外交』第38号，72〜77頁.
遠藤乾（2005）「フランス・オランダ国民投票による欧州憲法条約否決」『生活経済政策』第104号，9月，2〜8頁.
遠藤乾（2009）「サッチャーとドロール」細谷雄一編『イギリスとヨーロッパ』勁草書房.
遠藤乾（2016）「EU離脱を決めた英国民投票　欧州複合危機の脅威が眼前に」『聖教新聞』6月25日.
遠藤乾（2016）「英国はEU離脱で「のた打ち回る」ことになる」『東洋経済オンライン』6月27日.
遠藤乾（2016）「英国が「EUを離脱しない」は本当なのか」『東洋経済オンライン』7月9日.
遠藤乾（2016）「EUは生き残れるか（中）やせ細る中間層，対策急務——国際化と民主化，矛盾拡大」『日本経済新聞』7月28日朝刊.
遠藤乾（2016）「そして，世界が麻痺してゆく（英EU離脱の衝撃・緊急インタビュー）」『中央公論』第130巻8号，8月，50〜53頁.
遠藤乾（2016）「INTERVIEW　イギリスのEU離脱に見るデモクラシーの未来」『第三文明』第681号，9月，32〜34頁.
遠藤乾・細谷雄一（2014）「対談　これはグローバリゼーションの反動なのか?」『中央公論』第129巻12号，12月，100〜107頁.
川崎修（2010）『ハンナ・アレントと現代思想——アレント論集2』岩波書店.
中村民雄（1993）『イギリス憲法とEC法——国会主権の原則の凋落』東京

白水社編集部編（2015）『パリ同時テロ事件を考える』白水社.
東野篤子（2015）「ウクライナ危機とEU——ミンスクⅡ合意をめぐるEUと加盟諸国の外交」『国際問題』第641号，5月，27〜38頁.
渡邊啓貴（2015）「ポスト冷戦の秩序再編に揺れるヨーロッパ——シリア・ウクライナ問題に見る宥和外交」『海外事情』第63巻12号，12月，2〜19頁.
『ユーラシア研究』(2014)「特集　ウクライナ問題」第51号，12月.
BBC News (2015) 'Paris attacks: Who was Abdelhamid Abaaoud?' 19 November.
BBC News (2016) 'Paris attacks: Key suspect Abrini arrested in Brussels,' 9 April.
Blaise, Lilia and Aurelien Breedenmarch (2016) 'Najim Laachraoui, 24, Bomb Maker for Paris and Brussels Attacks,' *The New York Times*, 25 March.
Bronstein, Scott, Nicole Gaouette, Laura Koran and Clarissa Ward (2016), 'ISIS planned for more operatives, targets during Paris attacks,' CNN Investigations, 5 September.
Brunsden, Jim (2016) 'Belgium: Journeys to jihad,' *The Financial Times*, 3 June.
Brunsden, Jim and Mehul Srivastava (2016) 'Belgium admits mishandling Turkish terror warnings,' *The Financial Times*, 25 March.
Eleftheriou-Smith, Loulla-Mae (2015) 'Putin reveals the moment he ordered the plot to take control of Crimea,' *Independent*, 10 March.
Europol (2016) '211 terrorist attacks carried out in EU Member States in 2015, new Europol report reveals,' The Hague, 20 July.
L'Express (2016) 'Attentats: un Algérien en contact avec Abaaoud arrêté en Allemagne?' 7 juillet.
Higgins, Andrew and Kimiko de Freytas-Tamura (2016) 'A Brussels Mentor Who Taught 'Gangster Islam' to the Young and Angry,' *The New York Times*, 11 April.
Hollande, François (2015) 'Discours du président de la République devant le Parlement réuni en Congrès,' Versailles, 16 novembre.
Lamfalussy, Christophe (2013) 'Un condamné échappe à la justice belge en se battant en Syrie,' *La Libre Belgique*, 8 janvier.
Le Monde (2016) 'Attentats du 13 novembre: Osoma Krayem soupçonné d'avoir fréquenté l'atelier de confection des bombes,' 20 avril.
The New York Times (2016) 'Ibrahim and Khalid el-Bakraoui: From Bank Robbers to Brussels Bombers,' 24 March.
Office of the United Nations High Commissioner for Human Rights (2016) 'Ukraine: Growing despair among over three million civilians in conflict zone,' UN Report, 3 March.
Rankin, Jennifer (2016) 'FBI tipped off Dutch police about Bakraoui brothers,' *The Guardian*, 29 March.

Migrants,' *The Wall Street Journal*, 23 September.
The Daily Telegraph (2015) 'Czech PM blames Germany for refugees,' 23 December.
Eddy, Melissa (2016) 'Reports of Attacks on Women in Germany Heighten Tension Over Migrants,' *The New York Times*, 5 January.
Faiola, Anthony (2016) 'Could Europe's refugee crisis be the undoing of Angela Merkel?' *The Washington Post*, 4 February.
Feldenkirchen, Markus and René Pfister (2016) 'The Isolated Chancellor: What Is Driving Angela Merkel?' *Der Spiegel*, 25 January.
Fratzke, Susan (2016) 'Not Adding Up: The Fading Promise of Europe's Dublin System,' *MPI Report*, March.
Hewitt, Gavin (2016) 'Cologne attacks' profound impact on Europe,' BBC News, 11 January .
Holehouse, Matthew and James Badcock (2015) 'Hungary: Migration crisis is Germany's problem - not ours,' *The Daily Telegraph*, 3 September.
Hope, Kerin (2016) 'Greece's island refugee camps strain under EU-Turkey deal deadlock,' *The Financial Times*, 14 July.
Junker, Jean-Claude (2014) 'A New Start for Europe: My Agenda for Jobs, Growth, Fairness and Democratic Change. Political Guidelines for the Next European Commission,' European Parliament, 15 July.
Der Spiegel (2016) 'EU Border Office Chief on Refugee Crisis: We Should Have No Illusions,' 3 February.
Vick, Karl (2015) 'Chancellor of the Free World,' *TIME*, 9 November.
Wagstyl, Stefan (2015) 'Schäuble warns of refugee 'avalanche' in dig at Merkel,' *The Financial Times*, 12 November.
Die Welt (2016) 'Union sackt auf Allzeittief - AfD mit neuem Rekord,' 19 January.

【第3章】

遠藤乾（2011）「素顔のブレイヴィック――ノルウェー連続テロ実行犯の政治的人格」『WEBRONZA』8月16日
遠藤乾（2016）「ベルギー連続テロの衝撃（上）」『日本経済新聞』4月4日朝刊.
岡部みどり編（2016）『人の国際移動とEU――地域統合は「国境」をどのように変えるのか？』法律文化社.
国末憲人（2015）「テロリストの誕生（1〜22）」『フォーサイト』3月4日〜9月24日.
黒井文太郎（2016）『イスラム国「世界同時テロ」』ベスト新書.
鶴岡路人（2016）「リスボン条約第42条7項――パリ同時テロ事件を受けたEUにおける対応」『NIDSコメンタリー』第51号，2月.
中村研一（2007）「テロリズムの定義と行動様式」『日本比較政治学会年報』第9号，7月，131〜152頁.

田中素香（2016）『ユーロ危機とギリシャ反乱』岩波新書.
星野郁（2015）『EU 経済・通貨統合とユーロ危機』日本経済評論社.
ボワイエ，ロベール（2013）『ユーロ危機――欧州統合の歴史と政策』山田鋭夫・植村博恭訳，藤原書店.
マーシュ，デイヴィッド（2014）『ヨーロッパの行き詰まり――ユーロ危機は今後どうなるのか』田村勝省訳，一灯舎.
Leonard, Mark（2005）*Why Europe Will Run the 21st Century*, London: Fourth Estate.
Reid, T. R.（2004）*The United States of Europe: The New Superpower and the End of American Supremacy*, New York: Penguin Press.
Rifkin, Jeremy（2004）*The European Dream: How Europe's Vision of the Future is Quietly Eclipsing the American Dream*, New York: Jeremy P. Tarcher.
Der Spiegel（2015）'The Grexit Dilemma: What Would Happen if Greece Leaves the Euro Zone?' 20 February.
Spiegel, Peter（2014）'The big read:（1）How the euro was saved,（2）Inside Europe's Plan Z,（3）'If the euro falls, Europe falls',' *The Financial Times*, 12, 15, 16 May.
Wagstyl, Stefan and Chris Bryant（2015）'German public resists debt cut for Greece,' *The Financial Times*, 23 January.

【第 2 章】
青山弘之（2012）『混迷するシリア――歴史と政治構造から読み解く』岩波書店.
池内恵（2015）『イスラーム国の衝撃』文春新書.
遠藤乾（2015）「争点となる EU 移動の自由原則――ユーロは実質機能強化へ」『e-World Premium』第17号，6 月，13～19頁.
遠藤乾（2015）「経済教室　試練続く欧州（上）――統合と分断が同時進行」『日本経済新聞』10月 7 日朝刊.
遠藤乾（2016）「難民，テロ，ポピュリズム――正念場となる欧州　国境協定見直しが焦点に」『e-World Premium』第24号，1 月，18～22頁.
岡部芳彦（2016）『マイダン革命はなぜ起こったか――ロシアと EU のはざまで』ドニエプル出版.
酒井啓子（2015）「域内政治のイスラーム化を生んだものは何か」遠藤乾編『シリーズ　日本の安全保障 8　グローバル・コモンズ』岩波書店，第 7 章.
山内昌之（2016）『中東複合危機から第三次世界大戦へ』PHP 新書.
BBC News（2016）'Migrant crisis: Nato deploys Aegean people-smuggling patrols,' 11 February.
BBC News（2016）'Turkey's Erdogan criticises EU over Syria refugee deal,' 26 July.
Bender, Ruth（2015）'Orban Accuses Germany of 'Moral Imperialism' on

参考文献

以下は，直接間接に参照した主な文献のリストである．記事の類は，本文では新聞・雑誌名と日付のみを記しているが，以下では題名に加え，著者名がある場合には明記した．なお，ウェブ上で見たものも多いが，URL は省略した．

【全体にかかわるもの】

遠藤乾編（2008）『原典ヨーロッパ統合史――史料と解説』名古屋大学出版会．

遠藤乾（2013）『統合の終焉――EU の実像と論理』岩波書店．

遠藤乾編（2014）『ヨーロッパ統合史』増補版，名古屋大学出版会．

【はじめに】

Bloomberg（2016）'Renzi Says EU Can Dodge Titanic Disaster Following Italy's Lead,' 10 February.

【第 1 章】

ウルフ，マーティン（2015）『シフト＆ショック――次なる金融危機をいかに防ぐか』遠藤真美訳，早川書房．

遠藤乾（2005）「フランス・オランダ国民投票による欧州憲法条約否決」『生活経済政策』第104号，9 月，2 ～ 8 頁．

遠藤乾（2012）「ユーロ危機の深層――「対岸の火事」を超えて」『アステイオン』第76号，5 月，160～182頁．

遠藤乾（2015）「激動ユーロ（下）――統合と分断　絡み合う力学」『日本経済新聞』2 月 3 日朝刊．

遠藤乾（2015）「統合と分断の同時深化こそ欧州の「新常態」」『中央公論』第129巻 4 号，4 月，144～151頁．

遠藤乾（2015）「（耕論）ギリシャ危機と欧州」『朝日新聞』7 月 2 日朝刊．

遠藤乾（2015）「危機を生きる――ギリシャの国民投票後の EU」『學士會会報』第914号，9 月，26～33頁．

遠藤乾（2015）「財政統合なき共同体の困難」『中央公論』第129巻 9 号，9 月，208～211頁．

衆議院憲法調査会事務局（2004）『欧州憲法条約――解説及び翻訳』中村民雄解説・翻訳，衆議院憲法調査会事務局．

高屋定美（2011）『欧州危機の真実――混迷する経済・財政の行方』東洋経済新報社．

高屋定美（2015）『検証欧州債務危機』中央経済社．

		ルク近郊，アフガン難民の少年が列車内で乗客襲撃，５名重軽傷．22日，ミュンヘンでイラン系ドイツ人の少年銃乱射事件，９名死亡，35名負傷．24日，南部ロイトリンゲンで，シリア難民の若者が妊婦をなたで刺殺，他に２人負傷，また南部アンスバッハでシリア難民の若者が自爆テロ，１名死亡，14名負傷）
	9	16日ブラティスラヴァで英除くＥＵ27か国首脳会議．

	12	1日独政府，仏要請を受け，シリアのIS掃討作戦参加決定．2日英議会，ISに対するシリア空爆実施承認．同日スロヴァキア政府，EU難民割り当て制度に対し，EU加盟国で初めて欧州司法裁判所に提訴．仏地域議会選，6日の第1回投票で国民戦線28%の最多票獲得，13日の第2回投票で全敗．31日独ケルンなどで暴行・略奪事件
2016	1	1日SRM始動．26日デンマーク議会，移民流入抑制の目的で，政府が難民の財産を没収しうる法律を可決
	2	10日仏国民議会，非常事態条項・国籍剥奪条項を盛り込んだ憲法改正案を可決，16日非常事態の3か月再延長．18～19日欧州理事会，英EU改革案につき合意．キャメロン首相はEU残留に向け尽力表明．20日キャメロン英首相，EU残留・離脱を問う国民投票を6月23日実施と発表
	3	5日スロヴァキア議会選．難民流入が争点．極右「スロヴァキア国民党」議席獲得．9日マケドニア，ギリシャ国境からの移民入国禁止．13日独3州議会選挙．与党CDU得票率減，AfD躍進，東部ザクセン＝アンハルト州で第2党に．17～18日EU＝トルコ合意．首脳会談で，トルコからギリシャに渡った不法移民をトルコに送還で合意．その代わり，EUはトルコに対するシリア難民向け支援金を増額するほか，トルコ国民のEUビザ自由化やトルコのEU加盟交渉の前倒し実施について基本合意．18日ブリュッセルでサラ・アブデスラム容疑者逮捕．22日ブリュッセル同時多発テロ事件．死者35名，負傷者約300名．IS犯行声明．30日オランド仏大統領，憲法改正断念表明
	4	4日ギリシャ当局，EU＝トルコ合意に基づき，不法滞在難民・移民のトルコ送還を開始．6日オランダでEU＝ウクライナ連合協定の是非を問う国民投票実施，賛成38%，反対61%で否決．15日英でEU残留・離脱を問う国民投票のキャンペーン開始．24日オーストリア大統領選挙第1回投票で，反移民の極右・自由党のホーファーが勝利．次点の緑の党の元党首ファン・デア・ベレンと決選投票へ．連立与党の社会民主党，国民党は歴史的な敗北
	6	23日英，EU国民投票実施，翌日未明にEU離脱派が勝利と判明（離脱51.89%，残留48.11%）．キャメロン首相辞意表明
	7	13日英メイ政権発足．14日ニースでテロ事件．死者84名，負傷者約300名．15日トルコで軍によるクーデタ未遂事件．ドイツで立て続けにテロ事件発生（18日，南部ヴュルツブ

		権方針が支持（61.31%）．他のユーロ加盟国態度硬化，首脳会議で緊縮等条件付でギリシャ財政支援に合意
	8	14日ユーロ圏財務相会合で，最大860億ユーロのギリシャ第3次支援プログラムに合意．20日ギリシャ与党シリッツァ分裂，チプラス辞任表明，総選挙実施へ．21日アムステルダム発パリ行き高速鉄道タリス車内で，テロ未遂事件．29日トルコ，ISへの有志連合による掃討作戦参加
	9	2日シリア難民男児の溺死遺体の写真報道，英独仏等首脳がシリア難民の受け入れに積極姿勢表明．4日メルケル独首相，ハンガリーの滞留難民に対する国境開放を宣言．ドイツへ難民が殺到．9日欧州委，難民12万人の緊急割り当て含む第2パッケージ公表．14日 EU 司法・内務理事会で，伊・ギリシャで難民申請をした4万人の緊急割り当て案に合意．15日ハンガリー，移民・難民の流入を防ぐためセルビアとの国境を封鎖．20日ギリシャ総選挙でシリッツァ勝利．第2次チプラス政権発足へ．22日 EU 司法・内務理事会臨時会合，伊，ギリシャ，ハンガリーで難民申請をした12万人の割り当て案を多数決で可決．ハンガリー，チェコ，スロヴァキア，ルーマニアは反対．27日スペイン・カタルーニャ州議会選挙で独立派が過半数議席獲得．同日仏，シリアでISに対する空爆を開始．30日ロシア，反IS・反テロリズム掲げ，シリアに空爆開始
	10	4日ポルトガル総選挙．中道右派中心の連立与党が勝利するも過半数に届かず．最大野党社会党や緊縮反対の左派連合は議席増．16日ハンガリー，移民・難民流入を防ぐため国境封鎖をクロアチア国境まで拡大．25日ポーランド総選挙で与党敗北，欧州懐疑派「法と正義」勝利．31日エジプト・シナイ半島上空でロ旅客機が墜落，IS犯行声明
	11	10日キャメロン英首相，トゥスク EU 常任議長への書簡で EU 改革案提示．翌年6月の国民投票実施示唆．13日パリ同時多発テロ事件．死者130人，負傷者350人以上．フランス全土で非常事態宣言発令．15日仏，シリア北部ラッカ空爆，IS弾薬庫と訓練施設を破壊．19日仏国民議会，非常事態の3か月延長．23日仏，イラクとシリアのIS拠点空爆．24日トルコ，シリアとの国境上空で，領空侵犯をしたとロシア戦闘機を撃墜．同日欧州委，銀行同盟に向け，預金保険一元化提案．28日マケドニア，不法難民流入抑制の目的で，ギリシャ国境封鎖．29日 EU＝トルコサミットで，シリア難民に関する共同行動計画採択

		クリミアを併合
	4	銀行同盟に向け「単一破綻処理メカニズム（SRM）」案を欧州議会承認．7日ウクライナ東部で反政府・親ロシア派勢力が武装蜂起，戦闘状態へ．11日ウクライナ東部ドネツク・ルハンスク両州で住民投票，独立宣言
	5	SRMの「単一破綻処理基金（SRF）」につき，英・スウェーデン除くEU26か国合意．22～25日欧州議会議員選挙．25日ウクライナ大統領選挙でポロシェンコ勝利，翌月新政権発足
	6	ECB，マイナス金利導入．10日ISがイラク北部モスル制圧．同月29日カリフ制国家樹立宣言．27日EUとウクライナ，連合協定署名
	7	SRM規則案を閣僚理事会が承認（8月施行）．17日ウクライナでマレーシア航空旅客機墜落，298人犠牲．30日EU，対ロ追加制裁決定
	8	24日IS，シリア北部ラッカ空軍基地制圧
	9	5日ミンスク合意I．18日スコットランド独立住民投票．23日米，シリア国内でIS空爆開始
	11	1日ユンケル欧州委員会発足．同日SSM始動．9日スペイン・カタルーニャ州独立住民投票
2015	1	1日リトアニアのユーロ導入によりユーロ圏は19か国に．7～9日パリの『シャルリ・エブド』紙本社襲撃テロ．パリ周辺で立てこもり事件も続発，死者17名．22日ECB，量的緩和措置実施決定．25日ギリシャ総選挙でシリッツァ第1党に，翌日チプラス政権発足
	2	12日ミンスク合意II
	4	地中海経由の難民，6万に急増．死者，前年比で20倍の1,800人
	5	7日英総選挙で保守党勝利．キャメロン首相，国民投票実施明言．13日欧州委，「欧州移民・難民アジェンダ」公表．27日欧州委，難民4万人の緊急割り当て案発表
	6	マケドニア，入国管理法修正，3日間で他国移動であれば不法入国者を拘束しない方針．7日トルコ総選挙で，与党AKPが初の過半数割れ．16日ECJ，ECBのOMTを合法と判断．25～26日欧州理事会，難民問題とギリシャ危機が主題．キャメロン英首相はEU改革要請．26日ギリシャとユーロ圏諸国との交渉が決裂，チプラス首相が緊縮財政問う国民投票の実施発表
	7	5日ギリシャ国民投票で，緊縮政策に反対するチプラス政

		ECB総裁パパデモス氏就任．16日伊ベルルスコーニ首相退任表明（8日）を受け，元欧州委員モンティ新政権発足
	12	8日ECB理事会にて政策金利を0.25%引き下げ，長期リファイナンシング・オペ（LTRO）実施決定．8～9日欧州理事会，「経済通貨同盟の安定・協調・ガバナンスに関する条約（財政条約）」合意．13日SPG強化へ「シックス・パック」施行
2012	2	21日第2次ギリシャ支援最終合意（1,300億ユーロ）
	3	2日英・チェコを除くEU25か国，新財政条約署名（13年1月発効）
	4	ギリシャやスペインでユーロ危機再燃
	5	6日ギリシャ議会総選挙，シリッツァ第2党．連立与党NDとPASOKが過半数議席をとれず，新政権樹立の交渉難航，翌月に再選挙実施決定．同日仏大統領選で社会党のオランド勝利（翌月議会選も社会党勝利）
	6	17日ギリシャ議会総選挙，ND，PASOKと連立政権．26日ファン・ロンパイ欧州理事会常任議長，「真のEMUに向けて」報告書公表，「銀行同盟」構想提示
	7	26日ドラーギECB総裁「何でもする」発言，危機国国債無制限購入措置（OMT）発表
	12	13日EU財務相理事会，銀行同盟に向け「単一監督制度（SSM）」合意
2013	1	22日キャメロン英首相，2015年総選挙で保守党勝利の場合，2017年までにEU国民投票実施と明言．残留に向け新加盟条件をEUと交渉へ
	5	30日財政監督強化を目的とした「ツー・パック」施行
	7	1日クロアチアEU加盟，EU28加盟国に
	8	21日アサド政権化学兵器使用疑惑報道
	9	22日独連邦議会選で，メルケル首相の与党CDU／CSU勝利
	10	3日伊南部ランペドゥッザ島沖で難民船沈没．366人死亡
	11	21日ウクライナのヤヌコーヴィチ大統領，EUとの連合協定の署名見送り．「ユーロマイダン」革命へ
2014	1	1日ラトビアのユーロ導入
	2	20日キエフ独立広場で武力衝突．100名以上死亡．ヤヌコーヴィチ国外逃亡，22日暫定政府成立
	3	2日ロシアがクリミア掌握．16日クリミア住民投票，ウクライナからの分離独立とロシアへの編入決定．17日米欧，資産凍結・渡航禁止などの対ロ制裁措置発動．18日ロシア，

2008	1	キプロスとマルタのユーロ導入
	2	セルビアのコソボ自治州が独立を宣言
	6	アイルランドの国民投票でリスボン条約の批准を否決，09年10月，第２回国民投票で同条約批准を決定
	9	リーマン・ショック
2009	1	スロヴァキアのユーロ導入
	10	４日ギリシャ・パパンドレウPASOK政権成立，前政権の財政赤字隠蔽公表，しばらくしてギリシャ国債格付け引き下げ，ユーロ危機の始まり
2010	5	２日第１次ギリシャ支援（緊急財政支援1,100億ユーロ）．６日英総選挙，キャメロン保守党第一党．自民党と連立政権樹立へ．９～10日欧州金融安定ファシリティ（EFSF）含む総額7,500億ユーロのユーロ参加国向け金融支援枠組み決定．ECB，ギリシャ国債買い入れ策SMP実施発表
	11	28日EFSF，アイルランド金融支援決定
	12	17日チュニジアで青年焼身自殺，「アラブの春」へ
2011	1	EU金融監督制度（ESFS）開始．１日エストニアのユーロ導入．12日「ヨーロピアン・セメスター」開始．14日チュニジア独裁政権崩壊
	2	11日エジプト・ムバラク大統領退陣．15日リビア内戦始まる
	3	EU国民投票実施に向け英超党派「民衆の誓約」キャンペーン開始．「ユーロプラス協定」合意．18日シリア内戦始まる
	5	17日EFSF，ポルトガル金融支援決定（780億ユーロ）
	6	ユーロ危機再燃
	7	欧州安定メカニズム（ESM）設立条約調印（12年９月発効）．21日第２次ギリシャ支援（合意は半年後）．EFSF強化策合意．22日オスロ連続テロ事件
	8	ユーロ危機深刻化．22～27日リビア・カダフィ政権崩壊
	9	８日英政府にEU国民投票を求める署名（10万人以上）が提出される
	10	24日英下院でEU加盟に関する動議，483対111票で否決，与党保守党議員造反81名．26～27日ユーロ圏首脳会議，「包括戦略」合意．31日ギリシャ・パパンドレウ首相，ギリシャ支援パッケージを国民投票にかけると発表．仏独の反発や市場の混乱の末，数日後撤回，辞任表明
	11	１日ECB総裁にマリオ・ドラーギ就任．翌々日，政策金利を1.5%から1.25%へ引き下げ．11日ギリシャ首相に前

1992	2	マーストリヒト条約調印
	6	デンマーク国民投票でマーストリヒト条約の批准否決，93年5月，第2回投票で条約批准
	9	欧州通貨危機，英伊がERM離脱．仏国民投票でマーストリヒト条約批准
1993	8	欧州通貨危機，ERM変動幅拡大へ
	9	イギリス独立党誕生
	11	マーストリヒト条約発効，EU発足
1995	1	墺，フィンランド，スウェーデン加盟，EUは15か国に（第4次拡大）
	3	シェンゲン協定発効，参加国間の旅券審査廃止へ
1997	5	英ブレア労働党政権成立
	6	安定成長協定採択
	10	アムステルダム条約調印（99年発効）．シェンゲン協定が本条約へ編入
1998	5	EMU参加条件達成国11か国，翌年からのユーロ参加決定
	6	ECB業務開始
1999	1	EMU第3段階開始，ユーロが11か国間の正式通貨に
	3	NATOのユーゴ空爆開始
2000	9	デンマーク国民投票でユーロ導入否決
2001	1	ギリシャがユーロ参加，ユーロ圏は12か国に
	2	ニース条約調印（03年発効）
	6	アイルランド，国民投票でニース条約批准否決，02年5月，第2回投票で批准決定
	9	アメリカ同時多発テロ
2002	1	12か国でユーロ流通開始
2003	3	イラク戦争開始
2004	3	マドリッド列車爆破テロ事件
	5	10か国（エストニア，ラトヴィア，リトアニア，ポーランド，チェコ，スロヴァキア，ハンガリー，スロヴェニア，キプロス，マルタ）が加盟し，EUは25か国に（第5次拡大）
	6	欧州憲法条約大筋合意（10月調印）
2005	5	仏国民投票で憲法条約否決（54.67%），翌月蘭も否決（63.3%）
	7	ロンドン同時爆破テロが発生．死者52名
2007	1	ブルガリアとルーマニアの加盟，EU27か国に（第5次拡大の完了），スロヴェニアのユーロ導入
	12	リスボン条約調印（09年発効）

略年表

年	月	出来事
1947	6	マーシャル米国務長官，「マーシャル・プラン」の発表を通じてヨーロッパへの大規模援助を示唆
1950	5	シューマン仏外相，「シューマン・プラン」発表
1951	4	ECSC 設立条約（パリ条約）調印，52年7月発効
1952	5	EDC 条約調印
1954	8	仏議会，EDC 条約批准を延期
1957	3	EEC・EURATOM 設立条約（ローマ条約）調印，58年1月発効
1965	4	ECSC，EEC，EURATOM の3共同体統一条約調印，67年7月発効，EC へ
	6	「空席危機」，66年1月「ルクセンブルクの妥協」
1970	10	「ウェルナー報告」（経済通貨同盟構想）発表
1971	8	「ニクソン・ショック」（ブレトン・ウッズ体制の崩壊）
1972	1	アイルランド，イギリス，デンマーク，ノルウェー，EC 加盟条約に調印
	4	「スネーク」開始
	9	ノルウェー，国民投票で EC 加盟否決
1973	1	アイルランド，イギリス，デンマークが加盟，EC は9か国に（第1次拡大）
1975	6	英ウィルソン政権下で EC の加盟存続をめぐる国民投票を実施，EC 残留派が圧勝（67.2%）
1979	3	EMS 開始，同制度下の ERM に英不参加
	12	ソ連，アフガニスタンへ侵攻
1981	1	ギリシャ加盟により EC は10か国に（第2次拡大）
1982	2	デンマーク領グリーンランド，住民投票で EC 離脱を可決
1985	6	第1次シェンゲン協定に仏，西独，ベネルクス3か国調印
	12	単一欧州議定書に合意，87年7月発効
1986	1	スペインとポルトガル加盟，EC12か国に（第3次拡大）
1988	9	サッチャー英首相，ブリュージュ演説
1989	4	「ドロール報告」で通貨統合計画発表
	11	ベルリンの壁崩壊
1990	6	第2次シェンゲン協定調印，域内国境廃絶
	10	東西ドイツ統一．英 EMS 参加
1991	12	ソ連崩壊

遠藤 乾（えんどう・けん）

1966年，東京都に生まれる．北海道大学法学部卒業．カトリック・ルーヴァン大学修士号（ヨーロッパ研究），オックスフォード大学博士号（政治学）．欧州委員会「未来工房」専門調査員，欧州大学院大学政治社会学部フェルナン・ブローデル上級研究員，パリ政治学院客員教授，台湾政治大学客員教授などを経て，現在，北海道大学大学院法学研究科・公共政策大学院教授．専攻，国際政治，ヨーロッパ政治．

著書 *The Presidency of the European Commission under Jacques Delors: The Politics of Shared Leadership*, Macmillan, 1999
『原典ヨーロッパ統合史——史料と解説』編著，名古屋大学出版会，2008年
『統合の終焉——EUの実像と論理』岩波書店，2013年（第15回読売・吉野作造賞受賞）
ほか

欧州《おうしゅう》複合《ふくごう》危機《きき》
中公新書 *2405*

2016年10月25日発行

著 者 遠藤 乾
発行者 大橋善光

本文印刷 三晃印刷
カバー印刷 大熊整美堂
製 本 小泉製本

発行所 中央公論新社
〒100-8152
東京都千代田区大手町 1-7-1
電話 販売 03-5299-1730
編集 03-5299-1830
URL http://www.chuko.co.jp/

Published by CHUOKORON-SHINSHA, INC.
Printed in Japan ISBN978-4-12-102405-3 C1231